T0098881

PHILOSOPHIE DU TRAVAIL

TEXTES CLÉS

PHILOSOPHIE DU TRAVAIL
Activité, technicité, normativité

Textes réunis et introduits

par

Franck FISCHBACH et Emmanuel RENAULT

Traductions par

Saliha BOUSSEDRA, Franck FISCHBACH,
Emmanuel RENAULT et Camille TERNIER

*Cet ouvrage, publié dans le cadre du contrat ANR 2014
« Approches philosophiques de la centralité du travail », a bénéficié
d'une aide de l'État gérée par l'Agence Nationale
de la Recherche » et du soutien de l'Université Paris Nanterre*

PARIS
LIBRAIRIE PHILOSOPHIQUE J. VRIN
6 place de la Sorbonne, V^e
2022

© *Librairie Philosophique J. VRIN*, 2022
Imprimé en France
ISSN 1968-1178
ISBN 978-2-7116-3062-2
www.vrin.fr

INTRODUCTION GÉNÉRALE

Même si dès l'Antiquité, les philosophes ont réfléchi sur les spécificités et les enjeux éthiques et politiques de ce que nous appelons travail, ils ne l'ont pas toujours fait à partir d'un terme dont la signification est aussi englobante que les termes « travail », « Arbeit », « lavoro », « trabajo », « work ». Nous avons souligné ailleurs que le travail n'est pas une invention moderne, même si c'est seulement à l'époque moderne qu'une variété d'activités productives antérieurement distinguées les unes des autres ont pu être réunies sous un seul et même terme : « travail » ou ses équivalents dans d'autres langues[1]. Il n'en résulte pas moins que l'émergence d'un terme à extension aussi générale que le terme « travail », susceptible de désigner conjointement des activités aussi différentes en apparence que le travail agricole, le travail artisanal, les activités commerciales, voire le travail intellectuel, a changé la manière de penser la nature et les enjeux éthiques et politiques de ces activités. Le fait que l'économie politique classique ait insisté sur l'importance du processus de division du travail, chez Ferguson et Smith notamment, et que les encyclopédistes aient proposé une première forme de description et de rationalisation des activités de travail, tout cela a par ailleurs contribué à conférer au travail la

1. Voir notre introduction au volume *Histoire philosophique du travail*, Paris, Vrin, 2022.

dignité d'un objet philosophique légitime. Il l'est manifestement devenu chez Hegel et Marx, et le concept de travail a ensuite pu jouer un rôle décisif chez des auteurs aussi différents que Bergson, Dewey, Beauvoir et Arendt. Aujourd'hui, différentes théorisations philosophiques prennent pour objet les spécificités des activités de travail[1], l'expérience du travail « riche de sens »[2] (*meaningful work*, qui signifie tout à la fois « vrai travail », « travail faisant sens », « travail intéressant », « travail épanouissant » – tout le contraire d'un *bullshit job*[3]) ou les formes spécifiques de la justice ou de la démocratie sur les lieux de travail. L'objectif de ce volume est de proposer une vision synthétique, et forcément sélective, du développement des discussions philosophiques sur le travail depuis Hegel jusqu'aux contributions les plus contemporaines, par l'intermédiaire d'un ensemble de textes clés. Pour faciliter l'identification des enjeux et des implications de ces textes, il convient de poser préalablement le problème de la définition du travail et d'indiquer pourquoi la réflexion philosophique sur le travail doit nécessairement chercher

1. Y. Schwartz, *Expérience et connaissance du travail*, Paris, Messidor, 1988.

2. R. Yeoman, *Meaningful Work and Workplace Democracy : A Philosophy of Work and a Politics of Meaningfulness*, Dordrecht, Springer, 2014 ; A. Veltman, *Meaningful Work*, Oxford, Oxford University Press, 2016 ; R. Yeoman (dir.), *The Oxford Handbook of Meaningful Work*, Oxford, Oxford University Press, 2019.

3. D. Graeber, *Bullshit Jobs*, Paris, Les liens qui libèrent, 2018. On remarquera que la question du « vrai travail » se joue tant au niveau de l'emploi occupé (du « job ») que des activités particulières, associées à l'emploi occupé, qui toutes ne présentent pas le même intérêt et le caractère épanouissant pour un même travailleur. Sur ce dernier point, voir A. Bidet, *L'engagement dans le travail. Qu'est-ce que le vrai boulot ?*, Paris, P.U.F., 2011.

à tenir compte conjointement des apports de l'économie, de la sociologie et de la psychologie du travail.

Définir le travail

Le concept de travail se présente d'emblée comme doté d'une grande polysémie[1]. Il est certes possible de se contenter de constater que l'on peut entendre par « travail » toutes sortes de choses différentes, et que par ailleurs la question des limites du travail et du non-travail est prise dans des controverses politiques qui semblent interminables (comme celles relatives au « travail domestique »). Il est possible également d'en déduire que tout effort de définition du travail est vain et qu'il convient plutôt d'analyser les conditions socio-historiques qui conduisent à identifier telle ou telle activité à un « travail »[2]. Mais une autre démarche est possible consistant à tenter de relever le défi, proprement philosophique, de la définition du travail, c'est-à-dire chercher à isoler un ensemble de caractéristiques propres à différents types d'activités qu'il semble légitime de considérer comme du travail : non pas seulement le travail salarié qui à tort ou à raison est aujourd'hui considéré comme le travail *par excellence*, mais aussi le travail domestique (ne pas en tenir compte serait reproduire l'invisibilisation sociale dont se nourrit son exploitation) et le travail de l'esclave antique ou moderne (ne pas en

---

1. A. Cottereau relève 14 définitions différentes dans son article « Théorie de l'action et notion de travail. Note sur quelques difficultés et quelques perspectives », *Sociologie du travail*, vol. 36, hors-série, 1994, p. 73-89.

2. C'est la démarche retenue par ex. par M. Lallement, *Le Travail. Une sociologie contemporaine*, Paris, Gallimard, 2007 et par M.-A. Dujarier, *Troubles dans le travail. Sociologie d'une catégorie de pensée*, Paris, P.U.F., 2021.

tenir compte serait s'interdire de comprendre que l'enjeu de l'oppression de l'esclave était et reste l'exploitation de leur travail). Les conditions d'une définition satisfaisante du travail sont les suivantes : 1) elle doit énoncer des caractéristiques propres à toute forme de travail et seulement à elles (la définition ne doit être ni trop large ni trop étroite) ; 2) ces caractéristiques doivent rendre compte des spécificités les plus significatives de ce que nous appelons travail (la définition doit être réelle et non pas seulement nominale comme par exemple la définition ironique de l'être humain proposée par Platon dans *Le Politique* : le « bipède sans plume »).

Pour parvenir à une telle définition, il convient de privilégier les acceptions les plus générales et inclusives du terme de « travail », et ensuite s'interroger sur ce qui en elles est susceptible de conduire à des caractéristiques à la fois générales, spécifiques et significatives. Dans les usages langagiers ordinaires, on peut distinguer trois grandes significations du terme « travail » qui peut être entendu soit au sens de l'*emploi*, soit au sens de la *profession*, soit au sens d'un certain type d'*activité*. Laquelle peut-elle prétendre être la plus générale et inclusive ?

On entend le « travail » au sens de *l'emploi* lorsqu'on dit de quelqu'un qu'il « a un travail », qu'il « a perdu son travail », ou qu'il « cherche du travail ». C'est en ce sens également que l'on oppose le « travail » au chômage. Le concept d'emploi peut à son tour être entendu en deux sens distincts : d'une part, au sens économique du terme, il désigne l'emploi rémunéré, source de revenus. Or, l'humanité ayant longtemps travaillé sans rémunération (dans le cadre d'économies de subsistance relativement autarciques), il serait absurde de faire de la rémunération un critère du travail en général. Le concept sociologique de l'emploi se distingue du concept économique en ce qu'il ajoute qu'un emploi n'est pas seulement une source de revenu, mais aussi un statut social valorisé par opposition à la dévalorisation dont est l'objet le chômage. Occuper un emploi, et ainsi contribuer à la production des biens et services utiles à l'ensemble d'une société est aujourd'hui une source de reconnaissance sociale (comme en ont témoigné, lors de la crise du Covid-19, les applaudissements quotidiens des personnels soignants et autres salariés permettant de satisfaire les besoins essentiels de la population). Mais, de même que le travail n'a pas toujours été une source de revenus, il n'a pas toujours été l'objet d'une telle valorisation. Ainsi, la Grèce antique jugeait la vie de loisir plus digne que la vie laborieuse. En outre, même dans les sociétés qui estiment davantage ceux qui ont un emploi que ceux qui n'en ont pas, certains travaux ne s'exercent pas nécessairement dans le cadre de l'« emploi » et sont très peu valorisés : le travail domestique en est l'exemple même. Pas davantage que le concept économique d'emploi, son pendant sociologique ne peut servir à définir le travail en général.

On peut également entendre le travail au sens de *la profession* exercée ou du *métier*. C'est en ce sens qu'on peut demander à quelqu'un : « c'est quoi ton travail ? ». Le travail, c'est alors une profession, une activité à laquelle on s'adonne de manière durable, et à laquelle on peut en venir à s'identifier. Initialement, le terme « métier » désignait une occupation professionnelle à laquelle on s'adonne de manière permanente et qui implique une identification profonde de l'individu à la fonction sociale prise en charge par ce « métier ». Étymologiquement, « métier » vient d'ailleurs de « ministère » : exercer un métier signifiait exercer un ministère au sens des « charges que l'on doit remplir » et auxquelles on doit se dévouer. En ce sens, l'âge des métiers est l'âge révolu des corporations[1]. Aujourd'hui, les professions ne relèvent plus des métiers entendus en ce sens, sauf dans de rares professions (comme certaines professions artisanales, intellectuelles ou artistiques). Mais les professions, en général, continuent d'exercer des effets puissants sur l'identité, comme l'ont souligné de différentes manières la sociologie et la psychologie du travail[2]. Chaque profession est associée à un statut particulier (la reconnaissance sociale dont bénéficie le médecin n'est pas la même que celle de l'éboueur), et pour chaque travailleur sa profession est un ensemble de relations sociales (avec les collègues et les clients ou usagers), et un ensemble de normes et de manières de faire qui s'inscrivent en lui sous la forme d'habitudes et auxquelles il s'identifie plus ou moins consciemment et profondément. D'où le fait que l'expérience du chômage soit souvent bien plus que la simple perte d'une source de revenu et d'un statut social valorisé : une « perte de soi »[3]. Cependant, l'exemple des travaux réalisés par des chômeurs ou retraités (par exemple dans un cadre associatif), ou encore celui des activités laborieuses exercées hors du cadre professionnel (qu'il s'agisse du travail domestique ou d'un travail agricole destiné à produire des biens de consommation complétant ceux que le salaire permet d'acquérir), prouve que la définition du travail comme profession ne couvre pas l'ensemble des activités qui

---

1. J.-P. Séris, *La technique*, Paris, P.U.F., 2013, p. 116-122.

2. Voir R. Sainsaulieu, *L'identité au travail*, Paris, Presses de Science Po, 2014, et pour une synthèse, E. Renault, « Autonomie et identité au travail », *Travailler*, n° 30, 2013, p. 125-145.

3. D. Linhart, *Perte d'emploi, perte de soi*, Toulouse, Erès, 2009.

semblent pouvoir légitimement être considérées comme des travaux.

Pour donner toute son extension au concept de travail, ce dernier ne doit donc être entendu ni seulement au sens d'une source de revenu ou d'un statut social, ni seulement au sens d'une occupation durable à forte potentialité identificatoire, mais au sens d'une *activité spécifique*. Si la plus grande partie des activités de travail est liée à l'emploi et s'exerce dans le cadre d'une profession, le concept de travail désigne également des activités se développant indépendamment de l'emploi et du métier exercé. Est-il vraiment possible de contester que l'on travaille également après la journée de travail professionnel? Le travail domestique (nettoyage et entretien, cuisine et nourriture, soins de personnes non autonomes, etc.) relève manifestement d'un type d'activité qui comporte de nombreuses similitudes avec celui qui est propre au travail professionnel. Il en va de même des activités bénévoles exercées dans un cadre associatif et des activités de bricolage, de réparation, de peinture, de construction, effectuées lors du « temps libre ». Toute activité de type artisanal ou artistique effectuée hors du cadre professionnel relève également du travail lorsqu'elle se confronte à des contraintes techniques, lorsqu'elle se soumet à une discipline et qu'elle cherche à produire des biens ou des services conformément aux normes sociales qui leur sont associées. C'est en sens, par exemple, que l'on dit « travailler son piano » plutôt que simplement « jouer du piano ». De même, les activités de travail peuvent occuper une grande place dans la vie de ceux qui ne peuvent pas encore avoir un emploi. En fixant légalement l'âge à partir duquel les jeunes peuvent entrer sur le marché du travail et accéder à l'emploi, on a permis que la période de vie qui précède l'emploi soit consacrée à la formation et aux études. Or, l'écolier qui « travaille son orthographe » et l'étudiant qui « travaille en bibliothèque » savent que le travail est bien présent dans cette partie de leur vie.

On peut donc approcher le travail par trois voies différentes et c'est la troisième, relevant de la théorie de l'action, qu'il convient d'emprunter si l'on veut parvenir à une définition satisfaisante du travail. On aboutit alors à trois caractéristiques distinctives : 1) le travail relève de la *production* au sens de la *poièsis*, l'activité n'ayant pas sa fin en elle-même : même si l'activité de travail peut être intrinsèquement satisfaisante, on ne travaille jamais seulement pour travailler, mais aussi pour produire des biens ou services qui seront utiles à d'autres que soi (ou dont on fera usage ultérieurement). 2) L'activité de travail a toujours *une dimension technique* : elle mobilise des objets techniques, outils, instruments, machines, et un savoir-faire technique, c'est-à-dire des manières d'utiliser efficacement ces instrumentalités. 3) Cette activité a *une dimension séquentielle*, au sens où il n'y a travail qu'à partir du moment où l'on ne peut pas atteindre immédiatement l'objectif visé : soit que le travail se présente comme une activité de transformation d'une matière première (dans le cadre de la production de biens), soit que l'activité suppose seulement un type spécifique de coordination de l'activité (dans le cadre de la production de service). L'idée de travail implique plus précisément une séquence d'opérations continues, et distinctes : un seul geste technique – un coup de marteau – n'est pas un travail. Il exige un type spécifique d'investissement subjectif continu dans l'activité : une forme de planification de l'action (une régulation des moyens mis en œuvre par la représentation de la fin à atteindre), une forme d'attention et une discipline (pour mettre en œuvre correctement l'agencement des fins et des moyens) et un certain type d'effort (pour que chaque geste technique soit exercé correctement, pour surmonter la résistance des matériaux ou pour résoudre les problèmes susceptibles de survenir). Cet investissement subjectif continu et cette discipline ont une dimension psychologique et physique irréductible. De même que l'activité de travail met inévitablement en jeu les forces physiques (un système osseux et articulaire, un système musculaire et un système nerveux) et psychiques qui sont toujours les forces d'un corps individuel vivant doté de sa complexion physique et psychique propre, de même, la dépense de ces forces dans l'activité de travail s'accompagne toujours d'une pénibilité plus ou moins compensée par les satisfactions procurées par l'activité de travail, et plus ou moins supportables physiquement et psychiquement.

Le travail doit donc être défini comme une activité productrice, technique et séquentielle, et sa séquentialité lui confère une dimension temporelle, une dimension intellectuelle ou cognitive (un certain type de représentation du but et de l'agencement des moyens et des fins), une dimension volitive ou conative (une volonté d'agir d'une certaine manière et un certain type de contrôle pratique de cette volonté – attention et discipline) et, enfin, des dimensions corporelle (une mobilisation du corps et de ses forces) et psychique (une mise en œuvre de processus de défense contre la souffrance, notamment).

Telle est la définition la plus satisfaisante de l'idée de travail que l'on puisse proposer, dont tel ou tel auteur a pu accentuer tel ou tel aspect. Parmi les philosophes, c'est chez Dewey que le rapport entre séquentialité, discipline et temporalité est le plus précisément analysé[1]. Parmi les

1. Sur la définition deweyenne du travail, *cf.* E. Renault, *Le sens du travail. Hegel, Arendt, Dewey*, Paris, Vrin, 2022, chap. 1.

psychologues et psychanalystes du travail, c'est chez
C. Dejours que l'on trouve la théorie la plus développée
de la souffrance au travail et des défenses psychiques,
individuelles et collectives, qui peuvent être mobilisées
contre elle[1]. S'il fallait choisir le texte classique qui propose
la définition la plus synthétique des différents éléments de
la définition englobante que nous venons de proposer, sans
doute faudrait-il se tourner vers la définition du « procès
de travail » dans la première section du chapitre 5 du Livre
1 du *Capital*. Différents points peuvent être retenus de ce
texte de Marx, que nous reproduisons à la fin de cette
introduction[2]. On trouvera d'ailleurs une discussion
développée des thèses de Marx sur le travail et des débats
d'interprétation auxquels elles ont donné lieu dans l'un
des textes reproduit plus bas : celui d'Axel Honneth.

Remarquons tout d'abord que le travail est défini par
Marx comme une « activité ». Le chapitre 5 du *Capital*
définit en effet le procès de travail par trois moments :
« l'activité adéquate à une fin, ou encore le travail
proprement dit, son objet et son moyen ». L'activité est le
« travail proprement dit »[3]. Cette activité est présentée
comme une activité de production : une « production de
valeur d'usage »[4]. Le bien ou le service utile (la valeur
d'usage) est la fin de cette activité. Cette activité a une
dimension technique, que l'on entende technique au sens

---

1. Voir C. Dejours, *Souffrance en France*, Paris, Seuil, 1998.

2. Voir aussi l'extrait reproduit et commenté par A. Cukier dans son
Qu'est-ce que le travail ?, Paris, Vrin, 2018. Pour une discussion des
orientations principales et des supposées contradictions de la philosophie
marxienne du travail, voir F. Fischbach, *Après la production. Travail,
nature et capital*, Paris, Vrin, 2019, chap. 1.

3. K. Marx, *Le Capital, Livre 1*, trad. fr. J.-P. Lefebvre, Paris, P.U.F.,
1993, p. 200.

4. *Ibid.*, p. 199.

large de l'agencement efficace des moyens mis en œuvre à la fin poursuivie (l'« activité adéquate à une fin ») ou au sens étroit de l'utilisation d'objets techniques. Les deux autres moments du procès de travail sont en effet son « objet » (ce sur quoi s'exerce l'activité de travail) et son « moyen » (qui permet de transformer cet objet en produit doté d'une valeur d'usage). Ce moyen est un outil ou une machine : « Le moyen de travail est une chose ou un complexe de choses que le travailleur insère entre son objet de travail et lui, et qui lui servent de guide dans son action sur cet objet »[1]. En tant qu'action guidée par les instrumentalités, le travail est donc une action technique au sens d'une action outillée.

Remarquons par ailleurs que la séquentialité de l'activité de travail est elle aussi soulignée dans ce texte. Le travail est considéré comme un « procès »[2], le procès désignant, comme Marx le précise dans une note pour l'édition française, « un développement considéré dans l'ensemble de ses conditions réelles »[3]. Le fait que le travail soit une activité qui se déploie et qui prenne donc la forme d'un processus implique que le travail ne peut pas consister en « un acte isolé et singulier »[4] : la réalisation du but dans « la réalité naturelle » et matérielle ne peut se faire d'un coup, en un seul acte, mais seulement sous la forme d'une série et d'une séquence d'actes qui se suivent et se complètent les uns les autres. Marx ajoute, toujours dans les premières pages du chapitre 5, que le propre du travail humain est qu'il est caractérisé par une représentation du but, et il précise que le but de l'action « détermine comme

1. *Ibid.*, p. 201.
2. *Ibid.*, p. 199.
3. *Ibid.*, p. 200, note.
4. *Ibid.*, p. 200.

une loi la modalité de son action à laquelle [le travailleur] doit subordonner sa volonté. [...] Outre l'effort des organes au travail, il faut une volonté conforme à ce but, s'exprimant dans une attention soutenue pendant toute la durée du travail »[1]. On retrouve ici les dimensions cognitives et conatives, ou intellectuelles et volitives, de l'activité de travail : cette dimension volitive, consistant en ce qu'il n'y a pas de travail sans une volonté persistante tout au long du déploiement de l'activité en laquelle il consiste, est directement liée à la nature séquentielle de l'activité de travail.

Ces dimensions intellectuelles et volitives de l'activité de travail ne seraient rien sans le soubassement corporel, qui est le leur. Aussi Marx précise-t-il également que le travail est le déploiement d'une activité mise en œuvre par l'être humain en tant qu'il est toujours en même temps, et même d'abord, un être naturel et vivant. On lit ainsi au chapitre 6 du Livre 1 du *Capital* : « L'être humain lui-même, considéré comme pure existence de force de travail, est un objet naturel (*ein Naturgegenstand*), une chose, certes vivante et consciente de soi, mais une chose (*ein Ding*) – et le travail proprement dit est la réification de cette force »[2]. Il ne faut pas entendre ici « réification » en un sens négatif qui se rapprocherait de l'aliénation : le terme désigne simplement le fait que l'activité de travail engendre (sous la forme de son produit, de son résultat) « l'expression sous forme de chose » (*die dingliche Äusserung*) des forces naturelles mises en œuvre par cet être naturel qu'est l'être humain. La force physique, musculaire et nerveuse de cet être naturel mise en œuvre

---

1. K. Marx, *Le Capital, Livre 1, op. cit.*, p. 200.
2. *Ibid.*, p. 227.

par les activités de travail est ce que Marx appelle « la force de travail », dont il précise « qu'elle existe uniquement comme une disposition de l'individu vivant »[1].

Quand on fait abstraction – comme Marx le fait ici[2] – des différents types de rapports sociaux au sein desquels cette force de travail vient historiquement s'inscrire, et en particulier quand on fait abstraction du rapport social tout à fait spécifique qui fait de la force de travail une marchandise, c'est-à-dire quelque chose qui se vend et s'achète, il faut considérer, explique Marx, que « par force de travail ou puissance de travail, nous entendons le résumé de toutes les capacités physiques et intellectuelles qui existent dans la corporéité, la personnalité vivante d'un être humain, et qu'il met en mouvement chaque fois qu'il produit des valeurs d'usage d'une espèce quelconque »[3].

*Les apports des regards économiques,
psychologiques et sociologiques sur le travail*

Nous venons d'avancer qu'il convient d'adopter le point de vue de la théorie de l'action pour aboutir à une définition satisfaisante du travail. Cela déjà confère un intérêt à la tradition philosophique qui a le plus souvent abordé la question du travail de ce même point de vue, par l'intermédiaire des polarités *poèsis*/*praxis*, travail/loisir et travail/jeu. Les enjeux philosophiques ne se réduisent pas pour autant à des enjeux définitionnels.

---

1. *Ibid.*, p. 192.
2. *Ibid.*, p. 199 : « Il faut considérer d'abord le procès de travail indépendamment de toute forme sociale déterminée ».
3. *Ibid.*, p. 188.

L'exigence d'une prise en compte conjointe des différentes dimensions de l'expérience du travail et des différents types de problèmes épistémologiques, éthiques et politiques qui leur sont liés est également caractéristique du discours philosophique en tant que discours à prétention synthétique, voire systématique. S'il est difficile de répondre de manière un tant soit peu rigoureuse à une telle exigence sans partir d'une définition qui soit assez générale pour recouvrir toute la variété des expériences de travail, il est clair qu'une telle définition, à elle seule, ne fait pas une théorie englobante du travail. Il est tout aussi clair que relever le défi d'une approche synthétique du travail n'est pas tâche facile, notamment parce que, depuis le XVIIIᵉ siècle, le travail a été pris pour objet par des sciences humaines et sociales adoptant chacune une perspective disciplinaire propre, selon une conceptualité et une méthodologie particulières : économie, puis sociologie et psychologie, notamment[1]. La philosophie du travail se trouve donc aujourd'hui dans une situation qui n'était pas celle d'Aristote ou encore des *Encyclopédistes* : il lui faut proposer des modèles théoriques qui soient susceptibles de rendre commensurables des problématiques hétérogènes, élaborées indépendamment de tout cadre philosophique explicite par l'économie du travail, par la sociologie du travail, par la psychologie du travail, par l'ergonomie, par la médecine

---

1. Comme l'a montré F. Vatin, le travail n'est pas seulement l'un des objets les plus classiques des sciences sociales, mais c'est peut-être aussi l'un de ces objets qui met le plus directement en question la manière dont les sciences sociales se conçoivent comme dotées d'un objet spécifique et de méthodes propres qui les distinguent des sciences de la nature. Voir F. Vatin, *Le travail. Économie et physique 1730-1830*, Paris, P.U.F., 1993 et *Le travail, sciences et société*, Bruxelles, Éditions de l'Université de Bruxelles, 1999.

du travail, etc. Ce type d'interdisciplinarité relève de ce qu'il est convenu d'appeler philosophie sociale[1]. Contentons-nous ici de baliser le terrain d'une telle démarche en retenant quelques thèmes aux échos philosophiques multiples : le thème *économique* de la satisfaction des besoins par le travail, le thème *psychologique* de l'investissement psychologique dans le travail et des relations entre plaisir et souffrance qui l'accompagne, et le thème *sociologique* du travail comme manière de vivre et comme statut social.

En tant qu'activité de production de biens et de services socialement utiles (c'est-à-dire répondant à des besoins), le travail est une activité *économique* dont les enjeux sont anthropologiques autant que politiques. L'idée suivant laquelle les êtres humains se distinguent des autres espèces naturelles par le fait qu'ils ne peuvent immédiatement satisfaire leurs besoins trouve l'une de ses premières expressions dans le mythe de Prométhée dont le *Protagoras* de Platon a donné l'une des versions les plus célèbres[2]. On retrouve cette même idée chez Marx lorsqu'il définit l'être humain comme un « tool making animal »[3], chez

---

1. Sur l'idée de philosophie sociale, *cf.* F. Fischbach, *Manifeste pour une philosophie sociale*, Paris, La Découverte, 2009, et É. Dufour, F. Fischbach, E. Renault (dir.), *Histoires et définitions de la philosophie sociale*, Paris, Vrin, 2012. On trouvera quelques illustrations de philosophie sociale interdisciplinaire du travail dans J. Bernard, C. Edey-Gamassou, A. Mias et E. Renault (dir.), *L'interdisciplinarité au travail. Du travail interdisciplinaire à la transformation du travail*, Nanterre, Presses Universitaires de Paris Nanterre, 2020.

2. Sur ce mythe, voir J.-P. Vernant, « Prométhée et la fonction technique », *Mythe et pensée chez les Grecs. Études de psychologie historique*, Paris, La Découverte, 1990, p. 5-15

3. K. Marx, *Le Capital, Livre 1, op. cit.*, p. 202.

Bergson lorsqu'il le définit comme un « homo faber »[1], et chez Dewey qui reprendra conjointement ces deux définitions[2]. Que l'être humain soit essentiellement quelque chose d'autre qu'un être de travail, c'est ce qu'Arendt objectera quant à elle à ces auteurs[3].

Quoi qu'il en soit, il n'est pas contestable que le travail a joué jusqu'ici (pourrait-il vraiment en être autrement à l'avenir ?) un rôle central dans les processus économiques de production, de distribution et de consommation des biens et services permettant de satisfaire les besoins humains. Telle est la fonction économique du travail que Marx, notamment, a mise au centre de ses analyses en concevant le travail comme une activité de production de « valeur d'usage » satisfaisant des besoins qui ne pourraient pas l'être sans transformation de la nature : « le travail est un procès qui se passe entre l'homme et la nature, un procès dans lequel l'homme règle et contrôle son métabolisme avec la nature par la médiation de sa propre action »[4]. Marx emprunte à Liebig[5] le concept de *Stoffwechsel* (rendu ici par « métabolisme ») qui désigne littéralement un

1. H. Bergson, *L'évolution créatrice*, dans *Œuvres*, Édition du centenaire, Paris, P.U.F., 1959, p. 613.

2. J. Dewey, *Reconstruction en philosophie*, Paris, Gallimard, 2014, p. 128.

3. H. Arendt, *La condition de l'homme moderne*, Paris, Calmann-Lévy, 1983.

4. K. Marx, *Le Capital, Livre 1, op. cit.*, p. 199.

5. Voir par exemple à la fin du chapitre 13 la référence de Marx à *Die Chemie in ihrer Anwendung auf Agrikultur und Physiologie* (7e édition de 1862) de Liebig, dont Marx salue « l'un des immortels mérites », en l'occurrence celui « d'avoir développé le côté négatif de l'agriculture moderne du point de vue des sciences naturelles » (trad. cit., p. 566, note 325) : il s'agit de la manière dont la « grande agriculture », c'est-à-dire l'agriculture industrielle, « ruine les sources durables de la fertilité » des sols.

échange de matières : le travail humain s'approprie des éléments et des matériaux qu'il ne peut trouver nulle part ailleurs que dans la nature, et la consommation des produits du travail rend à son tour à la nature des éléments et des matériaux qui permettent son entretien et sa régénération, ou au contraire favorisent sa destruction... En produisant des choses utiles, le travail produit de la richesse, mais il ne pourrait le faire sans la nature, à la fois parce que l'être humain « trouve l'objet universel de son travail dans la terre qui est sa pourvoyeuse originelle de nourriture, de moyens de subsistance tout préparés »[1], et surtout parce que, en usant de moyens de travail, c'est-à-dire en « se servant des propriétés mécaniques, physiques et chimiques des choses pour les faire agir comme des instruments de pouvoir sur d'autres choses conformément à son but »[2], l'être humain fait de « l'élément naturel lui-même un organe de son activité, un organe qu'il ajoute à ceux de son propre corps et qui prolonge sa conformation naturelle »[3]. Si cette conception du travail comme modalité d'adaptation des humains à leur environnement naturel permet de souligner la possibilité de « ruptures de métabolisme »[4] entre la société et la nature, dont l'actualité est indiscutable, elle peut sembler quelque peu restrictive du point de vue de la théorie du travail. En effet, la thèse suivant laquelle « dans le procès de travail, l'activité de l'homme provoque, grâce au travail, une modification de

---

1. K. Marx, *Le Capital, Livre 1, op. cit.*, p. 201.
2. *Idid.*
3. *Idid.*
4. Voir J. B. Foster, *Marx's Ecology : Materialism and Nature*, New York, Monthly Review Press, 2000 ; et du même auteur avec Brett Clark, *The Robbery of Nature. Capitalism and the Ecological Rift*, New York, Monthly Review Press, 2020.

l'objet de travail »[1], s'applique plus facilement à la production de biens qu'à la production de services dont l'importance économique n'était certes pas aussi grande à l'époque de Marx qu'aujourd'hui. Peut-on définir le travail de service comme une activité de transformation d'une matière première, et, par extension, comme une activité de transformation de la nature?

La fonction économique du travail, participer à la satisfaction des besoins humains par l'intermédiaire de processus de production, d'échange et de consommation, fait immédiatement surgir la question de la division sociale du travail. D'un point de vue économique, le problème est en effet de déterminer comment les sociétés organisent les activités productives de leurs membres pour satisfaire les besoins qu'elles jugent légitimes. La division sociale du travail, c'est-à-dire la spécialisation de travailleurs afin de satisfaire des besoins distincts, apparaît comme une solution. Le thème de la division sociale du travail date du XVIIIe siècle[2], et il fut initialement un thème économique, notamment de la *Richesse des nations* de Smith[3], mais il eut immédiatement des échos philosophiques forts, chez Hegel et chez Marx notamment. La division du travail implique la spécialisation et l'interdépendance des activités, de sorte que le développement de la division du travail peut être considéré ou bien comme un progrès vers une forme supérieure de solidarité sociale (« la solidarité organique » de Durkheim[4]), ou bien comme une forme de limitation aliénante des formes de vie humaines (comme

1. K. Marx, *Le Capital, Livre 1, op. cit.*, p. 203.
2. J.-P. Séris, *Qu'est-ce que la division du travail?*, Paris, Vrin, 1994.
3. Ouvrage auquel les textes d'A. Schwartz et E. Anderson proposés dans ce volume se réfèrent à différentes reprises.
4. E. Durkheim, *De la division du travail social*, Paris, P.U.F., 1994.

chez Marx qui a toujours identifié communisme et dépassement de la division du travail[1]), ou comme la source de dominations (comme dans les critiques féministes de la division sexuelle du travail). Par ailleurs, la division du travail implique une forme de distribution des individus dans des activités qui ne présentent pas le même intérêt intrinsèque et qui n'ont pas non plus le même niveau de prestige et de rémunération. Elles diffèrent également par leurs effets éducatifs, les unes étant abrutissantes, les autres permettant le développement des formes d'intelligence individuelle et collective. La question posée est alors notamment de savoir comment rendre la division du travail compatible avec des exigences de justice[2].

L'approche économique du travail voit surtout dans le travail une activité dont la finalité est de satisfaire efficacement des besoins, et elle le conçoit donc fondamentalement comme une activité instrumentale. On verra que chez un contemporain comme Habermas, elle reste conçue comme l'archétype de l'« agir instrumental ». L'intérêt des approches *psychologiques* du travail tient notamment au fait qu'elles soulignent que le travail n'est pas seulement une activité instrumentale, mais aussi une activité expressive[3]. L'activité de travail implique toujours un engagement subjectif, parce qu'elle suppose effort, attention

1. Voir E. Renault, « Comment Marx se réfère-t-il au travail et à la domination ? », *Actuel Marx*, n° 49, 2011, p. 15-31.

2. Voir la question soulevée par A. Honneth dans : « Democracy and the Division of Labor », IFDT, Belgrade, 21 juin 2019 (disponible sur YouTube).

3. Nous reprenons à J.-P. Deranty la distinction entre le travail comme activité instrumentale, expressive et coopérative : « Cooperation and Expression as Norms for a Contemporary Critique of Work ? », *in* N. Smith, J.-P. Deranty (dir.), *New Philosophies of Labour : Work and the Social Bond*, Leiden, Brill, 2011, p. 151-179.

et discipline. Or, cet engagement peut faire plus ou moins sens pour nous. Il fait sens quand notre activité nous donne l'occasion de développer des compétences ou des relations sociales que nous valorisons, ou encore lorsqu'elle est orientée par des principes normatifs que nous considérons comme légitimes (comme par exemple les principes qui justifient l'existence du travail social ou du service public). Quand certaines conditions sont remplies, on peut avoir le sentiment de se réaliser, ou de s'accomplir au travail. Mais inversement, l'expérience du travail peut être celle d'une activité dénuée de sens, dans laquelle nous avons l'impression d'être ou de devenir étranger à nous-même. À l'expérience du travail comme riche de sens nourrissant un sentiment de réalisation de soi s'oppose l'expérience du travail comme aliénation (ou perte de soi)[1]. Cette alternative confère au choix du type de profession que l'on exerce, quand on a la chance de pouvoir choisir, une dimension éthique : non seulement le choix d'une profession conditionnera celui qu'on deviendra (en raison des effets éducatifs du travail), mais elle conditionnera le sentiment de réalisation de soi permettant de donner sens à l'ensemble de sa vie, ou au contraire le sentiment de perte de soi qui peut conduire à croire que l'on a gâché sa vie. Ce que soulignait déjà Hegel lorsqu'il faisait du choix d'une profession un « devoir à l'égard de soi-même », tout en présupposant, à tort, que toute profession, en inscrivant l'individu dans la division du travail et en faisant ainsi contribuer l'action individuelle aux besoins de tous, conférait nécessairement une valeur universelle à l'action

---

1. Concernant l'expérience du travail comme aliénation, voir *Actuel Marx*, n° 39, 2005 : « Nouvelles aliénations ».

individuelle[1]. Cela peut être le cas si la division du travail est subordonnée à la recherche du bien commun plutôt qu'à l'enrichissement individuel des propriétaires de capitaux, et si les conditions de travail sont organisées par les normes du *meaningful work* plutôt que par celles de la productivité et de la rentabilité maximale. Tel n'est pas le cas aujourd'hui ; tel n'était pas non plus le cas à l'époque de Hegel.

Que les activités de travail puissent constituer des activités riches de sens dont dépend le sentiment de réalisation de soi, c'est ce qui semble aller contre la vision traditionnelle du travail comme d'une souffrance. Que le travail soit essentiellement souffrance, et qu'il ne puisse pas devenir autre chose, c'est ce qu'on prétend parfois démontrer en mentionnant que par son étymologie latine, *tripalium*, le travail est identifié à la torture. Cette étymologie a pourtant été mise en doute de longue date. Littré, déjà, soutenait que « travail » vient du provençal *travar*, entraver, qu'il convient de faire remonter au latin *trabs*, poutre – en référence à l'activité consistant à entraver les animaux[2]. Une autre étymologie possible est celle du latin *trans*, l'argument étant alors la proximité avec l'anglais *travel* :

1. G.W.F. Hegel, *Propédeutique philosophique*, Paris, Minuit, 1963, p. 72 : « Lorsque l'homme a une vocation, il a commencé à participer et à collaborer à l'universel. Il devient par là une réalité objective. La vocation est assurément un domaine singulier et limité ; elle est cependant un membre limité du tout et constitue, derechef, en elle-même, un tout. Si l'homme doit devenir quelque chose, il faut qu'il sache se limiter, c'est-à-dire que de sa vocation il fasse entièrement sa chose. Dès lors, elle n'est plus pour lui une limite. C'est ainsi qu'il s'accorde avec lui-même ; avec son extériorité, avec son domaine. Il est un universel, une totalité ».

2. Définition de travail dans le Littré : https://www.littre.org/definition/travail

l'idée de travail serait liée à l'idée de traversée qui rencontre des difficultés – d'où également l'emploi de travail pour désigner l'accouchement[1]. Par ailleurs, il n'est pas inutile de rappeler que « *tripalium* » désignait un instrument de travail, un trépied servant à immobiliser les animaux. C'est seulement par extension qu'il en est venu à désigner un instrument de torture[2]. En outre, le latin utilise un autre mot, *labor* (qui a donné labeur, mais aussi élaborer, etc.) pour désigner le travail. Même si le français avait construit le terme travail à partir de *tripalium*, et même si *tripalium* avait été associé à la torture, cela ne prouverait aucunement que le terme « travail » hérite d'une compréhension ancienne du travail comme torture, puisque dans la source ancienne en question, à savoir le latin, le travail est désigné par un autre terme. De quel droit, d'ailleurs, devrait-on tirer des conséquences philosophiques d'une étymologie qui perd sa pertinence dans d'autres langues latines (l'italien désigne le travail comme *lavoro*, qui hérite de *labor*), sans même parler des langues non latines[3] ? La langue française aurait-elle une supériorité philosophique sur les autres langues ? S'agissant du travail comme de bien d'autres objets, l'étymologie ne permet pas de tirer de conséquences générales.

Que le travail soit essentiellement source de souffrance est un point de vue que l'on attribue souvent à l'Ancien

1. F. Lebas, « L'arnaque de l'étymologie du mot "travail" » (https://blogs.mediapart.fr/flebas/blog/240316/l-arnaque-de-l-etymologie-du-mot-travail»\l»_edn2).

2. F. Vatin, *Le travail et ses valeurs*, Paris, Albin Michel, 2008, p. 18-19.

3. Comme le remarque M. Mies dans un texte reproduit ci-dessous, dans certaines langues indiennes, le même terme désigne le travail et le coït ! Voir ici p. 167.

Testament : « Tu travailleras à la sueur de ton front », dit Jéhovah à Adam en le chassant du jardin d'Éden. Cependant, une lecture attentive de la *Genèse* fait apparaître qu'Adam travaillait déjà avant la chute, ce qui donne à penser que la malédiction divine ne concerne pas tant le fait de travailler qu'un nouveau rapport au travail marqué par une pénibilité (dont rien n'indique d'ailleurs qu'elle soit insurmontable)[1].

On retrouve également l'identification du travail à la souffrance dans l'économie politique classique et dans l'économie néoclassique. Pour Smith, ce qui rend tous les travaux homogènes les uns aux autres, et ainsi les rend commensurables, c'est qu'ils comportent tous une pénibilité, qu'ils représentent tous une quantité déterminée d'efforts. L'économie néo-classique, quant à elle, définit le travail par la désutilité, c'est-à-dire par le déplaisir. Les individus y sont définis comme des calculateurs rationnels qui cherchent à maximiser leur utilité, et qui cherchent donc à minimiser les sources d'insatisfaction. C'est pourquoi ils n'accepteront de louer leur travail contre salaire que si le salaire leur procure plus de satisfaction que le travail ne produit d'insatisfaction. Il est vrai que l'une des caractéristiques de l'activité de travail est qu'elle comporte une pénibilité structurelle, en raison de l'effort, de l'attention continue et de la discipline qu'elle exige, comme nous l'avons remarqué. Mais l'activité de travail peut aussi être une source de satisfaction : de même que nous prenons généralement du plaisir à bien faire notre travail, de même, nous éprouvons généralement de l'insatisfaction lorsque nous ne parvenons pas à bien faire notre travail. C'est en ce sens que Veblen a affirmé, dans le cadre d'une critique

1. M. Forestier, « Travailler, même au paradis » (https://www. penserletravailautrement.fr/mf/2017/01/jardin-d-eden-et-travail.html).

des présupposés de l'économie classique et néoclassique, que bien loin de naturellement répugner au travail, les êtres humains se caractérisent par un « *instinct of workmanship* », « instinct artisan » ou « instinct du travail bien fait ». L'aversion pour le travail se réduit selon lui à une construction sociale, puisque les activités productives peuvent effectivement être organisées de telle sorte qu'elles en viennent à perdre tout attrait, doublée d'une idéologie : les membres des « classes de loisirs » ont cherché à justifier leur supériorité et la domination qu'ils exerçaient sur les membres des autres classes en présentant leurs propres activités (politiques, religieuses, guerrières) comme supérieures aux activités de travail et en donnant du travail l'image d'une activité dénuée de valeur intrinsèque[1].

La psychologie du travail a suggéré que ces deux dimensions de la pénibilité et de la satisfaction au travail entretiennent un rapport l'une avec l'autre. Il faut parvenir à transformer une part de la souffrance au travail en plaisir pour parvenir à continuer à travailler[2]. On aboutit alors à l'idée suivant laquelle travailler, c'est aussi travailler sur soi. Non seulement le travail est transformation de soi en même temps que transformation du monde extérieur – il produit des effets éducatifs – mais cette transformation peut être elle aussi l'objet de l'activité de travail. Selon C. Dejours, une dimension de l'activité de travail consiste en effet à trouver des moyens de faire avec la pénibilité du travail et l'on peut parler à ce propos, comme la

1. T. Veblen, « The Instinct of Workmanship and the Irksomeness of Labor », *American Journal of Sociology*, volume 4, 1898-99 et *The Instinct of Workmanship and the State of the Industrial Arts*, New York, The Macmillan Company, 1914.

2. C. Dejours, *Souffrance en France*, *op. cit.*, chap. 2.

sociologue A. Horchschild, de « travail émotionnel »[1]. Ce travail peut être mis en échec, et des trajectoires de souffrance catastrophiques, susceptibles de conduire jusqu'au suicide, peuvent alors en résulter[2].

Le regard *sociologique* permet d'enrichir les perspectives économiques et psychologiques en soulignant que le travail n'est pas seulement une activité instrumentale et expressive, mais aussi une activité proprement sociale. Il n'est pas contestable qu'on travaille généralement pour autrui et non pas seulement pour soi. Il n'est pas moins contestable qu'on travaille rarement seul et que l'activité de travail se développe généralement dans le cadre de différentes interactions avec des collègues (et des clients dans le secteur des services). Le travail n'est pas seulement un travail sur des *objets* et sur *soi*, mais aussi un travail *avec autrui* et *pour autrui*, et, dans le cas de la production de service, *pour* ou *sur* autrui[3]. Ces différents types d'interactions sont régulés par différentes règles sociales : les règles de métier, les principes éthiques partagés au sein d'un collectif de travail, les principes de justice propres à différents groupes professionnels, notamment[4].

1. A. Horchschild, *Le prix des sentiments. Au cœur du travail émotionnel* (1983), Paris, La Découverte, 2017.

2. C. Dejours, F. Bègue, *Suicide et travail : que faire ?*, Paris, P.U.F., 2009.

3. Sur les dimensions consistant à travailler sur l'objet du travail et avec autrui, à travailler pour et sur autrui, voir E. Hughes, « Division du travail et rôle social », *Le regard sociologique*, Paris, EHESS, 1996, p. 61-68.

4. Sur ces différents points, voir notamment J.-D. Reynaud, *Les Règles du jeu : L'action collective et la régulation sociale*, Paris, Armand Colin, 1989 ; L. Boltanski, L. Thévenot, *De la justification*, Paris, Gallimard, 1991 ; Y. Clot, M. Gollac, *Le travail peut-il devenir supportable ?*, Paris, Armand Colin, 2017.

Travailler avec des collègues, c'est s'engager dans une activité conjointe au sens où la conduite à bien de notre activité dépend des activités de nos collègues (et des clients). Elle peut prendre la forme d'une activité coopérative fondée sur le partage de l'expérience, la solidarité et l'entraide face aux problèmes rencontrés[1], mais elle peut également prendre la forme de relations concurrentielles qui conduisent à instrumentaliser à son profit les interactions professionnelles avec les collègues (et avec les clients), et elle peut donner lieu à de multiples conflits, avec les supérieurs hiérarchiques, avec les clients, et à l'intérieur des collectifs de travail.

La sociologie du travail fait ainsi apparaître le travail comme le lieu de différents types de conflits normatifs, ce qu'E. Hughes nommait un « drame social du travail »[2] : conflit entre les normes du management et entre les normes des professionnels, conflits entre les normes des professionnels et les normes des clients. Parmi les conflits normatifs structurant l'expérience du travail compte aussi l'incompatibilité entre la relation de subordination inscrite dans le contrat de travail salarial, et les exigences démocratiques qui sont censées s'appliquer, dans les sociétés dites démocratiques, à tous les espaces sociaux[3]. La philosophie politique a pris ce dernier type de conflit normatif tout particulièrement pour objet dans le cadre des discussions contemporaines sur la « *workplace democracy* ».

1. Sur la coopération comme norme du travail, voir F. Fischbach, *Le sens du social*, Montréal, Lux, 2015, chap. 5.

2. E. Hughes, « Le drame social du travail », *Actes de la Recherche en Sciences Sociales*, n° 115, 1996, p. 94-99.

3. I. Ferreras, *Critique politique du travail. Gouverner à l'heure de la société des services.* Paris, Presses de Sciences Po, 2007.

Quelques débats philosophiques

Dans l'histoire de la philosophie, le travail a généralement été abordé soit dans le cadre de la théorie de l'action, soit dans le cadre de la théorie sociale[1]. Dès l'Antiquité grecque, la philosophie s'est rapportée au travail par l'intermédiaire de différentes oppositions philosophiquement décisives qui conditionnent aujourd'hui encore la réflexion sur le travail : *technè/phusis*, *poèsis/praxis*, *technè/paideia*, *technè/epistêmê*, travail de l'esclave/liberté du citoyen. Il est possible, comme chez Dewey, de contester que ces dualismes philosophiques permettent de saisir adéquatement le travail : ne devrait-il pas être socialement organisé de telle sorte qu'il ne se réduise pas à une pure corvée et qu'il devienne à la fois *poèsis/praxis*, qu'il en vienne à comporter en lui des moments relevant du jeu et du loisir ? Il est possible, au contraire, de défendre ces dualismes en soulignant qu'il est vain d'espérer que le travail devienne plus qu'une simple *poèsis*, et il est même possible de surenchérir en opposant la *poèsis* accompagnée de *technè* de l'artisan, et la *poèsis* non accompagnée de *technè* de l'esclave et du travailleur à la chaîne. On aboutit alors à la tripartition arendtienne du labeur (*labor*), de la production d'œuvre (*work*) et de l'action (*action*).

Abordée dans le cadre de la théorie sociale, le travail est généralement conçu à partir de la division du travail, et l'ensemble des activités sociales peuvent alors se voir identifiées à des activités de travail, comme chez Hegel et chez Marx. Le premier fait entrer les activités politiques (« l'état universel ») dans le système de la division du travail, tandis que le second étend la division sociale du

1. D. Mercure, J. Spurk (dir.), *Les théories du travail. Les classiques*, Paris, Hermann, 2019.

travail aux activités religieuses, philosophiques et scientifiques. Il en résulte une extension maximale du concept de travail qu'il est possible ou bien de récuser du point de vue de la théorie de l'action, comme chez Arendt, ou au contraire de défendre, par exemple en contestant la pertinence des dualismes traditionnels de la théorie de l'action, comme chez Dewey.

La philosophie du travail s'est également focalisée sur un ensemble de débats plus particuliers dont témoigne tout particulièrement ce volume de textes clés. Un premier débat relève de l'anthropologie philosophique. Est-il pertinent de définir l'homme comme un être travaillant, comme Marx, Bergson et Dewey notamment l'ont fait ? Que l'être humain soit essentiellement « homo faber », c'est, on le verra, l'une des prémisses des analyses que Simone de Beauvoir consacre au « travail ménager ». La question de savoir quel est le sexe de l'*homo faber* a également été posée. On verra que Maria Mies et Simone de Beauvoir ont soutenu à ce propos des thèses opposées.

Un deuxième débat, d'ordre éthique et psychologique, concerne les effets formateurs du travail. Ceux-ci sont si profonds que le type de travail auquel on s'adonne définit largement le type d'être humain que l'on devient. Hegel est sans doute le premier à avoir fait des effets formateurs du travail un thème philosophique décisif, mais c'est probablement chez Dewey que son importance éthique et psychologique a été soulignée le plus énergiquement.

Un troisième débat, abordant des enjeux éthico-politique du point de vue de la philosophie sociale, reformule l'opposition entre *poèsis* et *praxis* en termes d'autonomie et d'hétéronomie. Que le travail, à l'époque capitaliste, soit essentiellement activité hétéronome, et qu'il soit vain de chercher à le rendre autonome, c'est une thèse défendue avec force par A. Gorz[1]. Elle avait déjà été formulée avant Gorz par Arendt et Habermas, ce dernier identifiant travail et agir instrumental par opposition à l'agir communicationnel. Qu'aucune autonomie ne soit possible dans le cadre du travail salarié, qu'il relève d'une activité exclusivement instrumentale, c'est ce qu'on peut contester au moins de deux manières. Le travail réel est toujours irréductible au travail prescrit, et dans cette irréductibilité se loge des marges d'autonomie. Par ailleurs, en tant qu'activité sociale, le travail est à la fois activité instrumentale et activité communicationnelle. On verra comment A. Honneth, dans un texte de jeunesse, mobilise ces deux arguments contre Habermas.

Dans d'autres débats, relevant plus spécifiquement de la philosophie politique, on s'interroge sur les principes de justice et les exigences démocratiques qui sont susceptibles d'être appliquées sur les lieux de travail. On trouvera chez Adina Schwartz et Elizabeth Anderson deux manières de poser conjointement les questions de la justice et de la démocratie sur les lieux de travail, l'une et l'autre mettant en débat le libéralisme égalitaire rawlsien.

---

1. Voir notamment A. Gorz, *Métamorphoses du travail, quête du sens*, Paris, Galilée, 1988.

KARL MARX

LE PROCÈS DE TRAVAIL *

Le travail est de prime abord un acte qui se passe entre
l'homme et la nature. L'homme y joue lui-même vis-à-vis
de la nature le rôle d'une puissance naturelle. Les forces
dont son corps est doué, bras et jambes, tête et mains, il
les met en mouvement afin de s'assimiler des matières en
leur donnant une forme utile à sa vie. En même temps qu'il
agit par ce mouvement, sur la nature extérieure et la modifie,
il modifie sa propre nature, et développe les facultés qui
y sommeillent. Nous ne nous arrêterons pas à cet état
primordial du travail où il n'a pas encore dépouillé son
mode purement instinctif. Notre point de départ, c'est le
travail sous une forme qui appartient exclusivement à
l'homme. Une araignée fait des opérations qui ressemblent
à celles du tisserand, et l'abeille confond par la structure
de ses cellules de cire l'habileté de plus d'un architecte.
Mais ce qui distingue dès l'abord le plus mauvais architecte

* K. Marx, *Le Capital*, *Livre 1*, chapitre 5, section 1. Nous
reproduisons ici le texte de la traduction française par M. J. Roy (1872),
révisée par Marx de son vivant, qui adopte une autre numérotation que
celle de l'édition allemande définitive que nous avons citée, dans sa
traduction française, dans l'introduction. Dans la traduction reproduite
ici, la section A du chapitre 5 correspond à la section I du chapitre 7. Les
notes sont celles de l'édition de 1872.

de l'abeille la plus experte, c'est qu'il a construit la cellule dans sa tête avant de la construire dans la ruche. Le résultat auquel le travail aboutit préexiste idéalement dans l'imagination du travailleur. Ce n'est pas qu'il opère seulement un changement de forme dans les matières naturelles ; il y réalise du même coup son propre but, dont il a conscience, qui détermine comme loi son mode d'action, et auquel il doit subordonner sa volonté. Et cette subordination n'est pas momentanée. L'œuvre exige pendant toute sa durée, outre l'effort des organes qui agissent, une attention soutenue, laquelle ne peut elle-même résulter que d'une tension constante de la volonté. Elle l'exige d'autant plus que par son objet et son mode d'exécution, le travail entraîne moins le travailleur, qu'il se fait moins sentir à lui, comme le libre jeu de ses forces corporelles et intellectuelles ; en un mot, qu'il est moins *attrayant*.

Voici les éléments simples dans lesquels le *procès de travail*[1] se décompose : 1. activité personnelle de l'homme, ou travail proprement dit ; 2. objet sur lequel le travail agit ; 3. moyen par lequel il agit.

La terre (et sous ce terme, au point de vue économique, on comprend aussi l'eau), de même qu'elle fournit à

---

1. En allemand *Arbeitsprocess* (procès de travail). Le mot « Process » ou « Prozess », qui exprime un développement considéré dans l'ensemble de ses conditions réelles, appartient depuis longtemps à la langue scientifique de toute l'Europe. En France on l'a d'abord introduit d'une manière timide sous sa forme latine – processus. Puis il s'est glissé, dépouillé de ce déguisement pédantesque, dans les livres de chimie, physiologie, etc., et dans quelques œuvres de métaphysique. Il finira par obtenir ses lettres de grande naturalisation. Remarquons en passant que les Allemands, comme les Français, dans le langage ordinaire, emploient le mot « procès » dans son sens juridique.

l'homme, dès le début, des vivres tout préparés[1], est aussi l'objet universel de travail qui se trouve là sans son fait. Toutes les choses que le travail ne fait que détacher de leur connexion immédiate avec la terre sont des objets de travail de par la grâce de la nature. Il en est ainsi du poisson que la pêche arrache à son élément de vie, l'eau ; du bois abattu dans la forêt primitive ; du minerai extrait de sa veine. L'objet déjà filtré par un travail antérieur, par exemple, le minerai lavé, s'appelle matière première. Toute matière première est objet de travail, mais tout objet de travail n'est point matière première ; il ne le devient qu'après avoir subi déjà une modification quelconque effectuée par le travail.

Le moyen de travail est une chose ou un ensemble de choses que l'homme interpose entre lui et l'objet de son travail comme constructeurs de son action. Il se sert des propriétés mécaniques, physiques, chimiques de certaines choses pour les faire agir comme forces sur d'autres choses, conformément à son but[2]. Si nous laissons de côté la prise de possession de subsistances toutes trouvées la cueillette des fruits par exemple, où ce sont les organes de l'homme qui lui servent d'instrument, nous voyons que le travailleur

---

1. « Les productions spontanées de la terre ne se présentent qu'en petite quantité et tout à fait indépendamment de l'homme. Il semblerait qu'elles ont été fournies par la nature de la même manière que l'on donne à un jeune homme une petite somme d'argent pour le mettre à même de se frayer une route dans l'industrie et de faire fortune. » (James Steuart, *Principles of Political Economy*, First Dublin edition, 1770, v. 1, p. 116.)

2. « La raison est aussi puissante que rusée. Sa ruse consiste en général, dans cette activité entremetteuse qui en laissant agir les objets les uns sur les autres conformément à leur propre nature, sans se mêler directement à leur action réciproque, en arrive néanmoins à atteindre uniquement le but qu'elle se propose. » (Hegel, *Encyclopédie*, *Erster Theil. Die Logik*, Berlin, 1840, p. 382).

s'empare immédiatement, non pas de l'objet, mais du moyen de son travail. Il convertit ainsi des choses extérieures en organes de sa propre activité, organes qu'il ajoute aux siens de manière à allonger, en dépit de la Bible, sa stature naturelle. Comme la terre est son magasin de vivres primitif, elle est aussi l'arsenal primitif de ses moyens de travail. Elle lui fournit, par exemple, la pierre dont il se sert pour frotter, trancher, presser, lancer, etc. La terre elle-même devient moyen de travail, mais ne commence pas à fonctionner comme tel dans l'agriculture, sans que toute une série d'autres moyens de travail soit préalablement donnée[1]. Dès qu'il est tant soit peu développé, le travail ne saurait se passer de moyens déjà travaillés. Dans les plus anciennes cavernes on trouve des instruments et des armes de pierre. À côté des coquillages, des pierres, des bois et des os façonnés, on voit figurer au premier rang parmi les moyens de travail primitifs l'animal dompté et apprivoisé, c'est-à-dire déjà modifié par le travail[2]. L'emploi et la création de moyens de travail, quoiqu'ils se trouvent en germe chez quelques espèces animales, caractérisent éminemment le travail humain. Aussi Franklin donne-t-il cette définition de l'homme : l'homme est un animal fabricateur d'outils « a toolmaking animal ». Les débris des anciens moyens de travail ont pour l'étude des formes économiques des sociétés disparues la même importance que la structure des os fossiles pour la connaissance de

---

1. Dans son ouvrage d'ailleurs pitoyable : *La Theorie de L'Economie Politique*, Paris, 1815, Ganilh objecte aux physiocrates, et énumère très bien la grande série de travaux qui forment la base préliminaire de l'agriculture proprement dite.

2. Dans ses *Réflexions sur la formation et la distribution des richesses*, 1776, Turgot fait parfaitement ressortir l'importance de l'animal apprivoisé et dompté pour les commencements de la culture.

l'organisation des races éteintes. Ce qui distingue une époque économique d'une autre, c'est moins ce que l'on fabrique, que la manière de fabriquer, les moyens de travail par lesquels on fabrique[1]. Les moyens de travail sont les gradimètres du développement du travailleur, et les exposants des rapports sociaux dans lesquels il travaille. Cependant les moyens mécaniques, dont l'ensemble peut être nommé le système osseux et musculaire de la production, offrent des caractères bien plus distinctifs d'une époque économique que les moyens qui ne servent qu'à recevoir et à conserver les objets ou produits du travail, et dont l'ensemble forme comme le système vasculaire de la production, tels que, par exemple, vases, corbeilles, pots et cruches, etc. Ce n'est que dans la fabrication chimique qu'ils commencent à jouer un rôle plus important.

Outre les choses qui servent d'intermédiaires, de conducteurs de l'action de l'homme sur son objet, les moyens du travail comprennent, dans un sens plus large, toutes les conditions matérielles qui, sans rentrer directement dans ses opérations, sont cependant indispensables ou dont l'absence le rendrait défectueux. L'instrument général de ce genre est encore la terre, car elle fournit au travailleur le *locus standi*, sa base fondamentale, et à son activité le champ où elle peut se déployer, son *field of employment*.

---

1. De toutes les marchandises, les marchandises de luxe proprement dites sont les plus insignifiantes pour ce qui concerne la comparaison technologique des différentes époques de production. Bien que les histoires écrites jusqu'ici témoignent d'une profonde ignorance de tout ce qui regarde la production matérielle, base de toute vie sociale, et par conséquent de toute histoire réelle, on a néanmoins par suite des recherches scientifiques des naturalistes qui n'ont rien de commun avec les recherches soi-disant historiques, caractérisé les temps préhistoriques d'après leur matériel d'armes et d'outils, sous les noms d'âge de pierre, d'âge de bronze et d'âge de fer.

Des moyens de travail de cette catégorie, mais déjà dus à un travail antérieur, sont les ateliers, les chantiers, les canaux, les routes, etc.

Dans le procès de travail, l'activité de l'homme effectue donc à l'aide des moyens de travail une modification voulue de son objet. Le procès s'éteint dans le produit, c'est-à-dire dans une valeur d'usage, une matière naturelle assimilée aux besoins humains par un changement de forme. Le travail, en se combinant avec son objet, s'est matérialisé et la matière est travaillée. Ce qui était du mouvement chez le travailleur apparaît maintenant dans le produit comme une propriété en repos. L'ouvrier a tissé et le produit est un tissu.

Si l'on considère l'ensemble de ce mouvement au point de vue de son résultat, du produit, alors tous les deux, moyen et objet de travail, se présentent comme moyens de production[1], et le travail lui-même comme travail productif[2].

Si une valeur d'usage est le produit d'un procès de travail, il y entre comme moyens de production d'autres valeurs d'usage, produits elles-mêmes d'un travail antérieur. La même valeur d'usage, produit d'un travail, devient le moyen de production d'un autre. Les produits ne sont donc pas seulement des résultats, mais encore des conditions du procès de travail.

---

1. Il semble paradoxal d'appeler par exemple le poisson qui n'est pas encore pris un moyen de production pour la pêche. Mais jusqu'ici on n'a pas encore trouvé le moyen de prendre des poissons dans les eaux où il n'y en a pas.

2. Cette détermination du travail productif devient tout à fait insuffisante dès qu'il s'agit de la production capitaliste.

L'objet du travail est fourni par la nature seule dans l'industrie extractive, exploitation des mines, chasse, pêche, etc., et même dans l'agriculture en tant qu'elle se borne à défricher des terres encore vierges. Toutes les autres branches d'industrie manipulent des matières premières, c'est-à-dire des objets déjà filtrés par le travail, comme, par exemple, les semences en agriculture. Les animaux et les plantes que d'habitude on considère comme des produits naturels sont, dans leurs formes actuelles, les produits non seulement du travail de l'année dernière, mais encore, d'une transformation continuée pendant des siècles sous la surveillance et par l'entremise du travail humain. Quant aux instruments proprement dits, la plupart d'entre eux montrent au regard le plus superficiel les traces d'un travail passé.

La matière première peut former la substance principale d'un produit ou n'y entrer que sous la forme de matière auxiliaire. Celle-ci est alors consommée par le moyen de travail, comme la houille, par la machine à vapeur, l'huile par la roue, le foin par le cheval de trait ; ou bien elle est jointe à la matière première pour y opérer une modification, comme le chlore à la toile écrue, le charbon au fer, la couleur à la laine, ou bien encore elle aide le travail lui-même à s'accomplir, comme, par exemple, les matières usées dans l'éclairage et le chauffage de l'atelier. La différence entre matières principales et matières auxiliaires se confond dans la fabrication chimique proprement dite, où aucune des matières employées ne reparaît comme substance du produit[1].

---

1. Storch distingue la matière première proprement dite qu'il nomme simplement « matière », des matières auxiliaires qu'il désigne sous le nom de « matériaux », et que Cherbuliez appelle « matières instrumentales ».

Comme toute chose possède des propriétés diverses et prête, par cela même, à plus d'une application, le même produit est susceptible de former la matière première de différentes opérations. Les grains servent ainsi de matière première au meunier, à l'amidonnier, au distillateur, à l'éleveur de bétail, etc. ; ils deviennent, comme semence, matière première de leur propre production. De même le charbon sort comme produit de l'industrie minière et y entre comme moyen de production.

Dans la même opération, le même produit peut servir et de moyen de travail et de matière première ; dans l'engraissement du bétail, par exemple, l'animal, la matière travaillée, fonctionne aussi comme moyen pour la préparation du fumier.

Un produit, qui déjà existe sous une forme qui le rend propre à la consommation, peut cependant devenir à son tour matière première d'un autre produit ; le raisin est la matière première du vin. Il y a aussi des travaux dont les produits sont impropres à tout autre service que celui de matière première. Dans cet état, le produit n'a reçu, comme on dit, qu'une demi-façon et il serait mieux de dire qu'il n'est qu'un produit sériel ou gradué, comme, par exemple, le coton, les filés, le calicot, etc. La matière première originaire, quoique produit elle-même, peut avoir à parcourir toute une échelle de remaniements dans lesquels, sous une forme toujours modifiée, elle fonctionne toujours comme matière première jusqu'à la dernière opération qui l'élimine comme objet de consommation ou moyen de travail.

On le voit : le caractère de produit, de matière première ou de moyen de travail ne s'attache à une valeur d'usage que suivant la position déterminée qu'elle remplit dans le procès de travail, que d'après la place qu'elle y occupe, et son changement de place change sa détermination.

Toute valeur d'usage entrant dans des opérations nouvelles comme moyen de production, perd donc son caractère de produit, et ne fonctionne plus que comme facteur du travail vivant. Le fileur traite les broches et le lin simplement comme moyen et objet de son travail. Il est certain qu'on ne peut filer sans instruments et sans matière; aussi l'existence de ces produits est-elle déjà sous-entendue, au début du filage. Mais, dans ce dernier acte, il est tout aussi indifférent que lin et broches soient des produits d'un travail antérieur, qu'il est indifférent dans l'acte de la nutrition que le pain soit le produit des travaux antérieurs du cultivateur, du meunier, du boulanger, et ainsi de suite. Tout au contraire, ce n'est que par leurs défauts qu'une fois l'œuvre mise en train, les moyens de production font valoir leur caractère de produits. Des couteaux qui ne coupent pas, du fil qui se casse à tout moment, éveillent le souvenir désagréable de leurs fabricants. Le bon produit ne fait pas sentir le travail dont il tire ses qualités utiles.

Une machine qui ne sert pas au travail est inutile. Elle se détériore en outre sous l'influence destructive des agents naturels. Le fer se rouille, le bois pourrit, la laine non travaillée est rongée par les vers. Le travail vivant doit ressaisir ces objets, les ressusciter des morts et les convertir d'utilités possibles en utilités efficaces. Léchés par la flamme du travail, transformés en ses organes, appelés par son souffle à remplir leurs fonctions propres, ils sont aussi consommés, mais pour un but déterminé, comme éléments formateurs de nouveaux produits.

Or, si des produits sont non seulement le résultat, mais encore la condition d'existence du procès de travail, ce n'est qu'en les y jetant, qu'en les mettant en contact avec le travail vivant, que ces résultats du travail passé peuvent être conservés et utilisés.

Le travail use ses éléments matériels, son objet et ses moyens, et est par conséquent un acte de consommation. Cette consommation productive se distingue de la consommation individuelle en ce que celle-ci consomme les produits comme moyens de jouissance de l'individu, tandis que celle-là les consomme comme moyens de fonctionnement du travail. Le produit de la consommation individuelle est, par conséquent, le consommateur lui-même ; le résultat de la consommation productive est un produit distinct du consommateur.

En tant que ses moyens et son objet sont déjà des produits, le travail consomme des produits pour créer des produits, ou bien emploie les produits comme moyens de production de produits nouveaux. Mais le procès de travail qui primitivement se passe entre l'homme et la terre qu'il trouve en dehors de lui ne cesse jamais non plus d'employer des moyens de production de provenance naturelle, ne représentant aucune combinaison entre les éléments naturels et le travail humain.

Le procès de travail tel que nous venons de l'analyser dans ces moments simples et abstraits, l'activité qui a pour but la production de valeurs d'usage, l'appropriation des objets extérieurs aux besoins est la condition générale des échanges matériels entre l'homme et la nature, une nécessité physique de la vie humaine, indépendante par cela même de toutes ses formes sociales, ou plutôt également commune à toutes. Nous n'avions donc pas besoin de considérer les rapports de travailleur à travailleur. L'homme et son travail d'un côté, la nature et ses matières de l'autre, nous suffisaient. Pas plus que l'on ne devine au goût du froment qui l'a cultivé, on ne saurait, d'après les données du travail utile, conjecturer les conditions sociales dans lesquelles il s'accomplit. A-t-il été exécuté sous le fouet brutal du surveillant d'esclaves ou sous l'œil inquiet du capitaliste? Avons-nous affaire à Cincinnatus labourant son lopin de terre ou au sauvage abattant du gibier d'un coup de pierre? Rien ne nous l'indique[1].

---

1. C'est probablement pour cela que, par un procédé de « haute » logique, le colonel Torrens a découvert dans la pierre du sauvage, *l'origine du capital*. « Dans la première pierre que le sauvage lance sur le gibier qu'il poursuit, dans le premier bâton qu'il saisit pour abattre le fruit qu'il ne peut atteindre avec la main, nous voyons l'appropriation d'un article dans le but d'en acquérir un autre, et nous découvrons ainsi l'origine du capital. » (R. Torrens, An *Essay on the Production of Wealth*, etc. p. 79.) C'est probablement aussi grâce à ce premier bâton, en vieux français *estoc*, en allemand *stock*, qu'en anglais *stock* devient le synonyme de capital.

LES EFFETS FORMATEURS DU TRAVAIL

INTRODUCTION

S'il n'est pas absurde de commencer un recueil sur la philosophie du travail avec un texte de Hegel, c'est que ce dernier est le premier à avoir fait du travail un argument philosophique décisif, qui plus est dans l'un de ses textes les plus célèbres : la section A du chapitre IV de la *Phénoménologie de l'esprit* (1807)[1]. Décrivant la relation du maître et de son serviteur comme le résultat d'une lutte à mort destinée à voir reconnue la liberté de chacun, il présente les effets formateurs du travail du serviteur comme la condition lui permettant d'accéder à une véritable liberté – on trouvera des échos de ces thèmes aussi bien dans les textes de Beauvoir que de Habermas et Honneth, dans les deuxième et troisième parties de ce volume. On peut donc dire que le travail a fait son entrée dans l'histoire de la philosophie[2], du moins celle des « grands auteurs » ou des

1. On verra dans la troisième partie, avec le texte de Habermas, que dans les manuscrits rédigés par Hegel avant la *Phénoménologie de l'esprit*, le travail jouait déjà un rôle central, mais ces textes n'ont été publiés que longtemps après sa mort et n'ont jamais été lus hors du cercle étroit des spécialistes de Hegel.

2. Il faut remarquer que, au sein de ce moment de l'histoire de la philosophie dont Hegel est l'un des principaux acteurs et qu'il est convenu d'appeler « l'idéalisme allemand », le fait de faire jouer un rôle clé au travail (et de lui conférer une fonction formatrice) n'a pas d'équivalent ni de précédent chez les autres principaux représentants dudit « idéalisme allemand » : ni Fichte, ni Schelling n'ont eu cette idée qui semble donc être très spécifiquement hégélienne.

« grandes doctrines », dans une double référence aux effets formateurs du travail et aux rapports sociaux de domination dans lesquels le travail est généralement pris (en l'occurrence, à la domination qui pèse sur le serviteur).

Les deux textes que nous avons regroupés dans cette section ont en commun que leurs auteurs mettent en avant la première de ces deux dimensions fondamentales du travail : sa dimension formatrice. Les autres sections de ce recueil reviendront quant à elles, selon différentes perspectives, sur le rapport du travail, de la domination et de la liberté. S'agissant des effets formateurs, ce sont principalement d'effets d'ordre intellectuel, éthique et politique qu'il est question chez Hegel. Plus encore que dans la *Phénoménologie de l'esprit*, c'est dans les *Principes de la philosophie du droit* (1821) qu'ils sont décrits avec précision. Chez Dewey, la question des effets formateurs joue également un rôle décisif, mais l'originalité de ses analyses tient surtout à la centralité psychologique qu'il accorde au travail, comme nous le verrons.

L'importance des effets formateurs du travail sur le plan éthique, politique et épistémologique n'est plus très souvent soulignée dans les débats contemporains, bien qu'il reste généralement admis que le type de vie qu'on mène est indissociable de la possibilité ou de l'impossibilité de choisir un métier qui fasse sens pour nous, et que la position d'un individu au sein de la division sociale du travail conditionne très profondément sa perception des injustices et des dominations sociales. En revanche, l'importance des effets formateurs du travail sur le plan psychologique est plus fréquemment soulignée et théorisée. Il est vrai qu'elle se rappelle à nous par le développement d'une souffrance au travail pouvant prendre des formes multiples (stress, *burn-out*, harcèlement professionnel, etc.) pouvant conduire jusqu'aux dernières extrémités.

Voyons donc tout d'abord comment Hegel aborde les effets formateurs du travail. Pour comprendre sa manière de le faire, il faut tout d'abord rappeler que le travail est pour lui une activité située au point d'articulation des deux dimensions fondamentales de l'existence humaine que sont d'une part, la dimension corporelle (ou naturelle) et d'autre part, la dimension intellectuelle (ou spirituelle)[1]. Ces deux dimensions sont exprimées de la façon suivante par Hegel dans les *Principes de la philosophie du droit* :

> Selon l'existence *immédiate* [telle qu'elle est] en lui-même, l'homme est un être naturel, externe à son concept ; c'est seulement par la *formation* [*durch die Ausbildung*] de son corps et de son esprit propres, [et] *essentiellement* par le fait que *sa conscience de soi s'appréhende comme libre*, qu'il prend possession de soi et devient la propriété de lui-même en regard d'autrui[2].

---

1. Ici, nous nous situons dans l'anthropologie hégélienne dont « l'objet principal est le *mind-body problem* » et dont « le propos est de décrire l'émergence du spirituel à partir de la constitution naturelle du vivant, en d'autres termes la "spiritualisation" (*Begeistung*) du corps vivant, qui constitue simultanément une "corporéification du spirituel" (*Verleiblichung des Geistigen*) » (J.-F. Kervégan, « La double anthropologie de Hegel », dans *Explorations allemandes*, Paris, CNRS Éditions, 2019, p. 206). Nous insisterons surtout sur l'idée qu'il n'y a pas de spiritualisation du corps qui ne passe par un travail de l'esprit sur le corps qui est un travail formateur pour l'esprit lui-même. Sur la fabrique du corps propre, voir F. Fischbach, « Corporéité, propriété et folie », dans É. Balibar, G. Raulet (dir.), *Marx démocrate. Le Manuscrit de 1843*, Paris, P.U.F., 2001, p. 37-52.

2. G. W. F. Hegel, *Principes de la philosophie du droit*, avec les additions rédigées par Eduard Gans, texte intégral présenté, traduit et annoté par J.-F. Kervégan, 3e éd. révisée et augmentée, Paris, P.U.F., 2013, § 57, p. 204 (nous indiquerons aussi entre parenthèses les références dans l'autre traduction complète des *Principes* : G. W. F. Hegel, *Principes de la philosophie du droit ou Droit naturel et science de l'État en abrégé*, texte traduit, présenté et annoté par R. Derathé, Paris, Vrin, 1986, p. 111).

Il est question ici d'une prise de possession de soi de l'être humain par lui-même en tant qu'être libre : s'agissant du côté *naturel et corporel* de l'être humain, cette prise de possession de soi est une appropriation de son propre corps par la formation de celui-ci ; s'agissant de la dimension *spirituelle* de l'être humain, la prise de possession est identique à la prise de conscience de soi, c'est-à-dire de la liberté comme essence de l'esprit. Ces deux aspects, prise de possession de son corps et prise de conscience de soi, supposent une formation que Hegel désigne ici du terme d'*Ausbildung*, où le préfixe « *aus* » signifie un processus qui a été accompli de bout en bout (*Bildung* signifiant « éducation » ou « formation »). Si l'on se demande en quoi peut bien consister ce processus, la remarque du même § 57 donne quelques indications précieuses. Elle permet de comprendre qu'il s'agit d'un processus consistant à supprimer l'existence séparée et la dualité de ces deux dimensions constitutives de l'être humain.

La première dimension est celle en vertu de laquelle l'être humain peut à bon droit être considéré « comme *être-de-nature* en général »[1] : c'est la dimension exprimée immédiatement par la première phrase du § 57 (« selon l'existence *immédiate* [telle qu'elle est] en lui-même, l'homme est un être naturel, externe à son concept »). La seconde dimension est celle qui exprime le « *concept* de l'homme comme esprit, [et] comme esprit *en soi* libre »[2]. Selon Hegel, on ne peut se contenter de l'affirmation selon laquelle l'être humain, comme esprit, est *en soi* libre : comme telle, cette affirmation est « unilatérale » en cela

---

1. G. W. F. Hegel, *Principes de la philosophie du droit, op. cit.*, § 57 remarque, p. 205 (p. 112).
2. *Ibid.* (p. 111).

qu'elle « tient pour vrai le concept comme tel dans son immédiateté »[1]. Or, dans son immédiateté, le concept n'est pas vrai, et si, selon Hegel, on peut dire cela de tout concept, on doit *a fortiori* le dire du concept d'esprit libre : un esprit n'est libre qu'à ne pas le rester seulement en soi ou immédiatement, il ne l'est qu'en l'étant effectivement, c'est-à-dire en abolissant son concept en tant qu'en soi simple et en donnant par lui-même à ce concept l'existence qui lui convient et qui lui est conforme. Être libre effectivement, c'est se donner par soi-même et à soi-même sa propre existence.

> L'esprit libre est précisément (§ 21) le fait de ne pas être en tant que simple concept ou *en soi*, mais d'abolir ce formalisme de soi-même et, avec cela, l'existence naturelle immédiate, et donc de ne se donner l'existence qu'en tant qu'existence sienne, libre[2].

Mais la question se pose alors de savoir *où* donc l'esprit libre peut se donner une existence qui soit *la sienne*. Il n'y a pas d'autre terrain ou lieu possible pour cela que celui, précisément, de « l'existence naturelle immédiate » elle-même, c'est-à-dire l'autre dimension constitutive de l'être humain. D'où deux choses : d'une part la formation du corps (de façon à en faire le corps produit et formé comme corps d'un esprit libre par cet esprit libre lui-même) et l'approfondissement de la conscience de soi comme esprit libre que permet justement cette appropriation du corps naturel, et d'autre part l'apposition sur certaines choses du monde d'un signe par lequel l'esprit libre signifie ces choses comme étant *les siennes*.

---

1. *Ibid.*
2. *Ibid.*.

C'est ce que Hegel thématise sous le nom de « prise de possession » (*Besitznahme*, ou *Besitzergreifung*) : par la prise de possession, l'esprit désigne telle ou telle chose comme représentant sa liberté et il signifie aux autres qu'il y a déposé sa liberté. Par la prise de possession (des choses comme par celle de son corps propre), l'esprit signifie (aux autres mais aussi à lui-même) qu'il ne se contente pas du simple concept de sa liberté ou d'une liberté seulement en soi : il pose cette liberté comme effective et donc il la réalise en lui donnant dans l'extériorité une existence qui lui est conforme parce qu'il l'a lui-même posée.

Mais en quoi consiste exactement cette prise de possession ? L'addition du § 58 donne d'utiles précisions :

> La prise de possession par le marquage est la plus parfaite de toutes, car les autres types possèdent plus ou moins en eux l'effet d'un *signe* [;] quand je m'empare d'une Chose ou la mets en forme (*formiere*), la dernière signification est également un signe, en l'occurrence un signe adressé à autrui afin de l'exclure et de montrer que j'ai déposé ma volonté dans la Chose[1].

Autrement dit : former la chose, la travailler, la façonner mais aussi l'utiliser, tout cela constitue un ensemble de sous-catégories de la catégorie générale du « marquage » (*Bezeichnung*). Au point de vue du *fondement juridique* de la propriété, ce qui compte est le marquage, c'est-à-dire le fait qu'un esprit appose sur une chose une marque qui montre extérieurement qu'il a déposé sa volonté libre dans cette chose, et que cette chose est une continuation, dans l'extériorité, de cette même volonté : non seulement la chose appartient à la volonté libre (et celle-ci *a* la chose), mais – mieux – elle *est* cette volonté libre, présente ici en

---

1. G. W. F. Hegel, *Principes de la philosophie du droit, op. cit.*, § 58 add., p. 622-623 (p. 112).

tant que chose. Penser de cette manière exige certes d'aller plus loin que ce à quoi s'en tient « la représentation » :

> Que l'usage soit l'aspect réel et l'effectivité de la propriété, la représentation l'entrevoit confusément lorsqu'elle regarde la propriété dont aucun usage n'est pas fait comme morte, [mais] la volonté du propriétaire, selon laquelle une Chose est la sienne, est la première assise substantielle, dont la détermination ultérieure, l'usage, est seulement le phénomène et le mode particulier[1].

Il est très clairement dit ici que l'usage que l'on fait d'une chose, tout comme le fait de la former et de la façonner tombent du côté du phénomène et de la particularisation, desquels se distinguent l'essentiel et l'universel : la prise de possession par le marquage de la chose est première, elle est l'essentiel, tandis que l'usage et le façonnage (ou le travail) de la chose ne sont que secondaires, ils sont des phénomènes qui manifestent que la prise de possession a *déjà* eu lieu, ils rendent cette prise de possession visible et apparente, ils lui permettent de se manifester dans la particularité, mais ils ne sont pas fondateurs. Contrairement à Locke[2], Hegel ne fait donc pas du travail le fondement de la propriété privée.

Mais tout change quand, des choses externes, on passe à cette « chose » tout à fait particulière qu'est, pour un être humain, son propre corps, dans la mesure où ce dernier est d'emblée pensé par Hegel comme l'une des deux dimensions fondamentales de l'existence humaine. Si, comme on l'a vu, le travail et le façonnage de la chose ne sont pas essentiels à sa possession, le travail et la formation du corps sont en revanche essentiels parce qu'ils sont ce

---

1. *Ibid.*, § 59 remarque, p. 207-208 (p. 113).
2. J. Locke, *Second traité du gouvernement civil*, Paris, P.U.F., 1994, chap. 5.

qui permet qu'un homme entre en possession de soi-même. Hegel écrit ainsi « qu'un homme qui n'est pas en possession de soi-même, n'est pas une personne »[1] : or la condition pour qu'il soit en possession de soi-même est qu'il ait formé son corps. C'est donc dans le rapport au corps que Hegel fonde sa pensée de la dimension formatrice du travail : « il faut, écrit-il, que l'homme se façonne lui-même (*der Mensch muss sich selbst formieren*) pour prendre possession de soi »[2], juste après avoir indiqué que « le *façonnage* (*die Formierung*) est la modification que je fais à la chose »[3]. Ainsi donc, selon Hegel, l'homme se forme comme être humain en façonnant son corps[4], ce qui permet qu'il en fasse son corps propre et donc qu'il se l'approprie.

Ce point est examiné par Hegel dans « L'esprit subjectif » de la Philosophie de l'esprit de l'*Encyclopédie*, dans les paragraphes qui précèdent immédiatement « La phénoménologie de l'esprit » de l'*Encyclopédie*, en particulier au § 410 dans l'Addition duquel on lit ceci :

> Pour correspondre au concept qui est le sien, l'âme doit [nécessairement] (…) faire de cette identité avec son corps une identité *posée* par l'esprit ou médiatisée, prendre son corps en *possession* (*in* Besitz *nehmen*), le façonner (*bilden*) en un instrument *docile* et *adroit* de son activité,

1. G. W. F. Hegel, *Die Philosophie des Rechts. Vorlesung von 1821/22*, H. Hoppe (Hrsg.), Frankfurt, Suhrkamp, 2005, § 66, p. 69.

2. *Ibid.*, § 57, p. 65.

3. *Ibid.*

4. Mais sans faire pour autant du façonnage du corps une fin, le but de l'esprit est qu'il « transforme de plus en plus le corps en sa propriété, en son instrument utilisable », mais, pour autant, « je n'ai, certes, pas besoin de faire de [mon corps] – comme font par exemple les athlètes et les acrobates – un but par soi-même » (G. W. F. Hegel, *Encyclopédie des sciences philosophiques*, III : *Philosophie de l'esprit* (1827-1830), Addition § 410, trad. fr. B. Bourgeois, Paris, Vrin, 2006, p. 512-513).

le transformer (*umstalten*) de telle sorte que, en lui, elle
se rapporte à elle-même, qu'il devienne un accident
amené à l'unisson avec sa substance à elle, [avec] la
liberté[1].

Il est particulièrement significatif que nous trouvions
ici, s'agissant du corps et du rapport que l'esprit naturel
(l'âme) entretient avec lui, le vocabulaire de la prise de
possession (*Besitznahme*), du façonnement ou de la
formation (*bilden*) : mais l'on voit aussi que, à l'inverse
de ce qui se passe pour la chose autre que le corps, le
simple marquage du corps et l'imposition de signes sur
lui (maquillage, tatouage, etc.) ne sont pas suffisants pour
permettre à l'âme de véritablement s'approprier son corps.
Ce qui signifie aussi que contrairement à Locke, Hegel ne
considère pas que le corps est toujours déjà ma propriété
et que l'activité de mon corps, par le travail, transfère cette
propriété à des objets extérieurs.

La formation et le façonnage du corps par l'exercice
et l'imposition d'habitudes qui le rendent « docile » sont
nécessaires à son appropriation : « le fait de se rendre ainsi
maître de la corporéité constitue la condition de la libération
de l'âme, de son accession à la conscience objective »[2].
Et il n'est possible de se rendre ainsi maître de sa propre
corporéité que par des « activités du corps » qui sont
« maintes fois répétées »[3] et qui permettent que l'âme
« transforme de plus en plus le corps en sa propriété
(*Eigentum*), en son instrument utilisable »[4]. Sans que le
concept de « travail » soit ici mentionné, il demeure que
tout un vocabulaire s'y rapportant est utilisé par Hegel :

1. *Ibid.*, p. 512.
2. *Ibid.*, p. 511.
3. *Ibid.*, p. 513.
4. *Ibid.*

« instrument » (*Werkzeug*), « formation » (*Bildung*), « activités souvent répétées », « habitude », et jusqu'à l'idée que l'âme finisse par être par elle-même « techniquement formée » (*technisch gebildet*) à l'usage de son propre corps. Mais ce pas (de la formation du corps au travail) avait été franchi par Hegel dans ses leçons de 1821-1822 de *Philosophie du droit* : « il faut que le corps soit élaboré (*bearbeitet*), de manière à ce que l'esprit obtienne ainsi son libre passage »[1].

Lorsque, dans les paragraphes des *Principes* consacrés à la « société civile » dans la partie « Éthicité », ceux qui sont reproduits ici, Hegel aborde explicitement le travail, c'est pour mettre l'accent sur l'inséparabilité de la formation intellectuelle et du façonnage matériel de la chose. Le travail est défini comme « un façonnage » ou une « mise en forme » (*eine Formierung*), c'est-à-dire comme une activité assurant « la médiation [qui consiste] à disposer et à se procurer les moyens appropriés aux besoins *particularisés*, [et] des moyens eux aussi *particularisés* »[2]. C'est en assurant cette médiation entre des besoins précis et des moyens tout aussi précis de les satisfaire que le travail assure à la fois une « culture théorique » et une « culture pratique ». Le travail développe des facultés théoriques, à la fois en ce qu'il engendre « une diversité de représentations et de notions » liée à la diversité des matériaux auxquels il s'applique et à la diversité des besoins qu'il satisfait, mais aussi en ce qu'il permet « une mobilité

1. G. W. F. Hegel, *Die Philosophie des Rechts. Vorlesung von 1821/22*, *op. cit.*, § 57, p. 65.
2. G. W. F. Hegel, *Principes de la philosophie du droit*, *op. cit.*, § 196, p. 363 (p. 223).

et une rapidité (…) du passage d'une représentation à une autre, la saisie de relations compliquées et universelles »[1].

Mais le travail engendre en même temps une « culture pratique » au sein de laquelle « l'habitude » joue un rôle tout aussi important que dans la formation du corps : il s'agit ici d'une « habitude et [d']un besoin de l'occupation » qui sont engendrés par le travail et permettent de ne pas demeurer dans l'immobilité, c'est-à-dire dans l'abrutissement et la stupidité (*Stumpfheit*)[2]. Ce qui est alors proprement et pratiquement « cultivant » ou formateur dans le travail, c'est qu'il s'agit d'une occupation à chaque fois *déterminée* et d'une activité *limitée* (*beschränkt*), donc précise et adaptée[3] : c'est d'une part le matériau même sur lequel elle porte qui impose à l'activité de travail de prendre une forme adaptée et restreinte à ce type précis de matériau, mais c'est aussi « l'arbitre des autres » qui limite ma propre activité dans la mesure où ce sont leurs besoins qui commandent l'activité qui est la mienne et qu'il me faut m'y adapter pour pouvoir les satisfaire correctement.

Cette interdépendance des activités de travail visant la satisfaction des besoins introduit la dimension sociale. Or l'accès à la conscience de la dimension sociale est un aspect décisif du procès de culture à la fois théorique et pratique dont le travail est porteur. La dimension sociale introduit même à la portée proprement *libératrice* ou émancipatrice

---

1. *Ibid.*, § 197, p. 363 (p. 224).
2. *Ibid.*, § 197 add., p. 684 (p. 224).
3. « *In der Beschränkung zeigt sich erst der Meister* » (Goethe, « Natur und Kunst », *Poetische Werke*, Bd. 2, *Gedichte, Nachlese und Nachlass*, Berlin-Weimar, Aufbau Verlag, 3. Auflage 1979, p. 655) : « c'est seulement dans la limitation que le maître se donne à voir ».

du procès de culture médiatisé par le travail[1] : c'est ce que Hegel nomme « l'aspect de la libération qui réside dans le moment social »[2]. Cet aspect de la libération tient au fait que la dépendance réciproque, où les individus sont placés par les activités de travail au moyen desquelles ils satisfont leurs besoins, a pour conséquence une élévation du besoin naturel, simplement éprouvé ou vécu, au besoin *représenté*, c'est-à-dire au besoin médiatisé par l'opinion commune relative aux besoins qui doivent être satisfaits et à la manière dont ils peuvent l'être. La socialisation des besoins les soumet à un processus qui les rend plus abstraits, qui en fait les besoins d'un autrui lui-même abstrait et généralisé : il ne s'agit plus, par le travail, de satisfaire mes besoins, ni les besoins d'un tel ou un tel, mais des besoins sociaux en général, de sorte que « l'abstraction, qui devient une qualité des besoins et des moyens, devient aussi une détermination de la relation mutuelle des individus »[3]. Ce caractère abstrait de la relation mutuelle entre les individus n'est elle-même pas compréhensible indépendamment de « l'abstraction que provoque la spécification des moyens et des besoins ». Il peut paraître surprenant que l'abstraction aille ici de pair avec la spécification, mais cela s'explique aisément dès qu'on se souvient que l'abstraction est une séparation. La socialisation des besoins et des moyens de les satisfaire a pour suite une

1. Sur la dimension de la libération et de l'émancipation dans les *Principes* de Hegel, et en particulier dans la partie « Éthicité », *cf.* A. Honneth, *Les pathologies de la liberté. Une réactualisation de la philosophie du droit de Hegel*, trad. fr. F. Fischbach, Paris, La Découverte, 2009, p. 86 – et sur le lien avec la formation ou la culture (*Bildung*), *ibid.*, p. 98.

2. G. W. F. Hegel, *Principes de la philosophie du droit, op. cit.*, § 194, p. 361 (p. 222).

3. *Ibid.*, § 192, p. 360 (p. 222).

spécification des besoins (et des moyens) qui les sépare les uns des autres, qui les particularise les uns par rapport aux autres.

À tel besoin spécifique et identifié dans sa particularité correspond un travail également spécifique dont ne peuvent s'acquitter que des individus qui ont acquis et développé des compétences, elles aussi particulières et spécifiques : l'acquisition de telles compétences spécifiques, précises et particulières est une dimension de la « culture pratique » que permet le travail qui, par-là, devient ce que Hegel appelle « une activité objective », en lien direct avec « des talents dotés d'une *validité universelle* »[1], c'est-à-dire socialement reconnus et validés. En devenant une « activité objective », le travail échappe à l'arbitre subjectif comme au bon plaisir individuel : c'est en tant qu'activité sociale qu'il devient aussi activité objective, et il devient une activité objective pour autant, d'une part, qu'il permet la satisfaction de besoins eux-mêmes objectivés comme sociaux et, d'autre part, qu'il mobilise chez l'individu qui travaille des qualités, des compétences, des « talents » qui sont eux aussi objectivés en tant qu'ils sont socialement reconnus comme étant effectivement acquis par l'individu en question[2]. En d'autres termes, le travail devient un métier ou une profession.

Selon Hegel, le travail est donc inséparable de la dimension proprement *professionnelle*, c'est-à-dire de l'apprentissage puis de l'exercice d'un métier. C'est ce qui fait aussi – on l'a vu – que le travail est selon lui doublement éducateur ou formateur, à la fois pratiquement

1. *Ibid.*, § 197, p. 364 (p. 224).
2. *Ibid*, § 198, p. 364 (p. 224) : « Ce qu'il y a d'universel et d'objectif dans le travail tien à *l'abstraction* que provoque la spécification des moyens et des besoins (…) et que produit *la division des travaux* ».

et théoriquement ; d'où « le moment de libération qui réside dans le travail »[1]. La dimension professionnelle est explicitement thématisée dans le cadre d'une théorie des états sociaux (*Stände* ; les « états » au sens du « Tiers état »), c'est-à-dire en étant désignée au moyen d'un vieux vocable, peu adapté à la modernité de ce que Hegel entreprend de décrire. Mais on comprend que c'est bien de la dimension qu'on appelle aujourd'hui professionnelle qu'il s'agit lorsque, au § 201, Hegel explique que les individus sont « assignés » dans la société à des « systèmes » qui nouent entre eux « des besoins, des moyens et des travaux qui leur correspondent, des types de satisfaction et de culture théorique et pratique » – des systèmes qui prennent la forme de la « différence *des états* (*Stände*) »[2]. Les « états » ont manifestement ici le sens de professions ou de métiers, c'est-à-dire d'activités socialement validées en ce qu'elles permettent la satisfaction de besoins sociaux par la mobilisation des activités de travail d'individus qui ont acquis la culture pratique et théorique que suppose, pour pouvoir être menée à bien, l'activité qui est la leur[3]. Lorsqu'il y revient au § 206, Hegel reprend l'idée qu'il y a une « nécessité interne » à ce que l'activité sociale de satisfaction des besoins soit divisée en branches professionnelles, mais il ajoute que cette nécessité doit être « en même temps *médiatisée par l'arbitre* » et qu'elle

1. G. W. F. Hegel, *Principes de la philosophie du droit, op. cit.*, § 194 remarque, p. 362 (p. 223).

2. *Ibid.*, § 201, p. 367 (p. 226).

3. Par où nous nous approchons de la définition que Dewey donne de la profession : « une profession est toute forme d'activité continue qui rend service aux autres et utilise les capacités personnelles des individus pour parvenir à des résultats » (J. Dewey, « Les aspects professionnels de l'éducation », *Démocratie et Éducation*, Paris, Armand Colin, 2011, p. 412).

doit posséder, « pour la conscience subjective, la figure consistant à être l'œuvre de la volonté »[1]. C'est un point évidemment capital puisqu'il s'agit de garantir le principe selon lequel l'individu doit pouvoir déterminer librement la profession qu'il entend exercer, de sorte que l'exercice de celle-ci ne doive rien ou le moins possible à la naissance, et le plus possible au « mérite »[2] et au talent de l'individu lui-même qui aura su se former par lui-même aux exigences de la profession qu'il entend exercer.

L'importance éthique des effets formateurs du travail tient donc d'une part au processus de transformation de la nature interne du travailleur : la discipline du travail le conduit à modifier ses inclinations naturelles en les rendant compatibles avec les exigences de la liberté. Elle tient d'autre part au fait que l'exercice continu d'une profession offre à l'individu l'occasion de s'adonner à des activités particulières qui ont également une signification universelle en tant qu'elles s'inscrivent dans une division du travail qui permet la satisfaction de tous. D'où la thèse, déjà citée dans l'introduction générale de ce volume, suivant laquelle le choix d'une profession est un « devoir à l'égard de soi-même »[3]. L'importance politique des effets formateurs du travail tient quant à elle au fait que l'individu peut, par l'intermédiaire de sa profession, développer l'habitude d'associer la représentation de son intérêt particulier et celle de l'intérêt de tous, et par là-même prendre l'habitude de vouloir le bien commun qui est l'objet même d'un État rationnel. Encore faut-il qu'il prenne conscience

1. G. W. F. Hegel, *Principes de la philosophie du droit*, *op. cit.*, § 206, p. 372 (p. 228).

2. *Ibid.*, p. 371.

3. G. W. F. Hegel, *Propédeutique philosophique*, Paris, Minuit, 1963, p. 72.

adéquatement de la fonction sociale de sa profession et de la nature de sa contribution au bien commun, et que sa profession s'exerce effectivement en vue de cette fonction sociale. Cette fonction de régulation et de prise de conscience ne se produit pas spontanément, mais doit être prise en charge par ce que Hegel appelle les « corporations » qui, dans son esprit, comme ultérieurement chez Durkheim[1], ne correspondent pas tant aux institutions médiévales qu'à des institutions devant résoudre certaines des contradictions de ce qu'on peut appeler la modernité capitaliste. D'où la thèse, énoncée au § 255, suivant laquelle la corporation est « une racine éthique de l'État ».

Le texte de Dewey qu'on trouvera à la suite de celui de Hegel se situe dans la continuité de ces thèses hégéliennes relatives au caractère pratiquement et théoriquement formateur de l'activité de travail, dès lors qu'elle possède la forme de l'exercice d'une profession insérée dans une division du travail rationnellement organisée. Sur ce point comme sur bien d'autres, Dewey est un philosophe hégélien[2]. Il faut se placer dans un héritage hégélien pour pouvoir, comme lui, affirmer la nécessité de « faire une place aux aspects professionnels de la vie dans l'éducation » : pour les deux philosophes, il n'y a pas d'éducation ni de formation véritables qui soient totalement déconnectées du travail. L'aspect professionnel ne vient pas s'ajouter à l'éducation, que l'on conçoive cet ajout positivement

1. É. Durkheim, *De la division du travail social* (1893), Paris, P.U.F., 2013.

2. Sur le rapport de Dewey à Hegel, *cf.* E. Renault, « Dewey et Mead hégéliens », dans A. Cukier, E. Debray (dir.), *La Théorie sociale de George Herbert Mead. Études critiques et traductions inédites*, Lormont, Le Bord de l'Eau, 2014, p. 86-105, et « Dewey's Relations to Hegel », *Contemporary Pragmatism*, Vol. 13, Issue 3, 2016, p. 219-241.

(comme un complément auquel seuls quelques-uns auraient droit) ou négativement (comme ce dont on pourrait dispenser ceux qu'on destine à une éducation plus haute) : l'aspect professionnel seul rend possible une éducation véritable, c'est-à-dire complète, et donc théorique, pratique et sociale à la fois[1]. C'est en effet la dimension professionnelle qui permet, chez Dewey, de surmonter à la fois la restriction du travail aux seules activités matérielles et l'opposition entre ces activités matérielles (qui seules relèveraient à proprement parler du travail) et des activités idéales qui ne seraient plus vraiment du travail mais relèveraient d'un loisir opposé au travail[2]. Mettre la profession ou le métier au centre de la conception du travail permet de surmonter cette dichotomie entre travail matériel et travail idéal, entre travail utile et loisir, qui n'est elle-même rien d'autre que le reflet d'une « division de la vie sociale » qui remonte à l'époque de la Grèce ancienne et à l'émergence d'une « classe de loisir » pleine de mépris pour le travail[3]. C'est seulement en effet « quand la séparation de ces activités et de ces intérêts[4] coïncide avec la division de la société en deux classes, dont l'une est supérieure à l'autre, que la préparation à un travail utile est considérée comme une

1. Sur la conception deweyenne du travail (et le rôle central que joue le travail dans l'ensemble de la philosophie de Dewey), voir E. Renault, « Dewey et la centralité du travail », *Travailler*, n° 28, 2012, p. 125-148.

2. J. Dewey, « Travail et loisir », *Démocratie et Éducation, op. cit.*, p. 342.

3. *Ibid.*, p. 341. Dans *Démocratie et éducation*, comme dans bien d'autres de ses écrits, Dewey reprend à son compte la critique de la « classe de loisir » développée par T. Veblen (*Théorie de la classe de loisir*, Paris, Gallimard, 1978).

4. C'est-à-dire la séparation entre activité utile (= travail) et activité idéale (= loisir).

chose méprisable »[1] : ne dissociant pas plus que Hegel la culture pratique de la culture théorique, Dewey insiste sur ce que chacun des deux types d'activité a à perdre (et l'ensemble de la société avec eux) du fait même de leur séparation. Que vaut une activité de production réduite à l'utilité et à l'habileté de celui qui s'y consacre, si on la sépare de toute intelligence, de toute dimension ou portée compréhensive et intellectuelle ? Et qu'est-ce inversement qu'une connaissance ou une intelligence séparée de toute utilité, coupée de tout usage et réduite à « un ornement et un embellissement culturel »[2] ?

C'est pourquoi la promotion d'une éducation professionnelle et la valorisation de la dimension professionnelle de l'éducation n'ont évidemment pas le sens pour Dewey de « dispenser aux masses une éducation technique et étroite les préparant à des métiers spécialisés »[3], tandis qu'on maintiendrait pour une minorité une éducation élitiste, « libérale » et sans dimension professionnelle, la destinant aux nobles fonctions de direction et d'encadrement. Il s'agit au contraire de prendre appui sur une caractéristique essentielle des sociétés modernes, à savoir l'inséparabilité en elles de la science et de la vie industrielle, pour promouvoir une éducation qui, s'appuyant sur le caractère doublement formateur – pratiquement et théoriquement – du travail, ne sépare plus l'utilité d'une activité de travail de l'intelligence du réel naturel et social qu'elle suppose et rend possible à la fois.

---

1. J. Dewey, « Travail et loisir », *Démocratie et Éducation, op. cit.*, p. 342.

2. *Ibid.*, p. 347.

3. J. Dewey, « Les aspects professionnels de l'éducation », *Démocratie et Éducation, op. cit.*, p. 412.

Dans l'extrait reproduit ici, « Les aspects professionnels de l'éducation », le chapitre XXIII de *Démocracie et éducation*, Dewey poursuit principalement deux objectifs. Le premier est la critique de la manière dont se développait à l'époque un mouvement destiné à offrir une instruction spécifique aux ouvriers qui se contenterait de préparer des élèves à la pratique d'un métier peu qualifié. Cela revenait à reconnaître que les dimensions spécifiquement professionnelles des activités sociales sont dignes d'être enseignées, tout en ajoutant qu'elles doivent donner lieu à des filières spécialisées et distinctes de l'enseignement traditionnel (tout comme aujourd'hui encore on distingue dans le secondaire l'enseignement général des filières techniques et professionnelles). Dewey critique cette division pour trois raisons distinctes. Premièrement, elle repose sur le dualisme, philosophiquement faux, de la théorie et de la pratique. L'une des thèses fondamentales du pragmatisme deweyen est en effet que la valeur d'un savoir théorique tient à sa capacité à organiser intelligemment nos pratiques. Deuxièmement, la division de ces deux filières d'enseignement exprime et justifie une division du travail profondément injuste. De même que les emplois les moins qualifiés sont les moins prestigieux et les moins rémunérés, alors qu'ils comptent parmi les plus essentiels (comme on s'en est rendu compte notamment pendant la première période de confinement lors de la pandémie de Covid-19, avant de s'empresser de l'oublier), de même, l'enseignement qui est destiné aux travailleurs de ces secteurs est dévalorisé et atrophié. Troisièmement, un tel divorce entre filières d'enseignement fait de différentes manières obstacle à la démocratisation de la société. D'une part, il contribue au désintérêt des classes supérieures pour le type d'activité professionnelle des classes inférieures, et il ne les habitue donc pas à concevoir leur propre savoir comme un moyen de résoudre intelligemment ceux des principaux problèmes sociaux et politiques du temps présent qui concernent précisément la situation professionnelle des classes inférieures. D'autre part, parce que l'enseignement technique est réduit à celui d'une application de techniques, parce que par ailleurs il ne cherche pas à développer l'esprit critique de ceux qui seront en bas de l'échelle professionnelle, il relève d'une habituation à l'obéissance, alors qu'il n'y a pas de démocratie possible sans apprentissage généralisé de l'égalité et de la discussion critique de l'exercice du pouvoir. On ne sera donc pas surpris de découvrir que Dewey affirme qu'une démocratie digne de ce nom est incompatible avec une organisation « autocratique »[1] des lieux de travail. De tout cela, il résulte qu'il convient bien plutôt de réformer l'éducation professionnelle de telle sorte qu'elle puisse donner « à ceux qui exercent des métiers dans l'industrie le désir et la capacité de participer au contrôle social, en leur offrant ainsi la possibilité de devenir maître de leur destin industriel »[2].

L'une des stratégies mise en œuvre par Dewey dans ce chapitre afin de montrer l'inanité du divorce entre éducation générale et éducation professionnelle consiste à faire remarquer que l'enseignement général, lui aussi, prépare à des professions, et que toujours, le métier que l'on exerce, quel qu'il soit, structure nos existences. D'où le deuxième objectif de ce chapitre, qui est de souligner la profondeur

1. J. Dewey, « Travail et loisir », *Démocratie et Éducation, op. cit.*, p. 351.

2. J. Dewey, « Les aspects professionnels de l'éducation », *Démocratie et Éducation, op. cit.*, p. 413. Sur la conception deweyenne de la démocratisation du travail, voir E. Renault, « Dewey et la démocratie industrielle », *Pragmata*, n° 3, 2020, p. 176-215.

des effets formateurs du travail, y compris chez ceux qui cultivent le mépris du travail, propre aux classes supérieures – une réforme éducative aurait également pour fonction de leur inculquer « une sympathie accrue pour le travail »[1].

On touche ici à ce qui, par comparaison avec Hegel, distingue le plus la manière dont Dewey pense les effets formateurs du travail : il déplace l'analyse sur le plan proprement psychologique d'une théorie du caractère et de l'unification des différentes phases de la vie psychique. On trouvait déjà dans *The School and Society* (1899) l'affirmation suivant laquelle le travail contribue à l'unification des impulsions et à un équilibre entre différentes phases de nos existences. Le chapitre VII, intitulé « The Psychology of Occupations », soutenait que tant qu'il ne se réduit pas à une corvée, le travail « maintient un équilibre entre les phases intellectuelles et les phases pratiques de l'expérience »[2] et qu'il développe des aptitudes spécifiques tout en « fournissant les occasions idéales à la fois pour l'exercice sensoriel et pour la discipline de pensée »[3]. Dewey ajoutait que l'exercice d'un travail, déjà chez l'écolier, « unifie un vaste ensemble d'impulsions, qui resteraient sinon séparées et spasmodiques, en un squelette cohérent doté d'une solide colonne vertébrale »[4]. C'est dans la continuité de ces analyses que Dewey souligne dans notre extrait que :

> Un métier (*occupation*) est un principe organisateur d'informations et d'idées, de connaissance et de

1. *Ibid.*, p. 413.
2. *The Collected Works of John Dewey, 1882-1953*, *The Middle Works*, Carbondale, Southern Illinois University Press, 1976, vol. 1, p. 92.
3. *Ibid.*, p. 93.
4. *Ibid.*, p. 96.

développement intellectuel. Le métier fournit l'axe qui traverse une immense diversité de détails ; il ordonne les uns par rapport aux autres les différents éléments de l'information, des faits et des expériences. (…) Le métier (*vocation*) agit à la fois comme un aimant qui attire et une colle qui assure la cohésion. Organisée de cette manière, la connaissance est vivante car elle se rapporte à des besoins ; elle s'exprime et se réadapte dans l'action continuellement, si bien que cette dernière ne se fige jamais[1].

Constituant l'activité la plus durable et continue de notre existence, et mobilisant les différents facteurs à l'œuvre dans nos habitudes, ainsi que différents types d'habitudes, le travail produit des effets plus profonds que toute autre activité sur la constitution et l'unification des habitudes, c'est-à-dire sur le caractère. Central du point de vue de la psychologie individuelle, le travail l'est également du point de vue de la psychologie collective. Dewey propose en effet une psychologie comparative dont le principe est l'explication des *patterns* de l'esprit collectif par les formes de division du travail qui prédominent dans une société. Il soutient ainsi, dans l'article « Interpretation of Savage Mind », que chaque système social de division du travail est à l'origine d'une structuration spécifique de l'esprit collectif :

Si nous cherchons les fonctions spécifiques à l'égard desquelles l'esprit est relatif dans tous les groupes sociaux, les métiers s'imposent d'eux-mêmes. Les métiers sont si fondamentaux, et ils pénètrent tellement tout, qu'ils fournissent le schème, ou le cadre, de l'organisation structurelle des traits mentaux. Les types de travail

---

1. J. Dewey, « Les aspects professionnels de l'éducation », *Démocratie et Éducation, op. cit.*, p. 403.

intègrent des éléments particuliers dans un tout fonctionnel[1].

On voit par là-même que la problématique des effets formateurs du travail conduit Dewey à une théorie de la centralité du travail. C'est bien en effet de la thèse de cette centralité que relèvent les affirmations suivant lesquelles le travail constitue « l'axe autour duquel [les] activités [de l'individu] sont organisées »[2]. On la retrouve dans notre extrait : « Un métier est un principe organisateur d'informations et d'idées, de connaissance et de développement intellectuel. Le métier fournit l'axe qui traverse une immense diversité de détails ; il ordonne les uns par rapport aux autres les différents éléments de l'information, des faits et des expériences »[3]. Mais on remarquera que souligner cette centralité n'empêche pas de remarquer qu'il convient d'éviter qu'un métier colonise l'ensemble de l'existence aux dépens des autres types d'activités, liées à d'autres relations sociales que les relations professionnelles et à d'autres besoins que ceux que le travail peut satisfaire. Cela est vrai y compris des travaux qui semblent les plus enrichissants : « Personne n'est uniquement artiste et rien que cela ; sinon, on ne serait plus un être humain, on serait une sorte de monstre »[4].

Que le travail mérite bien, néanmoins, d'être considéré comme central dans nos existences, et que l'idée de

1. *The Collected Works of John Dewey, 1882-1953*, *The Middle Works, op. cit.*, vol. 2, p. 41-42.

2. J. Dewey, « Internal Reorganization after the War », *The Collected Works of John Dewey, 1882-1953*, *The Middle Works*, *op. cit.*, vol. 9, p. 319.

3. J. Dewey, « Les aspects professionnels de l'éducation », *Démocratie et Éducation*, *op. cit.*, p. 402.

4. *Ibid.*, p. 400.

démocratie soit condamnée à rester vide de sens tant que la démocratisation des lieux de travail n'est pas acquise, voilà des thèses fortes qui, comme on le verra dans les autres parties de ce volume, ont été discutées de bien des façons.

GEORG FRIEDRICH WILHELM HEGEL

LE SYSTÈME DES BESOINS*

§ 189

La particularité, qui est d'abord définie comme ce qui s'oppose à l'universalité de la volonté (§ 59), est *besoin subjectif* qui trouve son objectivité, c'est-à-dire sa *satisfaction*

a) par le moyen des objets extérieurs qui sont également la *propriété* et le produit d'autres besoins et d'autres *volontés*; b) par l'activité et le travail, qui forment la médiation entre les deux côtés. Du fait que le but du besoin est la satisfaction de cette particularité subjective, mais que l'*universel* s'y affirme par la relation avec les besoins et la volonté libre des autres, cette apparence de rationalité qui s'introduit dans cette sphère de la finitude est *l'entendement*, le côté qu'il s'agit maintenant d'examiner et qui constitue l'élément de réconciliation à l'intérieur de cette sphère.

REMARQUE. L'*économie politique* est la science qui se constitue à partir de ce point de vue, mais doit ensuite exposer les rapports et le mouvement des masses dans

* G. W. F. Hegel, *Principes de la philosophie du droit*, trad. fr. R. Derathé et J.-P. Frick, Paris, Vrin, 1998, p. 220-230. La traduction a été modifiée.

leurs déterminations qualitative et quantitative et dans leur enchevêtrement. C'est l'une de ces sciences qui sont apparues à une époque récente comme sur un terrain propice. Son développement montre – ce qui est d'un grand intérêt – comment la *pensée* (*cf.* Smith, Say, Ricardo) sait tirer d'une masse infinie de détails qui s'offrent tout d'abord à elle, les principes simples de cette matière, l'entendement qui agit en eux et les régit. Si c'est bien un facteur de réconciliation que de découvrir dans la sphère des besoins cette apparence de rationalité, qui existe et agit dans les choses, c'est là, par contre, le terrain où l'entendement des fins subjectives et des opinions morales donne libre cours à son mécontentement et à sa déception morale.

a) *Les modalités des besoins et de leur satisfaction*

§ 190

L'*animal* a un cercle limité de moyens et de procédés pour satisfaire ses besoins également limités. *L'homme* montre même dans cette dépendance sa capacité de la dépasser et son universalité, d'abord par la *multiplication* des besoins et des moyens, ensuite en *divisant* et en *différenciant* le besoin concret en des parties et des côtés isolés, qui forment différents besoins *particularisés* et, par conséquent, plus abstraits.

REMARQUE. Dans le droit, l'objet, c'est la personne, dans le point de vue de la moralité, c'est le *sujet*, dans la famille, le *membre de cette famille*, dans la société civile, c'est le *Bürger* (comme bourgeois[1]). Ici, au point de vue

1. En français dans le texte. Dans l'opuscule *Théorie et pratique* (trad. fr. L. Guillermit, Paris, Vrin, 1967, p. 36), Kant avait clairement

des besoins (*cf.* § 123, Rem.), c'est le concret de la *représentation* que l'on nomme *l'homme* ; c'est donc seulement maintenant et à proprement parler seulement ici, qu'il est question de l'homme en ce sens.

§ 191

Les *moyens* qui permettent de satisfaire les besoins particuliers se *divisent* et se *multiplient*. Il en est de même des modalités de leur satisfaction qui deviennent à leur tour des buts relatifs et des besoins abstraits ; multiplication qui se poursuit sans fin et qui, dans la mesure où intervient un facteur de *différenciation* dans la détermination de ces besoins et un *jugement* sur l'adaptation les moyens aux fins, constitue le *raffinement*.

§ 192

Les besoins et les moyens deviennent, en tant qu'existence réelle, un être pour *autrui* : par les besoins et le travail des autres, la satisfaction est soumise à la condition de la réciprocité. L'abstraction qui devient une qualité des besoins et des moyens *cf.* le § précédent), devient également une détermination du rapport réciproque qu'entretiennent les individus les uns avec les autres. Cette universalité qui prend la forme d'une reconnaissance par autrui, est le moment qui transforme ces besoins et ces moyens, pris dans leur individualité et dans leur abstraction, en besoins, moyens, modalités de la satisfaction qui deviennent *concrets*, parce qu'ils ont un caractère *social*.

---

distingué les deux sens du mot allemand *Bürger* : citoyen (*Staatsbürger*) et bourgeois (*Stadtbürger*) [N.D.T.].

§ 193

Ce moment confère la détermination d'un but particulier aux moyens pris en eux-mêmes et à leur possession, ainsi qu'aux différentes manières de satisfaire les besoins. Il contient, en outre, l'exigence de l'égalité avec les autres de ce point de vue. Ce besoin d'*égalité*, le désir de se rendre semblable aux autres, l'*imitation* d'une part et d'autre part, le besoin de se *particulariser*, de se faire remarquer par son originalité constituent la source réelle de la multiplication des besoins et de leur extension.

§ 194

Dans le besoin social, en tant qu'il implique une union entre le besoin immédiat ou naturel et le besoin spirituel issu de la *représentation*, c'est ce dernier qui l'emporte en tant qu'universel. Il en résulte que ce moment social contient en lui le côté de la *libération*. La stricte nécessité naturelle du besoin passe, en effet, au second plan et dans son comportement l'homme se trouve aux prises avec *son opinion*, qui est aussi une opinion universelle, avec une nécessité qu'il a créée lui-même, avec une contingence qui n'est plus seulement une contingence extérieure, mais une contingence intérieure à lui, son *libre arbitre*.

REMARQUE. S'imaginer que l'homme vivrait libre par rapport à ses besoins dans un prétendu état de nature, où il n'aurait eu que des besoins naturels simples, dont la satisfaction n'aurait exigé que des moyens qu'une nature contingente lui aurait octroyés immédiatement, est une idée fausse, même si l'on ne tient pas compte de l'élément libérateur que constitue le travail et dont il sera question plus loin. Le besoin naturel comme tel et sa satisfaction ne seraient, en effet, dans ce cas, que la situation de la spiritualité enfouie dans la nature, donc un état sauvage et sans liberté. La liberté ne réside que dans la réflexion du spirituel sur lui-même, dans sa différenciation d'avec ce qui est naturel et dans son action réfléchie sur cet élément naturel.

§ 195

Cette libération est *formelle*, étant donné que c'est la particularité des buts qui reste son fondement et son contenu. La direction que prend l'état de la société vers la multiplication et la spécification indéterminée des besoins, moyens et jouissances, n'a pas de limite, pas plus qu'il n'y a de limite entre les besoins naturels et les besoins issus de la culture. Cette direction – vers le *luxe* – est une augmentation également infinie de la dépendance et du dénuement (*Not*), qui se trouvent aux prises avec une matière offrant une résistance infinie, à savoir avec des moyens extérieurs, qui ont cette particularité d'être la propriété de la volonté libre, avec, par conséquent, quelque chose d'absolument dur.

b) *Les modalités du travail*

§ 196

Le travail est l'activité médiatrice, qui consiste à produire et à acquérir des moyens *particularisés* appropriés à des besoins également *particularisés*. Par son travail, l'homme différencie à l'aide de procédés variés le matériel que la nature lui procure immédiatement pour l'adapter à des fins multiples. Cette mise en forme par le travail donne au moyen sa valeur et son utilité, de sorte que l'homme utilise essentiellement pour sa consommation des produits du travail *humain* et les efforts *humains* [investis dans ces produits].

§ 197

La diversité des intérêts et des objets a pour effet le développement de la *culture théorique*. Il ne s'agit pas seulement d'une diversité de représentations et de connaissances, mais aussi de la mobilité et de la rapidité dans l'enchaînement des représentations, de la capacité de saisir des rapports complexes et universels, etc. C'est la culture de l'entendement en général et, par conséquent, aussi du langage. La *culture pratique* par le travail consiste dans le besoin qui se crée et dans l'*habitude* de l'*occupation* en général, ensuite, pour chacun, dans la *limitation de son activité*, soit en fonction de la nature du matériel, soit surtout en fonction de la volonté des autres. Elle consiste dans une habitude qui s'acquiert par cette discipline, l'habitude d'une activité objective et d'une *habileté générale*.

§ 198

Ce qu'il y a d'universel et d'objectif dans le travail est constitué par l'*abstraction* que produit la spécification des moyens et des besoins, d'où résulte aussi la spécification de la production et la *division du travail*. Par cette division, non seulement le travail de l'individu devient plus *simple*, mais l'habileté de l'individu dans son travail abstrait et la quantité de ses produits deviennent aussi plus grandes. Du même coup, cette abstraction de l'habileté et du moyen rend plus complets la *dépendance* et les *rapports réciproques* entre les hommes pour la satisfaction des autres besoins, au point d'en faire une nécessité absolue. De plus, l'abstraction de la façon de produire rend le travail de plus en plus *mécanique* et offre aussi finalement à l'homme la possibilité de s'en éloigner et de se faire remplacer par la *machine*.

c) *La richesse*

§ 199

Par cette dépendance mutuelle dans le travail et dans la satisfaction des besoins, l'*égoïsme subjectif* se transforme en *contribution à la satisfaction des besoins de tous les autres*, en médiation du particulier par l'universel, dans un mouvement dialectique tel qu'en gagnant, produisant et jouissant pour soi, chacun gagne et produit en même temps pour la jouissance des autres. Cette nécessité, qui réside dans l'enchevêtrement multiforme que crée la dépendance de tous, est à présent, pour chacun, la *richesse générale, durable* (cf. § 170). Chacun a la possibilité de contribuer par sa culture et son habileté, pour assurer sa subsistance et pareillement, ce gain acquis par son travail maintient et accroît la richesse générale.

§ 200

La *possibilité de contribuer* à la richesse générale, c'est-à-dire la richesse particulière, est cependant *conditionnée* soit par l'apport personnel immédiat (le capital), soit par l'habileté. Celle-ci, à son tour, est conditionnée par le capital, mais aussi par les circonstances contingentes dont la diversité entraîne des *différences* dans le *développement* des dispositions corporelles et intellectuelles, si *inégales* déjà naturellement. Il s'agit d'une différence qui, dans la sphère de la particularité, se manifeste dans toutes les directions et à tous les degrés. En conjuguant ses effets avec ceux de la contingence et de l'arbitraire, elle a pour conséquence nécessaire l'*inégalité* des *fortunes* et des *aptitudes* des individus.

REMARQUE. Il appartient à l'entendement vide – qui prend ses abstractions et son devoir-être pour ce qui est réel et rationnel – d'opposer l'*exigence d'égalité* au *droit* objectif de la *particularité* de l'esprit contenu dans l'idée, droit qui non seulement ne supprime pas dans la société civile l'inégalité naturelle entre les hommes – car la nature est l'élément de l'inégalité –, mais la produit à partir de l'esprit pour en faire une inégalité des aptitudes, des fortunes, et même de la formation intellectuelle et morale. Cette sphère de la particularité qui s'imagine constituer l'universel, conserve dans cette identité simplement relative avec celui-ci, aussi bien sa particularité naturelle que la particularité propre au libre arbitre. Elle conserve donc un résidu de l'état de nature. En outre, c'est la raison immanente au système des besoins humains et de leurs mouvements qui transforme ce système en un tout organique d'éléments différenciés (*cf.* le § suivant).

§ 201

Les moyens infiniment variés et le mouvement par lequel ils s'entremêlent à l'infini les uns les autres, dans la production et l'échange réciproque, se rassemblent par l'universalité inhérente à leur contenu et se *différencient* en *masses générales*. Il en résulte que tout l'ensemble se divise en plusieurs *systèmes particuliers* de besoins, de leurs moyens et de travaux, de diverses manières de leur satisfaction et de cultures théoriques et pratiques, systèmes entre lesquels les individus sont répartis. De là, pour l'ensemble, sa différenciation en *états*.

§ 202

Les états ainsi différenciés selon le *concept* sont les suivants : l'état *substantiel* ou immédiat ; l'état réfléchissant ou *formel* ; l'état *universel*.

§ 203

a) L'*état substantiel* tire sa richesse des produits naturels du *sol* qu'il cultive – sol qui ne peut être que propriété privée exclusive et qui n'exige pas seulement une exploitation indéterminée, mais une transformation objective. Du fait que le travail et le gain sont tributaires d'époques naturelles fixes et que le rendement dépend de conditions naturelles variables, le but du besoin devient alors *prévoyance* et *préoccupation* de l'avenir, mais conserve, en raison des conditions de sa réalisation, le caractère d'une subsistance où la réflexion et la volonté personnelle n'ont que peu de part, mais où l'on trouve en général la disposition d'esprit substantielle d'une vie éthique immédiate, reposant sar les relations familiales et la simple confiance.

REMARQUE. C'est avec raison que l'on a vu dans l'introduction de l'*agriculture* et dans l'introduction du mariage le vrai commencement et la première fondation des États, car ce principe entraîne avec lui la transformation du sol et la propriété exclusive qui en résulte (*cf.* § 170, Rem.). Il permet aussi au sauvage cherchant sa subsistance au cours d'une vie errante de trouver la paix du droit privé et la sécurité dans la satisfaction de ses besoins. De l'introduction de l'agriculture résultent également la limitation de l'amour entre les sexes au mariage et, par suite, la transformation de ce lien sexuel en une union *durable* et universelle en soi, la transformation du besoin en *soin de la famille* et de la possession en *patrimoine familial*. La sécurité, la stabilisation, la durée de la satisfaction des besoins, etc. – autant de caractères qui font apprécier ces institutions – ne sont rien d'autre que des formes de l'universel et des figures par lesquelles la rationalité, le but final absolu, s'affirme dans ces objets. On ne peut rien mentionner de plus intéressant sur ce sujet que les considérations savantes et judicieuses de mon collègue et ami, M. Creuzer, en particulier celles qu'il nous a données dans le quatrième volume de sa *Mythologie et Symbolique* sur les fêtes, les images et les choses saintes des Anciens, pour qui l'introduction de l'agriculture et des institutions correspondantes étaient des actes divins et l'objet d'une vénération religieuse.

En ce qui concerne les lois du droit privé, en particulier l'administration de la justice, comme en ce qui concerne l'éducation, la culture, la religion, le caractère substantiel de cet état entraîne des modifications portant *non* sur le contenu, mais sur la *forme* et le *développement de la réflexion*. Mais c'est là une conséquence qui a également lieu pour les autres états.

§ 204

b) L'*état industriel* (*der Stand des Gewerbes*) a pour activité professionnelle la transformation des produits naturels. Pour ses moyens de subsistance, il dépend de son *travail*, de sa réflexion, de l'entendement, mais aussi de la médiation des besoins et des travaux des autres hommes. Ce qu'il produit et ce qu'il consomme, il le doit essentiellement à *lui-même*, à sa propre activité.

Selon les divers modes de son activité, il se divise :
1) En *état des artisans* (*Handwerksstand*), qui exécute le

travail destiné à satisfaire des besoins individuels concrets, sur la demande des individus ; 2) En *état des fabricants* (*Fabrikantenstand*), qui exécute un travail de masse, plus abstrait, pour des besoins individuels certes, mais pour une demande plus générale ; 3) En *état des commerçants* (*Handelsstand*), qui ont pour activité l'échange des produits les uns contre les autres, grâce à ce moyen universel d'échange qu'est l'argent, dans lequel la valeur abstraite de toutes les marchandises devient réelle.

§ 205

c) L'*état universel* est chargé des *intérêts universels* de la société. Il doit être dispensé du travail direct pour la satisfaction de ses besoins, soit par sa fortune privée, soit par l'État qui, employant son activité, doit le dédommager de telle sorte que l'intérêt privé trouve sa satisfaction dans son travail pour l'universel.

§ 206

En tant que particularité qui s'est elle-même rendue objective, l'état se divise, ainsi que nous venons de le voir, en ses diverses espèces générales, selon son concept. Mais on peut aussi se demander à quoi tient qu'un *individu* appartient à un état déterminé. Certes, le naturel, la naissance et les circonstances ont leur part d'influence, mas la détermination ultime et essentielle réside dans l'*opinion subjective* et dans le *libre arbitre particulier*. Celui-ci se donne dans cette sphère son droit, son mérite et son honneur, de telle sorte que ce qui s'y produit par une *nécessité interne* a lieu aussi par la *médiation du libre arbitre* et a, pour la conscience subjective, la figure d'être l'œuvre de sa volonté.

REMARQUE. De ce point de vue et touchant le principe de la particularité et du libre arbitre subjectif, apparaît la différence qui sépare la vie politique de l'Orient et celle de l'Occident, le monde antique et le monde moderne. En ce qui concerne l'Orient et le monde antique, la division en états s'établit *objectivement d'elle-même* parce qu'elle est *en soi* rationnelle. Mais le principe de la particularité subjective n'obtient pas de ce fait son droit, car, par exemple, l'appartenance des individus à un état dépend de la volonté des gouvernants, comme c'est le cas l'État *platonicien* (*République*, liv. III), ou de la naissance, comme c'est le cas en *Inde* avec le système des *castes*. N'ayant pas sa place dans l'organisation du tout et n'étant pas réconciliée avec elle, la particularité subjective, parce qu'elle constitue, elle aussi, un moment essentiel, se révèle comme un principe hostile, comme un facteur de corruption de l'ordre social (*cf.* § 185, Rem.). Elle rejette cette organisation, comme ce fut le cas dans les États grecs et dans la République romaine, ou bien, si l'ordre social se maintient par la force ou par l'autorité religieuse, elle constitue un facteur de corruption interne, de dégradation complète, comme ce fut partiellement le cas chez les *Lacédémoniens* et, de nos jours, de la manière la plus complète, chez les *Indiens*.

Si la particularité subjective est maintenue dans l'ordre objectif et en accord avec lui, si son droit est également reconnu, elle devient ce qui anime la société civile, qui permet aussi le développement l'activité intellectuelle, du mérite et de l'honneur. Quand on reconnaît et admet que le choix libre de l'individu est la médiation entre celui-ci et ce qui est nécessaire et rationnel dans la société civile et dans l'État, on obtient la détermination la plus proche de ce qu'on appelle généralement *liberté*.

§ 207

L'individu ne se donne une réalité que s'il entre dans l'*existence empirique* ou dans la *particularité déterminée*, donc s'il se limite exclusivement à l'une des sphères *particulières* des besoins. Par suite, dans ce système, la disposition d'esprit éthique sera la *probité* et l'*honneur professionnel* de devenir, en vertu de sa propre détermination, un membre de l'un des moments de la société civile, et de s'y maintenir en tant que tel par son activité, son application au travail et son habileté. Ce n'est que par cette médiation de l'universel que l'on pourvoit à ses besoins et que l'on est *reconnu* dans sa propre représentation ainsi que dans celle des autres. La *moralité* a sa place marquée dans cette sphère où prédominent la réflexion de l'individu sur son activité, le but des besoins et du bonheur particulier, et où la contingence dans leur satisfaction fait de l'assistance individuelle, également contingente, un devoir.

REMARQUE. L'individu se cabre d'abord (surtout dans sa jeunesse) à la pensée d'avoir à se décider pour un état ; il considère cela comme une limitation de sa destination universelle et ne voit là qu'une nécessité *extérieure*. Mais une telle attitude est due à la pensée abstraite, qui s'en tient à l'universel et, par suite, à l'irréel, faute de savoir que, pour avoir une existence empirique, le concept doit faire la différence entre lui-même et sa réalité, par conséquent entrer dans la déterminité et la particularité (*cf.* § 7), et que c'est par là seulement qu'il peut acquérir l'effectivité et l'objectivité éthiques.

JOHN DEWEY

ASPECTS PROFESSIONNELS
DE L'ÉDUCATION *

1. SIGNIFICATION DU MOT « PROFESSION »

À l'heure actuelle, le conflit des théories philosophiques nous invite à réfléchir sur la place et le rôle des facteurs professionnels dans l'éducation. Soutenir que des différences même importantes entre diverses conceptions philosophiques fondamentales puissent avoir un rapport quelconque avec le problème en question peut étonner. Il semble y avoir un trop grand écart entre les termes généraux et abstraits qui servent à formuler des idées philosophiques et les détails pratiques et concrets de l'éducation professionnelle. Mais si nous passons mentalement en revue les présuppositions intellectuelles qui sont à la base des oppositions que l'on constate dans l'éducation entre le travail et le loisir, la théorie et la pratique, le corps et l'esprit, les états mentaux et le monde, nous verrons qu'elles aboutissent à la dichotomie de l'éducation professionnelle et de l'éducation culturelle. Traditionnellement la culture libérale est associée aux notions de loisir, de connaissance purement contemplative et d'activité

* J. Dewey, *Démocratie et Éducation, suivi de : Expérience et Éducation*, trad. fr. G. Deledalle, Paris, Armand Colin, 2011, chap. XXIII, p. 399-413.

spirituelle n'impliquant pas l'utilisation active des organes corporels. On a eu aussi tendance par la suite à associer la culture à un raffinement purement privé, au développement de certains états et attitudes de conscience, séparés de la direction ou du service social. Elle a été un moyen d'échapper à celle-là et de se consoler de la nécessité de celui-ci.

Ces dualismes philosophiques sont si intimement liés à tous les aspects de la question de l'éducation professionnelle qu'il est nécessaire de définir la signification du terme « profession » d'une manière suffisamment complète pour éviter de donner l'impression qu'une éducation qui y prépare ne vise que ce qui est pratique, voire simplement pécuniaire. La profession ne signifie rien d'autre qu'une direction des activités de la vie, de manière à ce qu'elles prennent un sens déterminé pour un individu, de par leurs conséquences, et à ce qu'elles aient une utilité pour personnes avec lesquelles il est associé. Le contraire d'avoir un métier n'est pas d'être oisif ou cultivé, mais c'est de vivre personnellement ses expériences sans but, sans ordre, sans continuité, c'est, sur le plan personnel, n'avoir jamais rien réalisé en pratique et, sur le plan social, afficher une vaine ostentation et vivre en parasite. Le métier est l'expression concrète de la continuité. Il inclut le développement de la capacité artistique dans tous les domaines, de la compétence scientifique dans les domaines spécialisés, de l'efficacité dans les activités civiques, aussi bien que dans les occupations professionnelles et commerciales, pour ne rien dire du travail la chaine ou des activités lucratives.

Il faut éviter non seulement de limiter la conception de la profession aux occupations qui produisent des résultats immédiatement tangibles mais aussi de penser que les professions se répartissent d'une manière exclusive, une seule par personne. Une spécialisation aussi étroite est impossible ; rien ne serait plus absurde que d'essayer d'éduquer les individus en vue d'un seul genre d'activité. En premier lieu, chaque individu est nécessairement attiré par diverses occupations, et il doit pouvoir exercer son intelligence d'une manière efficace dans chacune d'elles ; en second lieu, tout métier perd son sens et devient une sorte d'agitation routinière si on l'isole des autres intérêts de l'individu.

1) Personne n'est uniquement artiste et rien que cela ; sinon, on ne serait plus un être humain, on serait une sorte de monstre. Il faut bien qu'un individu, à un moment donné de sa vie, appartienne à une famille, qu'il ait des amis et des camarades ; et, parce qu'il faut bien qu'il subvienne à ses propres besoins ou que d'autres y subviennent pour lui, il a une situation. Il est membre de quelque groupe politique organisé, et ainsi de suite. Ce que nous appelons *sa* profession, c'est bien entendu l'occupation qui le distingue des autres, plutôt que celles qu'il a en commun avec tous les autres. Mais il ne faudrait pas que nous nous laissions aveugler par les mots au point d'ignorer et virtuellement de nier ses autres occupations quand nous en venons à examiner les aspects professionnels de l'éducation.

2) Tout comme la profession d'un artiste n'est que la phase hautement spécialisée de ses activités diverses et variées, l'efficacité qu'il manifeste dans sa profession (dans le sens humain du terme « efficacité ») est déterminée par les rapports que cette profession entretient avec ses autres occupations. Il doit avoir de l'expérience, il doit *vivre* s'il veut que son art soit autre chose qu'une simple réalisation technique. Il ne peut pas trouver l'objet de son activité artistique dans son art, celui-ci doit être l'expression de ses souffrances et affections à d'autres égards – ce qui dépend de la vivacité et de la sympathie de ses autres

intérêts. Ce qui est vrai de l'art est vrai de tout autre métier. Toute profession spécialisée a sans doute tendance – ce qui est conforme au principe d'habitude – à devenir dominante, exclusive et absorbante sous son aspect spécialisé. Ce qui implique que l'on valorise le savoir-faire ou la méthode technique qu'elle requiert aux dépens de sa signification. Il n'appartient donc pas à l'éducation d'encourager cette tendance, mais plutôt de la contrecarrer afin que le chercheur scientifique ne soit pas uniquement un savant, l'instituteur uniquement un pédagogue, le prêtre un homme qui porte la soutane et ainsi de suite.

2. RÔLE DES OBJECTIFS PROFESSIONNELS DANS L'ÉDUCATION

Tout en gardant présent à l'idée que la profession a un contenu très varié qui la met en relation avec d'autres occupations et que c'est sur ce fond général d'occupations qu'une profession particulière se projette, nous allons considérer maintenant l'éducation comme constituant l'activité la plus caractéristique de l'individu.

l) Une occupation est la seule chose qui permette d'équilibrer la capacité particulière de l'individu et le service qu'il doit assumer envers la société. Découvrir ce qu'un individu est capable de faire et lui fournir l'occasion de le faire est la clef du bonheur. Rien n'est plus tragique que de ne pas découvrir ce qu'on est apte à faire dans la vie ou de constater qu'on a été par le hasard ou contraint par la force des circonstances à embrasser une profession qui ne convient pas. Avoir une occupation qui convient signifie simplement que les aptitudes d'une personne s'exercent harmonieusement avec le minimum de friction et le maximum de satisfaction. Pour les autres membres d'une communauté, cela signifie, bien entendu, que cette personne leur rend les services les meilleurs dont elle est capable. On croit généralement, par exemple, que le servage était en fin de compte du gaspillage, même d'un point de vue purement économique, parce que les esclaves manquaient de la motivation nécessaire pour employer utilement leurs énergies. De plus, étant donné que les esclaves ne pouvaient choisir qu'entre certains métiers prescrits, il est vraisemblable que beaucoup de talents demeuraient inemployés et qu'ils étaient par conséquent totalement perdus pour la communauté. L'exemple de l'esclavage ne fait qu'illustrer ce qui se produit lorsque, sur un mode moins spectaculaire, un individu ne réussit pas à se réaliser dans son travail. Et il ne peut pas se réaliser complètement quand on méprise les professions et entretient une idée conventionnelle de la culture qui est essentiellement la même pour tous. Platon posait le principe fondamental d'une philosophie de l'éducation lorsqu'il soutenait qu'il appartenait à l'éducation de découvrir les capacités de chaque individu et de les porter à leur point extrême de perfection parce que, ce faisant, on satisfaisait en même temps les besoins de la société de la manière la plus harmonieuse. S'il commit une erreur, ce ne fut pas sur le principe, mais sur le nombre restreint de professions qu'il estimait nécessaires à la société ; par suite, il ne vit pas l'infinie diversité des capacités que l'on peut trouver chez différents individus.

2) Une occupation est une activité continue ayant un but. L'éducation dispensée *au moyen* d'occupations combine donc en elle-même plus de facteurs permettant d'apprendre que n'importe quelle autre méthode. Elle fait appel aux instincts et aux habitudes ; elle combat la réceptivité passive. Elle a une fin en vue, des résultats à atteindre. C'est pourquoi

elle fait appel à la pensée; elle exige que l'idée de la fin
soit maintenue d'une manière constante, afin que l'action
ne devienne pas routinière ni capricieuse. Comme l'activité
doit être progressive, allant d'une étape une autre,
l'observation et l'ingéniosité sont requises à chaque étape
pour découvrir et pour réadapter les moyens d'exécution.
Bref, une occupation dont l'objectif est la réalisation de
l'activité, et non son simple résultat extérieur, remplit les
conditions requises que nous avons posées quand nous
avons examiné la question des objectifs, de l'intérêt et de
la pensée (voir chapitres huit, dix et douze).

Un métier est aussi nécessairement un principe
organisateur d'informations et d'idées, de connaissance
et de développement intellectuel. Le métier fournit l'axe
qui traverse une immense diversité de détails; il ordonne
les uns par rapport aux autres les différents éléments de
l'information, des faits et des expériences. L'avocat, le
médecin, le père de famille, le chimiste, le citoyen qui
s'intéresse à sa ville, sont poussés par intérêt professionnel
à noter tous les faits concernant leurs occupations respectives
et à établir des rapports entre eux. Inconsciemment motivés
par ces occupations, ils cherchent des informations qui s'y
rapportent et les retiennent. La profession agit à la fois
comme un aimant qui attire et une colle qui assure la
cohésion. Organisée de cette manière, la connaissance est
vivante, car elle se rapporte à des besoins; elle s'exprime
et se réadapte dans l'action continuellement, si bien que
cette dernière ne se fige jamais. Aucune classification,
aucune sélection, aucune organisation de faits élaborée
consciemment à des fins purement abstraites ne sera jamais
aussi solide et efficace que ce qui s'élabore sous la pression
d'une occupation; en comparaison, le premier mode
d'activité est formel, superficiel et froid.

3) Pour former correctement à une profession il faut exercer cette profession. Le principe énoncé plus haut dans ce livre (voir chapitre six), à savoir que le processus éducatif est à lui-même sa propre fin et que la seule préparation adéquate aux responsabilités futures s'obtient en tirant le meilleur parti de la vie que l'on vit au moment où on la vit, s'applique pleinement aux aspects professionnels de l'éducation. La profession principale de tous les êtres humains en tout temps est de vivre – de se développer intellectuellement et moralement. Au cours de l'enfance et de l'adolescence, qui sont des périodes relativement dégagées des contraintes économiques, ce fait saute aux yeux. Décider à l'avance d'une occupation future à laquelle l'éducation se contenterait uniquement de préparer, c'est nuire aux possibilités du développement présent et, partant, réduire l'efficacité de la préparation à un emploi futur qui conviendra à l'élève. Pour répéter le principe auquel nous avons si souvent fait appel, il se peut qu'une telle formation développe un savoir-faire mécanique pour des tâches routinières (il n'est pas du tout sûr qu'elle le fasse en fait, car elle peut dégoûter l'élève et le rendre négligent), mais ce sera aux dépens des qualités de vivacité d'observation, d'ingéniosité et d'esprit d'organisation qui font la valeur intellectuelle d'une occupation. Dans une société autocratique, empêcher le développement de la liberté et de la responsabilité est souvent un objectif conscient : une minorité organise et ordonne, les autres obéissent et consacrent tous leurs efforts aux tâches étroites et restreintes qui leur sont imparties. Quels que soient le prestige et le profit qu'une classe en retire, il est évident que ce système limite le développement de la classe dominée, sclérose et diminue les occasions pour la classe dominante d'apprendre par expérience et entrave la vie de la société dans son ensemble.

La seule solution consiste à commencer à préparer aux professions d'une manière indirecte plutôt que directe, en donnant à l'élève des occupations qui correspondent à ses besoins et à ses intérêts. C'est seulement de cette façon qu'il peut y avoir de la part de l'éducateur, comme de la part de l'élève, une découverte des aptitudes personnelles qui permettront plus tard de choisir à bon escient l'occupation spécialisée appropriée. De plus, cette découverte des capacités et des aptitudes sera un processus *constant* aussi longtemps que durera la croissance. Il est conventionnel et arbitraire de supposer que l'on découvre tout d'un coup et une fois pour toutes le genre d'occupation que l'on va poursuivre plus tard. Supposons que l'on se découvre, par exemple, un intérêt intellectuel ct social pour la construction mécanique et que l'on ait décidé d'en faire son métier. Au mieux, cette décision ne fera que circonscrire le domaine dans lequel s'orientera le développement ultérieur. C'est une sorte de plan sommaire que l'on utilisera pour diriger ses activités futures. C'est la découverte d'une profession dans le sens où Christophe Colomb découvrit l'Amérique lorsqu'il débarqua sur son sol. Des explorations futures infiniment plus détaillées et plus étendues restent faire. Lorsque les éducateurs conçoivent la direction professionnelle comme quelque chose qui conduit un choix définitif, irrévocable et complet, il y a de fortes chances pour que l'éducation et la profession choisie soient figées et empêchent tout développement ultérieur. Et le métier choisi sera tel que celui qui l'exerce occupera toujours une position subordonnée, sous les ordres de ceux qui ont eu l'intelligence de choisir un métier davantage de souplesse et de réadaptation. Et bien que les usages linguistiques n'autorisent pas à dire qu'une attitude de souplesse permettant la réadaptation est le choix d'un nouveau métier, c'est ce qu'elle est en fait. S'il est vrai que même les adultes doivent veiller à ce que leur métier ne les sclérose pas, les éducateurs sont, à plus forte raison, obligés de faire très attention à ce que la préparation professionnelle de la jeunesse soit telle qu'elle les engage eux-mêmes à réorganiser d'une manière continue leurs objectifs et leurs méthodes.

3. Possibilités et dangers actuels

Dans le passé, l'éducation a été beaucoup plus professionnelle en fait qu'en titre.

1) L'éducation des masses était nettement utilitaire. On l'appelait apprentissage plutôt qu'éducation ; c'est ce qu'on appelait aussi apprendre par expérience. Les écoles se consacraient à l'enseignement de la lecture, de l'écriture et du calcul parce que ces connaissances avaient leur utilité dans toutes sortes de métiers. S'adonner à un métier spécialisé sous la direction d'autrui était la phase extrascolaire de cette éducation. Les deux se complétaient ; le travail scolaire dans son caractère formel et étroit faisait autant partie de l'apprentissage d'un métier que celui qui en portait explicitement le nom.

2) Dans une grande mesure, l'éducation des classes dirigeantes était essentiellement professionnelle – seulement, on n'appelait pas professions leurs occupations parce qu'elles consistaient à diriger et profiter. En effet, on appelait professions ou métiers les seules occupations qui impliquaient le travail manuel, un travail rétribué en nature ou en argent, ou des services personnels rendus à des personnes données. Pendant longtemps, par exemple, les professions de chirurgien et de médecin n'eurent guère plus de prestige que celles de valet ou de barbier – en

partie, parce qu'elles concernaient le corps et, en partie, parce qu'elles impliquaient que l'on rendait directement à une personne donnée un service rétribué. Mais si nous allons au-delà des mots, la direction des affaires sociales, que ce soit politiquement ou économiquement, que ce soit en temps de guerre ou de paix, est un métier comme un autre ; et là où l'éducation n'a pas été complètement dominée par la tradition, des écoles supérieures ont été en général instituées pour y préparer. En outre, le faste, la parure des personnes, le genre de rapports et d'amusements sociaux qui procurent le prestige et donnent la possibilité de dépenser de l'argent ont été élevés au rang de véritables professions. Sans s'en rendre compte, les plus hautes institutions du savoir ont été amenées à participer à la préparation à ces emplois. Même aujourd'hui, ce qu'on appelle l'enseignement supérieur est pour une certaine classe (plus restreinte qu'elle ne l'était autrefois) essentiellement une préparation à ce genre d'occupations.

À d'autres égards, cet enseignement est en grande partie, surtout au stade le plus avancé, la formation au métier d'enseignant et de chercheur spécialisé. Par un préjugé bizarre, on a considéré que l'éducation qui a surtout pour objet de préparer aux arts d'agrément, à l'enseignement et aux professions littéraires et de former des dirigeants n'avait pas un caractère professionnel, mais était essentiellement culturelle. La formation littéraire, qui prépare indirectement au métier d'auteur, que ce soit de livres, d'articles de journaux ou de revues, a particulièrement souffert de ce préjugé ; nombreux sont les professeurs et les auteurs qui prennent la plume pour défendre l'éducation culturelle et humaine contre les empiétements d'une éducation spécialisée et pratique, sans se rendre compte que leur propre éducation, qu'ils appellent libérale, a été justement conçue pour les préparer au métier qu'ils exercent. Ils ont simplement pris l'habitude de considérer leur propre métier comme étant essentiellement culturel et de négliger les possibilités culturelles des autres métiers. À la racine de ces distinctions, il y a indiscutablement la tradition qui ne reconnaît comme métiers que les occupations où l'on est responsable de son travail envers un employeur donné plutôt qu'envers l'employeur ultime, la communauté.

Aujourd'hui, il y a cependant des raisons évidentes pour mettre volontairement l'accent sur l'éducation professionnelle – et expliciter délibérément les implications professionnelles qu'auparavant l'on préférait taire.

1) En premier lieu, on accorde de plus en plus d'intérêt dans les communautés démocratiques à ce qui se rapporte au travail manuel, aux occupations commerciales et aux services rendus à la société. En théorie, on s'attend à ce que les hommes et les femmes fassent quelque chose pour la société qui les soutient intellectuellement et économiquement. On chante les louanges du travail ; le service devient un idéal moral fort estimé. Si l'on admire et l'on envie toujours ceux qui ont la possibilité de mener une vie d'oisiveté et de luxe, un sentiment moral plus exigeant condamne ce genre de vie. On reconnaît plus généralement qu'on ne le faisait dans le passé, que l'on est responsable envers la société de l'utilisation de son temps et de ses capacités personnelles.

2) En deuxième lieu, les professions qui sont spécifiquement industrielles se sont énormément développées depuis un siècle et demi. Les entreprises industrielles et commerciales ont perdu leur caractère familial et local, donc plus ou moins restreint, pour se développer l'échelle mondiale. Elles mobilisent le meilleur des énergies d'un nombre de personnes de plus en plus grand. Le fabricant,

le banquier, le chef d'entreprise ont pratiquement remplacé
la noblesse terrienne à la direction des affaires sociales.
Le problème de la réadaptation sociale est manifestement
industriel, puisqu'il concerne les relations du capital et du
travail. L'importance sociale accrue des procédés industriels
a inévitablement soulevé des questions concernant les
rapports de l'école et de la vie industrielle. Une réadaptation
sociale aussi vaste ne pouvait se faire sans remettre en
cause l'éducation héritée de conditions sociales différentes
et sans poser de nouveaux problèmes à l'enseignement.

3) En troisième lieu, nous l'avons déjà mentionné
plusieurs fois, l'industrie a cessé d'être un processus
empirique, transmis par la coutume. Sa technique est
devenue technologique, c'est-à-dire qu'elle est fondée sur
des machines qui ont été construites grâce aux découvertes
des mathématiques, de la physique, de la chimie, de la
bactériologie, etc. La révolution économique a stimulé la
science en posant des problèmes à résoudre, en imposant
un plus grand respect intellectuel pour les dispositifs
mécaniques. Et l'industrie a été largement payée de retour
par la science. C'est pourquoi les occupations industrielles
ont un contenu infiniment plus intellectuel et des possibilités
culturelles infiniment plus étendues qu'autrefois. La
nécessité d'une éducation qui familiarisera les ouvriers
avec les bases et la portée scientifiques et sociales de leur
métier devient impérieuse, puisque tous ceux qui n'ont
pas reçu ce genre d'éducation qui familiarisera les ouvriers
avec les bases et la portée scientifiques et sociales de leur
métier finissent toujours par ne plus jouer qu'un rôle
accessoire auprès des machines qu'ils font fonctionner.
Sous l'ancien régime, tous les ouvriers qui exerçaient le
même métier avaient à peu près la même connaissance et
le même point de vue. La connaissance et l'ingéniosité

personnelles pouvaient au moins s'exercer dans un domaine restreint, parce que le travail se faisait avec des outils dont l'ouvrier était directement le maître. De nos jours, l'ouvrier doit s'adapter à sa machine, au lieu d'adapter comme autrefois l'outil à ses propres fins. Si les possibilités intellectuelles de l'industrie se sont multipliées, les conditions industrielles tendent à rendre l'industrie moins éducative pour les masses qu'elle ne l'était du temps où l'on travaillait de ses mains pour des marchés locaux. C'est donc à l'école qu'incombe aujourd'hui la tâche de faire comprendre aux élèves les possibilités intellectuelles inhérentes au travail.

4) En quatrième lieu, dans les sciences, la recherche de la connaissance est devenue plus expérimentale ; elle dépend moins qu'auparavant de la tradition littéraire et a moins d'attaches avec les méthodes dialectiques de raisonner et avec les symboles. En conséquence, l'objet de l'occupation industrielle présente non seulement une plus grande partie du contenu de la science qu'auparavant, mais davantage d'occasions de se familiariser avec la méthode par laquelle se concrétise la connaissance. D'ordinaire, l'ouvrier d'usine est bien entendu soumis à une pression économique trop directe pour qu'il ait l'occasion de produire des connaissances comme peut le faire celui qui travaille dans un laboratoire. Mais, à l'école, on peut familiariser l'élève avec les machines et les procédés industriels dans des conditions où la seule préoccupation de l'élève est de comprendre. Lorsque ces conditions sont réunies, la distinction entre l'atelier et le laboratoire est en grande partie conventionnelle, le laboratoire offrant l'avantage de permettre de poursuivre toute recherche intellectuelle qu'un problème peut suggérer et l'atelier offrant l'avantage d'insister sur la portée sociale

du principe scientifique, tout en stimulant chez beaucoup d'élèves un très vif intérêt.

5) Enfin, les progrès qui ont été réalisés dans la psychologie de l'apprentissage en général et de l'enfant en particulier coïncident avec l'importance accrue que l'industrie a prise dans la vie. Car la psychologie moderne insiste sur l'extrême importance des instincts primitifs spontanés, c'est-à-dire non appris, d'exploration, d'expérimentation et d'essai. Elle révèle que l'acquisition du savoir n'est pas le travail d'une chose toute faite appelée « esprit », mais que l'esprit lui-même est l'organisation des capacités originelles en activités qui ont une signification. Comme nous l'avons déjà vu, pour les élèves plus âgés, le travail est au développement éducatif des activités spontanées originelles ce qu'est le jeu pour les élèves les plus jeunes. De plus, le passage du jeu au travail devrait être progressif, n'entraînant pas un changement radical d'attitude, mais introduisant dans le travail les éléments du jeu, en plus d'une réorganisation continue permettant un contrôle accru.

Le lecteur aura remarqué que ces cinq points résument pratiquement les principales thèses que nous avons exposées dans la partie précédente de notre ouvrage. Pratiquement et philosophiquement, la clef de la situation actuelle de l'éducation réside dans une reconstruction progressive des matières et des méthodes scolaires, de manière à utiliser les diverses formes d'occupations représentant les différents types de métiers pratiqués dans la société et à en dégager le contenu intellectuel et moral. Cette reconstruction doit reléguer les méthodes littéraires – y compris les manuels – et les méthodes dialectiques à la position d'outils nécessaires au développement intelligent d'activités consécutives et cumulatives.

Mais notre discussion a mis en relief le fait qu'on ne peut mener à bien cette réorganisation en essayant simplement de donner aux enfants une formation technique les préparant aux métiers industriels et aux professions dans leur état actuel et moins encore en reproduisant à l'école les conditions industrielles existantes. Le problème n'est pas de faire de l'école l'auxiliaire des entreprises industrielles et mais d'utiliser les facteurs de l'industrie pour rendre la vie scolaire plus active, plus riche en signification directe, plus proche de l'expérience extrascolaire. Ce problème n'est pas facile à résoudre. On court constamment le risque de voir l'éducation perpétuer les vieilles traditions au profit d'une petite élite et s'adapter aux nouvelles conditions économiques en acceptant plus ou moins les caractéristiques de notre système industriel défectueux sans les transformer, ni leur donner un caractère plus rationnel et plus social. En termes concrets, l'enseignement professionnel risque d'être considéré, en théorie et en pratique, comme une éducation préparant à un métier, comme un moyen d'acquérir une efficacité technique pour de futurs emplois spécialisés.

L'éducation deviendrait alors un instrument pour perpétuer sans changement l'ordre industriel actuel de la société, au lieu de devenir un moyen de le transformer. La transformation souhaitée n'est pas difficile à définir d'une manière formelle. Elle implique une société dans laquelle chaque individu est occupé à faire quelque chose qui rend la vie des autres plus digne d'être vécue et qui, par conséquent, rend plus évidents les liens qui unissent les individus entre eux – en abolissant les barrières qui les séparent. Elle évoque une situation dans laquelle l'intérêt que chacun porte à son travail est spontané et intelligent : fondé sur le fait qu'il correspond à ses aptitudes. Il va sans dire que nous sommes encore loin d'un tel état social ; en un sens littéral et quantitatif, il se peut que nous n'y arrivions jamais. Mais, en principe, la nature des changements sociaux déjà accomplis va dans ce sens. Nous disposons aujourd'hui de moyens plus puissants d'y parvenir que jamais auparavant. Si nous avons l'intelligence et la volonté de réussir, aucun obstacle insurmontable ne nous arrêtera.

La réussite ou l'échec de notre entreprise dépend avant tout de l'adoption de méthodes d'éducation conçues en vue d'effectuer ce changement qui est essentiellement d'ordre éducatif et qui consiste à modifier la nature de notre disposition mentale. Ceci ne veut pas dire que nous puissions changer le caractère et l'esprit par l'instruction et l'exhortation directes, sans modifier les conditions industrielles et politiques. Cette conception contredirait notre idée fondamentale suivant laquelle le caractère et l'esprit sont des attitudes de réaction de participation aux affaires sociales. Mais cela signifie que nous pouvons projeter dans les écoles le type de société que nous souhaiterions réaliser et, en formant les esprits en conséquence, modifier progressivement les aspects les plus réfractaires au changement de la société adulte.

On nous trouvera peut-être dur si nous disons que le plus grand mal du régime actuel n'est pas la misère et la souffrance qu'il entraîne, mais le fait que tant de gens font des métiers qu'ils n'aiment pas, uniquement pour la rémunération qu'ils en tirent. En effet, de tels métiers suscitent constamment le dégoût, la mauvaise volonté et le désir d'évasion. Les hommes qui les font n'ont ni le cœur ni la tête à l'ouvrage. Par ailleurs, ceux qui, non seulement sont plus aisés, mais ont le monopole ou presque de la direction des activités des masses sont exclus de la participation sur un pied d'égalité aux relations sociales en général. Ils vivent une vie de plaisir et de luxe et essaient de combler la distance qui les sépare des autres en faisant montre de leur force, de leur richesse et de leur joie de vivre.

Il n'est pas absolument impossible qu'un système d'éducation professionnelle de conception étroite perpétue cette division sous sa forme rigide. Se fondant sur le dogme de la prédestination sociale, il assumerait que certains doivent continuer gagner leur vie dans des conditions économiques ressemblant aux conditions actuelles et ne viserait qu'à leur donner une éducation susceptible de les préparer à exercer un métier, autrement dit à acquérir une grande efficacité technique. La compétence technique fait malheureusement souvent défaut et il est certain qu'elle est souhaitable tous les points de vue – non seulement pour produire plus et mieux à meilleur compte, mais aussi pour trouver plus de plaisir à travailler. Car personne n'aime faire ce qu'il ne sait pas bien faire. Mais il y a une grande différence entre une compétence limitée à un travail immédiat et une compétence qui inclut la compréhension de sa portée sociale, entre l'efficacité dans l'exécution des projets des autres et l'efficacité dans la formation de ses propres projets. À l'heure actuelle, la classe des employés et celle des employeurs ont chacune leur limite intellectuelle et affective. Si les uns ne trouvent dans leurs occupations aucun intérêt en dehors de l'argent qu'elle rapporte, les préoccupations des autres se bornent souvent au profit et au pouvoir. Dans le dernier cas, une initiation intellectuelle beaucoup plus grande et une meilleure compréhension de la situation sont généralement requises. En effet, la direction et la combinaison d'un grand nombre de facteurs divers entrent en jeu, tandis que pour obtenir un salaire, il suffit d'effectuer certains mouvements musculaires. Néanmoins, l'intelligence se limite aux moyens techniques qui ne sont ni humains ni libéraux, tant que la portée sociale du travail n'entre pas en ligne de compte. Lorsque le mobile dominant est le désir du profit privé ou du pouvoir personnel, cette limite est inévitable. En fait, ce sont les économiquement défavorisés, que le contrôle unilatéral des affaires des autres n'a pas endurcis, qui sont souvent supérieurs aux autres par la sympathie et l'attitude humaine qu'ils manifestent spontanément envers autrui.

Tout système d'éducation professionnelle qui prend pour point de départ le régime industriel actuel en assumera et perpétuera les divisions et les faiblesses et deviendra l'instrument du dogme féodal de la prédestination sociale. Ceux qui ont les moyens de réaliser leurs désirs exigeront une occupation libérale et culturelle qui permette aux jeunes auxquels ils s'intéressent directement d'assumer les charges du pouvoir. Diviser le système et donner aux moins fortunés une éducation spécifique en vue d'un métier exercer, c'est se servir de l'école pour transposer telle quelle l'ancienne division du travail et du loisir, du service et de la culture, du corps et de l'esprit, de la classe dirigée et de la classe dirigeante dans une société nominalement démocratique. Une éducation professionnelle de ce genre fait inévitablement peu de cas des liens scientifiques et historiques que l'homme entretient avec les matières et les procédés auxquels il a affaire. Ce serait une perte de temps que l'inclure de telles choses dans une éducation professionnelle étroite : s'y intéresser ne serait pas d'une grande utilité « pratique ». Elles sont l'apanage de ceux qui disposent de loisirs – en raison de la supériorité de leurs ressources économiques. Elles pourraient même être dangereuses pour les intérêts de la classe dirigeante, en provoquant le mécontentement ou suscitant des ambitions disproportionnées, eu égard à la « condition sociale » de ceux qui travaillent sous la direction des autres. Mais une éducation qui reconnaît la pleine signification intellectuelle et sociale d'une profession comprendrait l'enseignement de l'histoire qui est à l'origine de la situation actuelle, une formation scientifique permettant d'aborder avec intelligence et initiative les matières et les moyens de production et l'étude de l'économie, de l'instruction civique et de la politique, mettant le futur ouvrier en contact avec les problèmes de l'actualité et les diverses méthodes proposées pour les résoudre. Elle formerait surtout la capacité de se réadapter à des conditions différentes, afin que les futurs ouvriers ne soient pas les sujets aveugles du destin qu'on leur impose. Cet idéal doit combattre non seulement l'inertie des traditions présentes de l'éducation, mais aussi l'opposition de ceux qui sont aux commandes de la machine industrielle et qui se rendent compte que si l'on adoptait partout un tel système d'éducation leur capacité d'utiliser les autres à leurs propres fins serait menacée.

Mais ce fait même est le présage d'un ordre social plus équitable et plus éclairé, car il prouve que la réorganisation sociale dépend de la reconstruction de l'éducation. Il encourage par conséquent ceux qui croient à un ordre meilleur à essayer d'instaurer une éducation professionnelle qui n'assujettit pas la jeunesse aux exigences et aux critères du système actuel, mais qui utilise ses facteurs scientifiques et sociaux pour développer une intelligence courageuse et la rendre pratique et agissante.

Résumé

Une profession est toute forme d'activité continue qui rend service aux autres et utilise les capacités personnelles des individus pour parvenir à des résultats. La question de la relation de la profession et de l'éducation jette une lumière particulière sur les différents problèmes que nous avons déjà évoqués concernant les rapports de la pensée et de l'activité corporelle, du développement conscient de l'individu et de sa vie en société, de la culture théorique et de la conduite pratique ayant des résultats définis, de la nécessité de gagner sa vie et du plaisir de vivre une vie de loisir. D'une manière générale, si l'on refuse de faire une place aux aspects professionnels de la vie dans l'éducation (sauf pour les rudiments utilitaires enseignés à l'école primaire), c'est parce que l'on entend maintenir les idéaux aristocratiques du passé. Mais, dans la conjoncture présente, il existe un mouvement en faveur d'une éducation dite professionnelle qui, si on l'adoptait, figerait ces idées dans une forme adaptée au régime industriel actuel. Ce mouvement conserverait l'éducation libérale ou culturelle traditionnelle pour une minorité ayant la possibilité économique d'en profiter et dispenserait aux masses une éducation technique et étroite les préparant à des métiers spécialisés, exercés sous le contrôle d'autrui. Ce mouvement implique bien entendu le maintien de l'ancienne division sociale, avec les dualismes intellectuels et moraux correspondants. Mais il implique son maintien dans des conditions où il se justifie moins. Car, de nos jours, la vie industrielle dépend tellement de la science et affecte si intimement toutes les formes de relation sociale qu'il se présente des occasions de l'utiliser pour le développement de l'esprit et du caractère. De plus, sa bonne utilisation dans l'éducation réagirait sur l'intelligence et l'intérêt de manière à modifier, en liaison avec la législation et l'administration, les aspects socialement nocifs de l'ordre industriel et commercial actuel. Elle tirerait parti d'une manière constructive du fonds toujours croissant de sympathie sociale, au lieu de le laisser au stade de sentiment philanthropique plus ou moins aveugle. Elle donnerait à ceux qui exercent des métiers dans l'industrie le désir et la capacité de participer au contrôle social, leur offrant ainsi la possibilité de devenir maître de leur destin industriel. Elle leur permettrait de donner leur pleine signification aux caractères techniques et mécaniques qui caractérisent, à l'ère de la machine, notre système de production et de distribution. Voilà pour ceux qui sont à l'heure actuelle économiquement défavorisés. Pour les représentants de la section privilégiée de la communauté, il en résulterait une sympathie accrue pour le travail et la création d'une disposition d'esprit qui leur permettrait de découvrir dans l'activité utile des éléments de culture et un sentiment plus aigu de leur responsabilité sociale. La position cruciale de l'éducation aujourd'hui est due, en d'autres termes, au fait qu'elle concentre sur un problème spécifique deux questions fondamentales, savoir, d'une part, si l'intelligence s'exerce mieux en dehors ou dans une activité où l'homme fait usage de la nature et, d'autre part, si la culture individuelle s'acquiert mieux dans des conditions égoïstes ou dans des conditions sociales.

FIGURES DE L'*HOMO FABER*

INTRODUCTION

Le Deuxième Sexe, dont un extrait est reproduit dans cette section, appartient à une époque philosophique où la définition de l'homme comme « *homo faber* » était érigée en paradigme philosophique[1]. La décennie qui précéda la Seconde Guerre mondiale et les deux décennies qui suivirent furent marquées par ce que Ricœur put décrire, en 1953, comme « la découverte ou la redécouverte de l'homme travaillant »[2]. Que l'être humain soit un *homo faber*, ce n'était certes pas une invention philosophique très récente, mais plutôt une réinvention. On peut faire remonter au mythe de Prométhée, dans le *Protagoras*, l'idée que l'homme se distingue des animaux par la nécessité dans laquelle il se trouve d'utiliser, et donc aussi d'inventer, des outils. Dans la deuxième moitié du XIXe siècle et dans les premières décennies du XXe siècle, le darwinisme a conduit des auteurs aussi différents que Marx, Engels, Bergson et Dewey à

1. J.-P. Deranty, « Lost Paradigm : the Fate of Work in post-war French Philosophy », *Revue internationale de philosophie*, n° 278, 2016, p. 491-511.

2. P. Ricœur, *Histoire et vérité*, Paris, Seuil, 1955, p. 184 : « la découverte ou la redécouverte de l'homme travaillant est un des grands événements de la pensée contemporaine ». L'article « Travail et parole » date de 1953. Il fait l'objet d'une analyse dans N. H. Smith, « Between Philosophical Anthropology and Phenomenology : on Paul Ricœur's Philosophy of Work », *Revue internationale de philosophie*, n° 278, 2016, p. 513-534.

faire du travail le mode d'adaptation biologique des humains
à leurs environnements naturels, et à reprendre à leur compte
la définition de l'être humain comme un « *homo faber* »
ou comme un être fabricateur et utilisateur d'outil[1]. Chez
ces auteurs, comme ultérieurement chez Leroi-Gourhan[2],
cette anthropologie du travail s'inscrivait dans une biologie
évolutionniste. Au milieu du XXᵉ siècle, elle fut reformulée
à partir de références théoriques très différentes et en un
sens résolument anti-naturaliste dont on trouve notamment
une illustration chez Beauvoir lorsqu'elle affirme, dans le
premier tome du *Deuxième sexe* :

> L'humanité n'est pas une espèce animale : *c'est une*
> *réalité historique. La société humaine est une anti-physis* :
> elle ne subit pas passivement la présence de la nature,
> elle la reprend à son compte. Cette reprise n'est pas une
> opération intérieure et subjective : elle s'effectue
> objectivement dans la praxis[3].

En France tout particulièrement, « la redécouverte de
l'homme travaillant » semble avoir été aiguillée par le
singulier montage de philosophèmes hégéliens et marxiens
que Kojève a proposé dans son *Introduction à la lecture*
de Hegel[4]. Dans la lecture qu'il propose du passage le plus

---

1. K. Marx, *Le Capital*, Paris, P.U.F., 1993, p. 202 ; F. Engels,
Dialectique de la nature, Paris, Éditions sociales, 1961, p. 170-183 ;
H. Bergson, *L'évolution créatrice*, dans *Œuvres*, Paris, P.U.F., 1959,
p. 609-616 ; J. Dewey, *Reconstruction en philosophie*, Paris, Gallimard,
2014, p. 128. Darwin, quant à lui, récusait cette définition ; voir *La filiation*
de l'homme, Paris, Syllepses, 1999, p. 166-168.

2. A. Leroi-Gourhan, *Technique et langage*, Paris, Albin Michel,
1964.

3. S. de Beauvoir, *Le deuxième sexe*, Paris, Gallimard, 1949, rééd.
Folio-Gallimard, vol. I, p. 98.

4. A. Kojève, *Introduction à la lecture de Hegel*, Paris, Gallimard,
1947. Ce livre reprend des cours sur la *Phénoménologie de l'esprit* donnés
à Paris entre 1933 et 1939.

célèbre de la *Phénoménologie de l'esprit* (auquel nous avons déjà fait allusion dans l'introduction de la première partie), qu'il désigne comme la « dialectique du maître et de l'esclave », le travail est l'expérience formatrice qui rend l'homme apte à la liberté, et c'est par la lutte contre la domination de son travail que l'humanité se dirige vers la liberté sociale authentique. Le travail n'apparaît donc plus tant comme le mode spécifiquement humain de la satisfaction des besoins et d'interaction avec l'environnement, comme chez Marx ou Dewey, que comme une *expérience* où se joue la *condition humaine* : celle d'un être essentiellement libre dont la liberté ne peut s'actualiser indépendamment d'une activité transformant le monde qui fait obstacle à la liberté en un monde qui la rend possible. Le travail n'apparaît plus comme un fait biologique, mais comme un rapport social dont dépend l'avenir de l'humanité : le monde humain restera-t-il marqué par la domination des travailleurs par les exploiteurs, ou au contraire les travailleurs parviendront-ils à mettre à bas les structures économiques de l'inégalité et de la domination pour réaliser les idéaux de liberté égale qui sont constitutifs de la modernité politique ?

En France, on compte notamment, parmi les auteurs contribuant à cette nouvelle promotion philosophique de l'homme travaillant : S. Weil[1], A. Kojève, M. Merleau-Ponty[2], S. de Beauvoir et J.-P. Sartre[3]. Ils sont certes loin de donner tous un même sens au paradigme de l'*homo faber*, mais il n'en existe pas moins entre leurs valorisations du travail un air de famille que l'on peut désigner, pour simplifier, comme relevant d'un humanisme existentialiste.

1. Voir S. Weil, *La condition ouvrière*, Paris, Gallimard, 1951.
2. Voir M. Merleau-Ponty, *La Structure du comportement*, chap. 3, Paris, P.U.F., 1942.
3. J.-P. Sartre, *Critique de la raison dialectique*, Paris, Gallimard, 1960.

Le travail y apparaît comme une expérience où se révèlent différentes caractéristiques de la condition humaine. D'une part, s'y révèle la finitude caractéristique de cette condition : le travail est expérience de la nécessité au double sens de l'expérience d'avoir à satisfaire des besoins qui s'imposent à nous et que nous ne pouvons pas satisfaire immédiatement, et de l'expérience d'avoir à soumettre notre activité à des règles techniques pour les satisfaire. D'autre part, se révèle dans le travail la capacité que nous avons de dépasser l'exigence de satisfaire nos besoins seulement particuliers puisqu'une fois inscrites dans la division du travail, nos activités laborieuses contribuent également à la satisfaction des besoins de tous. Plus radicalement, nous nous arrachons par notre travail à notre condition d'être naturel pour créer un monde artificiel dans lequel nous pouvons faire plus que seulement chercher à satisfaire nos besoins. C'est en fait tout à la fois notre capacité à transcender la particularité des besoins dans une action au profit du bien commun, ainsi que notre capacité à transcender la nécessité naturelle dans la production d'un monde d'œuvres et d'institutions rendant possible une liberté orientée vers le bien commun, qui s'expriment dans le travail. Et en lui également que se joue le destin de l'humanité puisque si, d'une part, c'est du travail que dépend la capacité des humains à vivre en conformité avec leur dignité d'êtres libres, d'autre part, les transformations du travail, à l'époque du taylorisme, rendent le travail toujours plus mécanique et fragmenté, toujours moins libre et dépourvu de sens humain[1].

---

1. G. Friedmann, *Problèmes humains du machinisme industriel*, Paris, Gallimard, 1946 ; *Où va le travail humain ?*, Paris, Gallimard, 1950.

Le texte de Simone de Beauvoir qui est reproduit ci-dessous provient du deuxième tome du *Deuxième sexe* (1949). Il fournit une illustration de ce paradigme de l'*homo faber* lorsqu'il oppose le travail producteur d'œuvres, où s'exprime la liberté comme projet, transcendance du présent vers l'avenir[1], accaparé par les hommes, et le labeur domestique, enfermé dans l'immanence, auquel sont cantonnées les femmes. Cet extrait est d'autant plus représentatif de ce paradigme que c'est à partir d'une lecture tout à la fois existentialiste et marxiste de la *Phénoménologie de l'esprit* qu'elle oppose conditions masculine et féminine[2]. En témoigne cet autre passage, extrait du premier volume du *Deuxième sexe* :

> L'*homo faber* est dès l'origine des temps un inventeur (…) il pose des fins, il projette vers elles des chemins : il se réalise comme existant. Pour maintenir, il crée ; il déborde le présent, il ouvre l'avenir. C'est pourquoi les expéditions de pêche et de chasse ont un caractère sacré. On accueille leurs réussites par des fêtes et des triomphes ; l'homme y reconnaît son humanité. Cet orgueil, il le manifeste aujourd'hui encore quand il a bâti un barrage, un gratte-ciel, une pile atomique. Il n'a pas seulement travaillé à conserver le monde donné, il en a fait éclater les frontières, il a jeté les bases d'un nouvel avenir (…). Certains passages de la dialectique par laquelle Hegel définit le rapport du maître et de l'esclave s'appliqueraient bien mieux au rapport de l'homme à la femme. Le privilège du Maître, dit-il, vient de ce qu'il affirme l'Esprit contre

---

1. La définition de la liberté comme « transcendance » est puisée dans l'*Être et le néant* de Sartre.
2. Sur les sources philosophiques du *Deuxième sexe*, voir C. Delphy et S. Chaperon (dir.), *Cinquantenaire du Deuxième sexe*, Paris, Syllepse, 2020, Première partie : « La philosophie du *Deuxième Sexe* », et M. Garcia, *On ne naît pas soumise, on le devient*, Paris, Climats, 2018, chapitre 3.

la Vie, par le fait de risquer sa vie : mais en fait l'esclave vaincu a connu ce même risque ; tandis que la femme est originellement un existant qui donne *la* Vie et ne risque pas *sa* vie ; entre le mâle et elle il n'y a jamais eu de combat ; la définition de Hegel s'applique singulièrement à elle. (…) La femelle est plus que le mâle en proie à l'espèce ; l'humanité a toujours cherché à s'évader de sa destinée spécifique ; par l'invention de l'outil, l'entretien de la vie est devenu pour l'homme activité et projet tandis que dans la maternité la femme demeurait rivée à son corps, comme l'animal[1].

Cette citation illustre la manière singulière dont Beauvoir s'approprie l'anthropologie de *l'homo faber*. D'un côté, elle affirme que « l'humanité » se caractérise par une « capacité à s'évader de sa destinée spécifique », à faire « éclater les frontières » du monde donné et non à les « conserver », et elle fait du travail l'activité même où se définit cette capacité. D'un autre côté, elle souligne que *l'homo faber* est resté jusqu'à présent un homme et que les femmes ont été assignées à des activités dépourvues de toute transcendance, non pas seulement celles de la reproduction de la vie de l'espèce, par l'intermédiaire de la maternité, mais aussi toutes ces activités répétitives qui sont constitutives du travail ménager et qui n'ont d'autre fonction que de « conserver le monde donné » : reproduire les forces vitales en préparant les repas, conserver par le nettoyage, le rangement, le lavage, le raccommodage, etc.

1. S. de Beauvoir, *Le Deuxième Sexe*, *op. cit.*, vol. 1, p. 116-117. On remarquera la torsion à laquelle Beauvoir soumet le texte de Hegel : chez ce dernier, le maître ne travaille pas mais reste soumis au cycle animal de ses besoins et de leur satisfaction ; seul l'esclave travaille et s'arrache à ce cycle naturel en même temps qu'il œuvre à la satisfaction des besoins d'autrui, et confère ainsi une signification universelle à son action individuelle.

L'enjeu est de montrer le côté profondément insatisfaisant, en un sens inhumain, de ces activités domestiques et de revendiquer que les femmes puissent accéder aux activités de travail qui sont propres à l'*homo faber*. En elles se joue le type de liberté qui est constitutif de la condition humaine.

Il est intéressant de confronter sur ce point Simone de Beauvoir et Hannah Arendt, dont les analyses développées dans *La condition de l'homme moderne* (intitulé *The Human Condition* dans la version originale, datée de 1958), sont tout à la fois étonnamment proches de celles du *Deuxième Sexe*, et totalement opposées dans leur orientation philosophique principale. L'opposition tient au fait qu'Arendt développe l'une des premières critiques systématiques du paradigme humaniste existentialiste de l'*homo faber*. La spécificité de cette critique tient au fait qu'elle se situe sur le terrain même de l'humanisme existentialiste : celui d'une théorie de la « condition humaine » soulignant la capacité des humains à s'arracher à la naturalité par la liberté. Le contraste est donc fort notamment avec d'autres critiques du paradigme de l'*homo faber*, comme celles qui seront développées au milieu des années 1960 chez des auteurs comme Althusser, Foucault et Simondon qui, chacun à sa manière, souligneront que la valorisation du travail n'est possible que dans le cadre d'un humanisme philosophiquement périmé[1]. Par comparaison, on peut dire qu'Arendt propose une critique immanente du paradigme existentialiste-humaniste de l'*homo faber*. Prenant au sérieux ce paradigme, elle en souligne deux faiblesses selon elle rédhibitoires.

---

1. G. Simondon, *Du mode d'existence des objets techniques*, Paris, Aubier Montaigne, 1958 ; L. Althusser, *Pour Marx*, Paris, Maspero, 1965 ; M. Foucault, *Les mots et les choses*, Paris, Gallimard, 1966.

Premièrement, il est incapable de rendre compte de l'irréductibilité du sens biologique (inspiré par Darwin) et du sens existentialiste-humaniste du paradigme de *l'homo faber* : l'*animal laborans* doit selon elle être distingué de *l'homo faber*. Deuxièmement, les êtres humains tirent leur dignité de leur capacité non à « produire », mais à « agir » et à faire usage du langage.

La condition de l'homme moderne propose donc de distinguer trois dimensions de l'engagement actif dans les affaires du monde (ou de la « vie active »), et conformément à l'orientation méthodologique de l'existentialisme humaniste, elle déduit ces trois dimensions de trois expériences humaines qui pour nous tous ont des enjeux existentiels fondamentaux : celle du travail comme « labeur » (*labor* dans l'original anglais), celle du travail comme « production d'œuvres » (*work*)[1], et celle de « l'action » accompagnée de langage[2]. Elle caractérise ces expériences sur le double plan de la théorie de l'action et de l'analyse des enjeux subjectifs. C'est d'un point de vue aristotélicien qu'elle distingue non seulement la *praxis* (« l'action ») et la *poèsis* (« production d'œuvres »), mais aussi la *poèsis* accompagnée de *technè* et productrice d'œuvres durables, objets *d'usage*, et la *poèsis* réduite à la pure *dépense de force de travail* et productrice d'objet

---

1. Nous nous écartons des traductions françaises qui traduisent *labor* par « travail » et *work* par « œuvre », d'une manière qui dissimule le fait que les deux premières figures de la vie active relèvent chez Arendt de deux formes de travail.

2. Sur le sens de ces distinctions, *cf.* K. Genel, *Arendt. L'expérience de la liberté*, Paris, Belin, 2016, deuxième partie. *Cf.* dans le présent volume, le texte d'A. Honneth qui souligne les ruptures d'Arendt avec les versions marxiennes de la centralité du travail.

immédiatement anéanti dans la *consommation*[1]. L'analyse des enjeux subjectifs des expériences associées aux trois dimensions de la condition humaine conduit quant à elle à une polémique dirigée contre la version de l'humanisme du travail qui était défendue par G. Friedmann[2]. Ce dernier soulignait que c'est un être humain total qui est engagé dans l'activité de travail et qu'on ne peut séparer les dimensions physiologiques et techniques du travail de ses dimensions psychologiques et sociales. Arendt reproche à Friedmann de croire que les satisfactions propres au travail comme « production d'œuvre », celles d'un travail susceptible d'être riche de sens par les compétences qu'il permet de développer et les fonctions sociales qu'il remplit, sont de même nature que celles du travail comme « labeur » qui relèvent seulement d'un type de plaisir lié au cycle de la vie naturelle : plaisir procuré par l'assouvissement des besoins et la dépense d'énergie. En outre, Arendt souligne que c'est à tort que l'artisan ou l'artiste croient qu'ils expriment ce qu'ils sont vraiment dans leurs œuvres ; c'est seulement dans l'action accompagnée de langage que l'individu révèle qui il est. Nous aboutissons donc à une séparation de trois types de vie subjective hétérogènes liés à trois types de satisfactions subjectives distinctes.

La force des analyses d'Arendt est de montrer que le concept de travail peut recouvrir deux types d'agir très différents dont les enjeux subjectifs peuvent différer du tout au tout. Ne faut-il pas reconnaître, avec elle, que

1. Sur l'aristotélisme d'Arendt, voir notamment T. Angier, « Aristotle on Work », *Revue internationale de philosophie*, n° 278, 2016, p. 435-449.

2. Pour une analyse de cette polémique, voir N. H. Smith, « Arendt's Anti-humanism of Labour », *European Journal of Social Theory*, Vol. 22, n° 2, 2019, p. 175-190.

surcharger le travail d'enjeux philosophiques en y voyant la synthèse de la nécessité et de la liberté, de la particularité et de l'universalité, voire le cœur de la condition humaine, risque de faire perdre de vue des distinctions nécessaires à toute analyse pertinente du travail ? Peut-être ; mais faut-il admettre la conséquence politique qu'en tire Arendt ? Il résulte de sa conception des formes de l'engagement actif dans les affaires du monde que les questions proprement politiques doivent être rigoureusement distinguées d'une part des questions privées, qui concernent notamment les injustices et les dominations dont le travail domestique est l'objet, et d'autre part des questions sociales, qui concernent notamment les injustices et les dominations dont le travail professionnel est l'objet. Le travail, sous sa double forme du « labeur » et du travail « producteur d'œuvre » se voit réduit à un règne de la nécessité (« labeur ») et de l'hétéronomie (« production d'œuvre »), alors que seul l'agir politique est le lieu de la liberté et de l'égalité entre citoyens. Faut-il admettre que l'organisation du travail domestique et celle du travail professionnel ne peuvent pas être rendues plus conformes à des exigences de justice et de liberté ? Ne faudrait-il pas reconnaître, au contraire, que les conflits relatifs à cette mise en conformité sont des conflits politiques, de sorte que le privé et le social eux aussi sont politiques ?

Entre Beauvoir et Arendt, l'opposition semble donc relever à la fois de l'anthropologie et de la politique : la première défend le paradigme de l'*homo faber* alors que la seconde le rejette ; la première analyse les injustices et les dominations qui se cristallisent dans le travail domestique, et prépare ainsi la thèse féministe suivant laquelle le privé est politique, alors que la seconde milite pour une séparation entre privé et politique. Il convient cependant de relativiser leur opposition. D'une part, Arendt n'est pas la penseuse « anti-travail » que l'on dit trop souvent[1] : deux des trois formes de la « vie active » relèvent du travail au sens usuel du terme. D'autre part, toutes les deux posent la question de l'unité du concept de travail : de même qu'Arendt oppose le travail comme labeur au travail producteur d'œuvre, de même Beauvoir souligne toute la différence qui sépare l'univers des corvées domestiques condamnant les femmes à « l'immanence », c'est-à-dire à la non-liberté, et l'univers de la production d'œuvres dans lequel les hommes peuvent faire l'expérience de la liberté.

L'analyse du « travail ménager » par Beauvoir comporte d'ailleurs tellement d'affinités avec celle du « labeur » chez Arendt qu'on peut se demander si la première n'a pas sur ce point inspiré la seconde. On notera cependant une série de différences notables. Beauvoir propose une phénoménologie du labeur beaucoup plus fine. Elle met au jour les savoir-faire qui s'y développent, les enjeux sociaux et psychiques dont il est chargé. Elle y décèle également une intéressante dialectique : c'est parce qu'il

---

1. Il aurait même été surprenant qu'elle le fût, si l'on tient compte du fait qu'elle a été l'élève de Heidegger, et qu'elle l'a été à un moment du parcours de Heidegger où celui-ci faisait jouer un rôle important à l'expérience du travail, au point de caractériser le monde du *Dasein* comme une « *Werkwelt* », un « monde de l'ouvrage » ou « de l'œuvre » : « la mondanéité du monde se fonde sur le monde spécifique de l'ouvrage », écrit Heidegger dans un cours de 1925 (*Prolégomènes à l'histoire du concept de temps*, trad. fr. A. Boutot, Paris, Gallimard, 2006, p. 281), signifiant par-là que c'est l'activité productrice d'œuvres qui est proprement configuratrice de monde, une idée qui sera reprise par Arendt dont l'usage du terme *work* fait écho à celui de *Werk* utilisé par Heidegger et par Arendt elle-même dans la version allemande de *The Human Condition* publiée sous le titre *Vita activa* (*cf.* aussi G. Granel, *Études*, Paris, Galilée, 1995 ; J. Vioulac, *L'époque de la technique*, Paris, P.U.F., 2009 ; et F. Fischbach, *Après la production*, Paris, Vrin, 2019, chap. 2 et 3).

sollicite des compétences et qu'il comporte des enjeux psychiques et sociaux qu'il peut devenir attrayant bien que fondamentalement pénible et dénué de sens ; inversement, c'est parce qu'il est fondamentalement ingrat et rebutant qu'il est d'autant plus nécessaire pour celles qui travaillent de lui trouver un attrait afin de parvenir à le supporter. Beauvoir préfigure ainsi les analyses de la dialectique du plaisir et de la souffrance au travail : tout travail étant producteur de souffrance, il faut lutter contre cette souffrance pour parvenir à continuer à travailler[1]. Il en résulte également que l'expérience de la domination et de l'injustice subie au travail peut enclencher des mécanismes de déni cette domination et de l'injustice, et d'attachement au travail injuste et dominé[2]. D'un point de vue féministe, la conséquence est qu'il est vain de chercher à lutter contre les injustices et les dominations qui se cristallisent dans le partage des tâches domestiques sans lutter également contre les processus sociaux et les représentations qui conduisent les femmes à valoriser le travail domestique. L'une des intentions de Beauvoir est manifestement de produire une description du travail ménager qui le fasse apparaître sous un jour assez déplaisant pour que soient déstabilisées toutes les formes de valorisation qui peuvent le prendre pour objet. Il s'agit d'élaborer une *critique par la description*, conformément à un modèle de critique

1. C. Dejours, *Souffrance en France*, *op. cit.*, 1998.
2. Comme l'a souligné notamment P. Bourdieu dans les *Méditations pascaliennes*, Paris, Seuil, 1997, p. 241 : « Les travailleurs peuvent concourir à leur propre exploitation par l'effort même qu'ils font pour s'approprier leur travail ». Voici une illustration parmi d'autres du fait que le jugement de Bourdieu sur Beauvoir aurait dû être plus positif, comme le souligne M. Burawoy dans le chapitre qu'il consacre à la seconde dans ses *Conversations avec Bourdieu*, Paris, Amsterdam, 2019.

sociale qu'on appelle aujourd'hui « critique comme mise au jour »[1].

Le développement des théories féministes, qui comptent aujourd'hui parmi les principaux pôles de la pensée critique, a donné lieu à différents types de critiques de cette approche. Plusieurs d'entre elles sont d'un grand intérêt pour la philosophie du travail. Un premier type de critique consiste à souligner que Beauvoir fait porter ses analyses sur le « travail ménager » alors que le travail domestique comporte également ce qu'on appelle aujourd'hui un travail de « *care* » (d'éducation, de protection des personnes vulnérables, de soin) dont la charge éthique et la valeur sociale sont indéniables[2]. Concevoir le travail domestique sous la catégorie de « travail de reproduction » conduit également à le présenter sous un jour plus favorable, tant l'ensemble de la vie sociale dépend de ce type de travail[3] – comme l'épidémie de Covid-19 en a fourni une nouvelle preuve.

Un deuxième type de critique tient au fait qu'en affirmant le caractère libérateur du travail professionnel, et aliénant du travail domestique, Beauvoir semble avoir sous-estimé ce que le travail professionnel peut avoir d'aliénant, et ignoré ce que le travail domestique peut avoir de libérateur.

---

1. A. Honneth, « La critique comme mise au jour. La *Dialectique de la raison* et les controverses actuelles sur la critique sociale », dans E. Renault, Y. Sintomer (dir.), *Où en est la théorie critique ?*, Paris, La Découverte, 2003, p. 59-73.

2. P. Molinier, *Le travail du care*, Paris, La Dispute, 2013.

3. Pour une lecture critique du *Deuxième sexe* dans cette perspective, *cf.* J. Revel, « Sur le *Deuxième Sexe* de Simone de Beauvoir », http://blogs.law.columbia.edu/critique1313/judith-revel-sur-le-deuxieme-sexe-de-simone-de-beauvoir. Pour une illustration de l'importance conférée au travail de reproduction dans le féminisme contemporain, *cf.* C. Arruzza, T. Bhattacharya, N. Fraser, *Féminisme pour les 99%. Un manifeste*, Paris, La Découverte, 2019.

Beauvoir parvient à exprimer les insatisfactions des femmes de la bourgeoisie et des classes moyennes qui sont reléguées dans l'espace domestique, en tant que « femmes au foyer » dépendant des revenus de leurs conjoints, alors qu'elles aspirent à une vie professionnelle plus enrichissante. Mais qu'en est-il des femmes des classes populaires qui ne peuvent pas vivre du faible salaire de leur mari, ou qui sont célibataires et qui sont contraintes de travailler professionnellement dans des secteurs peu gratifiants et mal rémunérés ? Leur travail domestique ne pourrait-il pas leur apparaître, dans certains cas, comme un travail plus riche de sens que leur travail professionnel ? Les perspectives de Beauvoir ne s'en trouveraient-elles pas alors renversées ?

Beauvoir ne méconnaît certes pas l'expérience des femmes travailleuses. Elle souligne que « pour l'ouvrière, l'employée, la secrétaire, qui travaillent au-dehors », il est « beaucoup plus difficile de concilier leur métier avec le soin du ménage ». Elle ajoute que « la femme qui cherche son indépendance dans le travail a beaucoup moins de chances que ses concurrents masculins » et que « son salaire est dans beaucoup de métiers inférieur à celui des hommes »[1]. Elle est donc consciente que le travail hors de l'espace domestique peut aussi être l'occasion d'une domination masculine, mais elle maintient la thèse suivant laquelle le travail professionnel a plus de dignité que le travail domestique, sans envisager que l'exploitation du travail professionnel puisse contribuer à donner un sens plus positif au travail domestique. En ce sens, elle fournit une illustration parmi d'autres d'une orientation du mouvement féministe qui est critiquée en ces termes par bell hooks :

---

1. Simone de Beauvoir, *Le Deuxième Sexe*, *op. cit.*, t. 1, p. 231.

La hâte avec laquelle les féministes ont perpétué l'idée que « le travail libère les femmes » a éloigné de nombreuses femmes pauvres et de la classe ouvrière, surtout non-blanches, du mouvement féministe (…). Ces femmes voulaient souvent arrêter de travailler parce que le travail qu'elles faisaient n'était en rien émancipateur. (…) Les femmes pauvres et de la classe ouvrière savaient de par leur expérience de travailleuses que le travail n'était ni émancipateur, ni épanouissant – qu'il s'agissait surtout d'une forme d'exploitation et de déshumanisation. (…) Si l'amélioration des conditions de travail des femmes avait été une revendication centrale du mouvement féministe, conjointement aux démarches entreprises pour obtenir des emplois mieux payés pour les femmes, et pour trouver des emplois pour les chômeuses de toutes classes sociales, le féminisme aurait été perçu comme un mouvement prenant en compte les préoccupations de toutes les femmes[1].

Historiquement, les femmes noires ont identifié leur travail au sein de la famille comme un labeur humanisant, une tâche qui leur permettait d'affirmer leur identité en tant que femme, en tant qu'être humain exprimant de l'amour et de l'attention, alors que l'idéologie suprémaciste blanche prétendait que c'étaient là les signes précis d'humanité dont les personnes noires étaient incapables. Par opposition au travail effectué dans l'environnement bienveillant du foyer, c'était plus souvent le travail en dehors de la maison qui était vu comme stressant, dégradant et déshumanisant[2].

---

1. bell hooks, *De la marge au centre. Théorie féministe*, trad. fr. N. B. Grüsig, Paris, Cambourakis, 2017, p. 195-198.

2. *Ibid.*, p. 244. Le reproche de ne pas assez tenir compte de l'expérience des ouvrières dans sa description de la maternité et du travail a été développé en France dès la parution du *Deuxième sexe* ; voir J. Colombel, « Aliénation et exploitation du *Deuxième sexe* : une réaction à chaud », dans C. Delphy, S. Chaperon (dir.), *Cinquantenaire du Deuxième sexe*, *op. cit.*, p. 366-370.

Un troisième type de critique consiste à se demander si la dévalorisation du travail ménager chez Beauvoir, n'est pas solidaire d'une définition du travail marquée par un biais sexiste. N'est-ce pas parce que le travail est défini à l'aune des activités de travail masculines que les activités auxquelles sont assignées les femmes ne semblent pas relever à proprement parler du travail ? D'un point de vue féministe, ne faudrait-il pas repenser la nature du travail de telle sorte que le travail pris en charge par les femmes soit reconnu comme un travail à part entière ? Beauvoir ne présuppose-t-elle pas une vision typiquement masculine du travail en le définissant comme une transformation de la nature et une production d'œuvres ? Ce type de critique a été développé lui aussi par bell hooks[1], mais c'est chez Maria Mies qu'il trouve sa formulation la plus systématique en se développant sur le triple plan de l'histoire des techniques, de l'histoire économique, et de l'analyse des biais sexistes dont sont porteurs les concepts de travail et de division du travail dans leurs usages les plus fréquents. C'est sur ce troisième plan que ses analyses sont le plus chargées d'enjeux philosophiques.

On constatera que sa critique des biais sexistes dont sont porteurs les concepts de travail et de division du travail conduit Mies à dénoncer aussi bien la manière dont le

---

1. bell hooks, *De la marge au centre*, *op. cit.*, p. 204-206 : « Repenser la nature du travail est essentiel pour le mouvement féministe (…). Comme tous les autres groupes opprimés et exploités dans cette société, les femmes ont souvent un regard négatif sur le travail en général et sur le travail qu'elles font en particulier. (…) Comme d'autres catégories sociales exploitées, les femmes intériorisent le regard que les puissants portent sur elles, ainsi que leur estimation de la valeur de leur travail. Elles ne développent pas de regard sur leur travail qui les amènerait à le considérer comme une expression de dignité, de discipline, de créativité, etc. »

travail de procréation est exclu du domaine du travail domestique, que la manière dont le travail domestique est considéré comme une activité naturelle plutôt que comme un vrai travail. Ni Beauvoir ni Arendt ne sont spécifiquement visées, mais elles tombent l'une et l'autre sous cette critique. Mies ajoute que le fait qu'un concept soit infecté par une idéologie ne doit pas tant conduire à le rejeter qu'à le reformuler. Ici encore, les cibles ne sont pas explicitement nommées, mais il est facile de comprendre que sont visées les franges du féminisme et de l'anticapitalisme qui, constatant que les usages ordinaires du concept de travail sont chargés d'idéologie sexiste et capitaliste, en concluent que l'émancipation doit relever d'une politique « anti-travail »[1]. Pour expurger le concept de travail de ses biais sexistes et capitalistes, Mies se transporte dans les sociétés de chasseurs-cueilleurs où le travail n'était pas encore conçu, comme aujourd'hui, comme un moyen de produire de la richesse monétaire, et où la division sexuelle du travail n'était pas encore marquée de rapports de domination et d'exploitation[2]. Elle y montre que contrairement aux représentations en vigueur à l'époque moderne, le principal pourvoyeur de ressources (*bread winner*) n'est pas masculin mais féminin. Les activités de cueillette procurent en effet une plus grande part des nutriments nécessaires à la survie que la chasse. Si l'on entend le travail au sens économique de l'activité permettant la satisfaction des besoins à l'échelle

1. Sur ce thème, voir K. Weeks, *The Problem with Work : Feminism, Marxism, Antiwork Politics, and Postwork Imaginaries*, Durham, Duke University Press, 2011.

2. Pour une discussion plus récente, *cf.* C. Darmangeat, « Certains étaient-ils plus égaux que d'autres ? I – Formes de domination sous le communisme primitif », *Actuel Marx*, n° 57, 2015, p. 156-172, et « Certains étaient-ils plus égaux que d'autres ? II – formes d'exploitation sous le communisme primitif », *Actuel Marx*, n° 58, 2015, p. 144-158.

d'une société, on doit donc dire que le travail est principalement assuré par les femmes. Maria Mies cherche aussi à montrer que dès les sociétés de chasseurs-cueilleurs, ce sont des types de travaux très différents qui sont effectués par les hommes et les femmes, non seulement en raison des activités auxquelles ils sont assignés (production de la vie et cueillette d'une part, chasse de l'autre), mais aussi en raison des instruments de travail qui sont les leurs : leurs corps d'une part, leurs outils d'autre part[1]. Deux types de rapport à soi et aux objets se distinguent nettement au sein de la division du travail propre aux sociétés de chasseurs-cueilleurs : l'un est fondé sur l'entretien de la vie et des ressources naturelles, le second sur la transformation, voire la destruction, des ressources naturelles. Cette hétérogénéité des rapports à soi et aux objets explique que le travail d'entretien de la vie ait pu ultérieurement cesser d'être conçu comme du travail à proprement parler. À partir du moment où, avec l'agriculture puis l'industrie, la fonction économique du travail a cessé d'être assurée principalement par les activités d'entretien de la vie, la relation à l'objet fondé sur les activités de transformation, d'extraction et de destruction, devenant centrales, le travail a pu être identifié à ces dernières. L'analyse de ce renversement définitionnel doit être rapprochée des positions « écoféministes »[2] défendues par Mies qui sont aussi celles de ce qu'il est convenu d'appeler un « féminisme de la

1. Une étude comparable des outils masculins et féminins à partir des données ethnographiques, ainsi qu'une extension du concept de travail au travail de production de la vie, conduit à des résultats partiellement divergents chez P. Tabet, *La construction sociale de l'inégalité des sexes. Des outils et des corps*, Paris, L'Harmattan, 1998.

2. M. Mies, V. Shiva, *Ecoféminisme*, Paris, L'Harmattan, 1999. Pour une vue générale des théories écoféministes, voir E. Hache, *Reclaim. Recueil de textes écoféministes*, Paris, Cambourakis, 2016.

subsistance »[1]. L'écocide en cours exige en effet selon elle que le renversement qui vient d'être décrit soit à son tour renversé, et qu'au modèle masculin du travail transformateur et destructeur des environnements se substitue une conception du travail compatible avec la préservation de la vie humaine et non humaine.

Une fois déconstruits les biais sexistes et capitalistes qui infectent les conceptions ordinaires du travail, Mies peut alors en proposer une conception écoféministe qui met en avant les trois principes suivants : « La *production de la vie immédiate* dans tous ses aspects doit être le concept central pour le développement d'une conception féministe du travail »[2] ; « une conception féministe du travail [doit promouvoir] le maintien du travail comme une *interaction directe et sensuelle avec la nature, avec la matière organique et les organismes vivants* »[3] ; « une conception féministe du travail doit garantir que le travail *conserve son sens de la finalité, son caractère d'utilité et de nécessité* pour les gens qui le réalisent et pour ceux qui les entourent »[4].

---

1. Sur le développement du « féminisme de la subsistance », voir G. Pruvost, *Quotidien politique. Féminisme, écologie, subsistance*, Paris, La Découverte, 2021, p. 93-166.
2. M. Mies, *Patriarchy and Accumulation on a World Scale. Women in the International Division of Labour*, Londres, Zed Books, 2014, p. 217. Voir ici p. 176.
3. *Ibid.*, p. 218. Voir ici p. 178.
4. *Ibid.* Voir ici p. 179.

SIMONE DE BEAUVOIR

LA FEMME MARIÉE *

Grâce aux velours, aux soies, aux porcelaines dont elle s'entoure, la femme pourra en partie assouvir cette sensualité préhensive que ne satisfait pas d'ordinaire sa vie érotique ; elle trouvera aussi dans ce décor une expression de sa personnalité ; c'est elle qui a choisi, fabriqué, « déniché » meubles et bibelots, qui les a disposés selon une esthétique où le souci de la symétrie tient généralement une large place ; ils lui renvoient son image singulière tout en témoignant socialement de son standard de vie. Son foyer, c'est donc pour elle le lot qui lui est dévolu sur terre, l'expression de sa valeur sociale, et de sa plus intime vérité. Parce qu'elle ne *fait* rien, elle se recherche avidement dans ce qu'elle *a*.

C'est par le travail ménager que la femme réalise l'appropriation de son « nid » ; c'est pourquoi, même si elle « se fait aider », elle tient à mettre la main à la pâte ; du moins, surveillant, contrôlant, critiquant, elle s'applique à faire siens les résultats obtenus par les serviteurs. De l'administration de sa demeure, elle tire sa justification sociale ; sa tâche est aussi de veiller sur l'alimentation, sur les vêtements, d'une manière générale sur l'entretien de la société familiale. Ainsi se réalise-t-elle, elle aussi, comme

* S. de Beauvoir, *Le deuxième sexe*, tome 2, extrait du chapitre v, Paris, Gallimard, 1976, p. 260-277.

une activité. Mais c'est, on va le voir, une activité qui ne l'arrache pas à son immanence et qui ne lui permet pas une affirmation singulière d'elle-même.

On a hautement vanté la poésie des travaux ménagers. Il est vrai qu'ils mettent la femme aux prises avec la matière, et qu'elle réalise avec les objets une intimité qui est dévoilement d'être et qui par conséquent l'enrichit. Dans *À la recherche de Marie*, Madeleine Bourdouxhe décrit le plaisir que prend son héroïne à étendre sur le fourneau la pâte à nettoyer : elle éprouve au bout de ses doigts la liberté et la puissance dont la fonte bien récurée lui renvoie l'image brillante.

> Lorsqu'elle remonte de la cave, elle aime ce poids des seaux remplis qui à chaque palier s'alourdit davantage. Elle a toujours eu l'amour des matières simples qui ont bien à elles leur odeur, leur rugosité ou leur galbe. Et dès lors elle sait comment les manier. Marie a des mains qui sans une hésitation, sans un mouvement de recul, plongent dans les fourneaux éteints ou dans les eaux savonneuses, dérouillent et graissent le fer, étendent les encaustiques, ramassent d'un seul grand geste circulaire les épluchures qui recouvrent une table. C'est une entente parfaite, une camaraderie entre ses paumes et les objets qu'elle touche[1].

Quantité d'écrivains féminins ont parlé avec amour du linge frais repassé, de l'éclat bleuté de l'eau savonneuse, des draps blancs, du cuivre miroitant. Quand la ménagère nettoie et polit les meubles, « des rêves d'imprégnation soutiennent la douce patience de la main qui donne au bois la beauté par la cire », dit Bachelard. La tâche achevée, la ménagère connaît la joie de la contemplation. Mais pour

---

1. M. Bourdouxhe, *À la recherche de Marie*, Bruxelles, Éditions Libris, 1943 [N.D.T.].

que les qualités précieuses se révèlent : le poli d'une table, le luisant d'un chandelier, la blancheur glacée et empesée du linge, il faut d'abord que se soit exercée une action négative ; il faut que tout principe mauvais ait été expulsé. C'est là, écrit Bachelard, la rêverie essentielle à laquelle s'abandonne la ménagère : c'est le rêve de la propreté active, c'est-à-dire de la propreté conquise contre la malpropreté. Il la décrit ainsi[1] :

> Il semble donc que l'imagination de la lutte pour la propreté ait besoin d'une provocation. Cette imagination doit s'exciter dans une maligne colère. Avec quel mauvais sourire on couvre de la pâte à polir le cuivre du robinet. On le charge des ordures d'un tripoli empâté sur le vieux torchon sale et gras. Amertume et hostilité s'amassent dans le cœur du travailleur. Pourquoi d'aussi vulgaires travaux ? Mais vienne l'instant du torchon sec, alors apparaît la méchanceté gaie, la méchanceté vigoureuse et bavarde : robinet, tu seras miroir ; chaudron, tu seras soleil ! Enfin quand le cuivre brille et rit avec la grossièreté d'un bon garçon, la paix est faite. La ménagère contemple ses victoires rutilantes.

Ponge a évoqué la lutte, au cœur de la lessiveuse, entre l'immondice et la pureté[2] :

> Qui n'a vécu un hiver au moins dans la familiarité d'une lessiveuse, ignore tout d'un certain ordre de qualités et d'émotions fort touchantes.
> Il faut – bronchant – l'avoir, pleine de sa charge de tissus immondes, d'un seul effort soulevée de terre pour la

---

1. G. Bachelard, *La Terre et les rêveries du repos* [Paris, José Corti, 1946].
2. *Cf.* [F. Ponge,] *Liasse*, "La Lessiveuse" [Lyon, Armand Henneuse, 1948].

porter sur le fourneau où l'on doit la trainer d'une certaine façon, ensuite, pour l'asseoir juste au rond du foyer.

Il faut avoir sous elle attisé les brandons, à progressivement l'émouvoir ; souvent tâté ses parois tièdes ou brûlantes ; puis écouté le profond bruissement intérieur et plusieurs fois, dès lors, soulevé le couvercle pour vérifier la tension des jets et la régularité de l'arrosage.

Il faut l'avoir enfin toute bouillante encore embrassée de nouveau pour la reposer par terre...

La lessiveuse est conçue de telle façon qu'emplie d'un amas de tissus ignobles, l'émotion intérieure, la bouillante indignation qu'elle en ressent, canalisée vers la partie supérieure de son être, retombe en pluie sur cet amas de tissus ignobles qui lui soulève le cœur – et cela quasi perpétuellement – et que cela aboutisse à une purification...

Certes le linge, lorsque le reçut la lessiveuse, avait été déjà grossièrement décrassé...

Il n'en reste pas moins qu'elle éprouve une idée ou un sentiment de saleté diffuse des choses à l'intérieur d'elle-même dont à force d'émotion, de bouillonnements et d'efforts, elle parvient à avoir raison, à détacher des tissus, si bien que ceux-ci, rincés sous une catastrophe d'eau fraîche, vont paraître d'une blancheur extrême.

Et voici qu'en effet le miracle s'est produit :

Mille drapeaux blancs sont déployés tout à coup – qui attestent non d'une capitulation mais d'une victoire – et ne sont peut-être pas seulement le signe de la propreté corporelle des habitants de l'endroit...

Ces dialectiques peuvent donner au travail ménager l'attrait d'un jeu : la fillette s'amuse volontiers à faire briller l'argenterie, à astiquer les boutons de porte. Mais pour que la femme y trouve des satisfactions positives, il faut qu'elle consacre ses soins à un intérieur dont elle soit fière ; sinon elle ne connaît jamais le plaisir de la contemplation, seul capable de récompenser son effort.

Un reporter américain[1], qui a vécu plusieurs mois parmi les « pauvres Blancs » du sud des U.S.A., a décrit le pathétique destin d'une de ces femmes accablées de besogne qui s'acharnent en vain à rendre habitable un taudis. Elle vivait avec son mari et sept enfants dans une baraque de bois aux murs couverts de suie, grouillante de punaises ; elle avait essayé de « rendre la maison jolie » ; dans la chambre principale, la cheminée recouverte d'un crépi bleuâtre, une table et quelques tableaux pendus au mur évoquaient une sorte d'autel. Mais le taudis demeurait un taudis et Mrs. G. disait les larmes aux yeux : « Ah ! je déteste tant cette maison ! Il me semble qu'il n'y a rien au monde qu'on puisse faire pour la rendre jolie ! » Des légions de femmes n'ont ainsi en partage qu'une fatigue indéfiniment recommencée au cours d'un combat qui ne comporte jamais de victoire. Même en des cas plus privilégiés, cette victoire n'est jamais définitive. Il y a peu de tâches qui s'apparentent plus que celles de la ménagère au supplice de Sisyphe ; jour après jour, il faut laver les plats, épousseter les meubles, repriser le linge qui seront à nouveau demain salis, poussiéreux, déchirés. La ménagère s'use à piétiner sur place ; elle ne fait rien : elle perpétue seulement le présent ; elle n'a pas l'impression de conquérir un Bien positif mais de lutter indéfiniment contre le Mal. C'est une lutte qui se renouvelle chaque jour. On connaît l'histoire de ce valet de chambre qui refusait avec mélancolie de cirer les bottes de son maître. « À quoi bon ? disait-il, il faudra recommencer demain. » Beaucoup de jeunes filles encore mal résignées partagent ce découragement. Je me rappelle la dissertation d'une élève de seize ans qui commençait à peu près par

1. James Agee, *Let us Now Praise Famous Men* [Boston, Houghton Mifflin, 1941].

ces mots : « C'est aujourd'hui jour de grand nettoyage.
J'entends le bruit de l'aspirateur que maman promène à
travers le salon. Je voudrais fuir. Je me jure que quand je
serai grande, il n'y aura jamais dans ma maison de jour de
grand nettoyage. » L'enfant envisage l'avenir comme une
ascension indéfinie vers on ne sait quel sommet. Soudain,
dans la cuisine où la mère lave la vaisselle, la fillette
comprend que depuis des années, chaque après-midi, à la
même heure, les mains ont plongé dans les eaux grasses,
essuyé la porcelaine avec le torchon rugueux. Et jusqu'à
la mort elles seront soumises à ces rites. Manger, dormir,
nettoyer…, les années n'escaladent plus le ciel, elles s'étalent
identiques et grises en une nappe horizontale ; chaque jour
imite celui qui le précéda ; c'est un éternel présent inutile
et sans espoir. Dans la nouvelle intitulée *la Poussière*[1],
Colette Audry a subtilement décrit la triste vanité d'une
activité qui s'acharne contre le temps :

> C'est le lendemain qu'en passant le balai de crin sous le
> divan, elle ramena quelque chose qu'elle prit d'abord
> pour un vieux morceau de coton ou un gros duvet. Mais
> ce n'était qu'un flocon de poussière comme il s'en forme
> sur les hautes armoires qu'on oublie d'essuyer ou derrière
> les meubles, entre mur et bois. Elle resta pensive devant
> cette curieuse substance. Ainsi, voilà huit à dix semaines
> qu'ils vivaient dans ces pièces et déjà, malgré la vigilance
> de Juliette, un flocon de poussière avait eu le loisir de se
> former, de s'engraisser, tapi dans son ombre comme ces
> bêtes grises et qui lui faisaient peur quand elle était petite.
> Une fine cendre de poussière proclame la négligence, un
> commencement d'abandon, c'est l'impalpable dépôt de
> l'air qu'on respire, des vêtements qui flottent, du vent qui
> entre par les fenêtres ouvertes ; mais ce flocon représentait

1. [Colette Audry,] *On joue perdant* [Paris, Gallimard, 1946].

déjà un second état de la poussière, la poussière triomphante, un épaississement qui prend forme et de dépôt devient déchet. Il était presque joli à voir, transparent et léger comme les houppes de ronces, mais plus terne.

... La poussière avait gagné de vitesse toute la puissance aspirante du monde. Elle s'était emparée du monde et l'aspirateur n'était plus qu'un objet témoin destiné à montrer tout ce que l'espèce humaine était capable de gâcher de travail, de matière et d'ingéniosité pour lutter contre l'irrésistible salissement. Il était le déchet fait instrument.

... C'était leur vie en commun qui était cause de tout, leurs petits repas qui faisaient des épluchures, leurs deux poussières qui se mélangeaient partout... Chaque ménage sécrète ces petites ordures qu'il faut détruire afin de laisser la place aux nouvelles... Quelle vie on passe – et pour pouvoir sortir avec une chemisette fraîche qui attire le regard des passants, pour qu'un ingénieur qui est votre mari présente bien dans l'existence. Des formules repassaient dans la tête de Marguerite : veiller à l'entretien des parquets... pour l'entretien des cuivres, employer... elle était chargée de l'entretien de deux êtres quelconques jusqu'à la fin de leurs jours.

Laver, repasser, balayer, dépister les moutons tapis sous la nuit des armoires, c'est arrêtant la mort refuser aussi la vie : car d'un seul mouvement le temps crée et détruit ; la ménagère n'en saisit que l'aspect négateur. Son attitude est celle du manichéiste. Le propre du manichéisme n'est pas seulement de reconnaître deux principes, l'un bon, l'autre mauvais : mais de poser que le bien s'atteint par l'abolition du mal et non par un mouvement positif ; en ce sens, le christianisme n'est guère manichéiste malgré l'existence du diable, car c'est en se vouant à Dieu qu'on combat le mieux le démon et non en s'occupant de celui-ci

afin de le vaincre. Toute doctrine de la transcendance et de
la liberté subordonne la défaite du mal au progrès vers le
bien. Mais la femme n'est pas appelée à édifier un monde
meilleur; la maison, la chambre, le linge sale, le parquet
sont des choses figées : elle ne peut qu'indéfiniment expulser
les principes mauvais qui s'y glissent; elle attaque la
poussière, les taches, la boue, la crasse; elle combat le
péché, elle lutte avec Satan. Mais c'est un triste destin au
lieu d'être tourné vers des buts positifs d'avoir à repousser
sans répit un ennemi; souvent la ménagère le subit dans
la rage. Bachelard prononce à son propos le mot de
« méchanceté »; on le trouve aussi sous la plume des
psychanalystes. Pour eux la manie ménagère est une forme
de sadomasochisme; le propre des manies et des vices,
c'est d'engager la liberté à vouloir ce qu'elle ne veut pas;
parce qu'elle déteste avoir pour lot la négativité, la saleté,
le mal, la ménagère maniaque s'acharne avec furie contre
la poussière, revendiquant un sort qui la révolte. À travers
les déchets que laisse derrière soi toute expansion vivante,
elle s'en prend à la vie même. Dès qu'un être vivant entre
dans son domaine, son œil brille d'un feu mauvais. « Essuie
tes pieds; ne chamboule pas tout, ne touche pas à ça. » Elle
voudrait empêcher son entourage de respirer : le moindre
souffle est menace. Tout événement implique la menace
d'un travail ingrat : une culbute de l'enfant, c'est un accroc
à réparer. À ne voir dans la vie que promesse de décomposition, exigence d'un effort indéfini, elle perd toute joie à
vivre; elle prend des yeux durs, un visage préoccupé,
sérieux, toujours en alerte; elle se défend par la prudence
et l'avarice. Elle ferme les fenêtres car, avec le soleil,
s'introduiraient aussi insectes, germes et poussières;
d'ailleurs le soleil mange la soie des tentures; les fauteuils
anciens sont cachés sous des housses et embaumés de

naphtaline : la lumière les fanerait. Elle ne trouve pas même de plaisir à exhiber ces trésors aux visiteurs : l'admiration tache. Cette défiance tourne à l'aigreur et suscite de l'hostilité à l'égard de tout ce qui vit. On a souvent parlé de ces bourgeoises de province qui enfilent des gants blancs pour s'assurer qu'il ne reste pas sur les meubles une invisible poussière : c'étaient des femmes de cette espèce que les sœurs Papin exécutèrent voici quelques années ; leur haine de la saleté ne se distinguait pas de leur haine à l'égard de leurs domestiques, à l'égard du monde et d'elles-mêmes.

Il y a peu de femmes qui choisissent dès leur jeunesse un vice si morne. Celles qui aiment généreusement la vie en sont défendues. Colette nous dit de Sido :

> C'est qu'elle était agile et remuante, mais non ménagère appliquée ; propre, nette, dégoûtée, mais loin du génie maniaque et solitaire qui compte les serviettes, les morceaux de sucre et les bouteilles pleines. La flanelle en main et surveillant la servante qui essuyait longuement les vitres en riant avec le voisin, il lui échappait des cris nerveux, d'impatients appels à la liberté : « Quand j'essuie longtemps et avec soin mes tasses de Chine, disait-elle, je me sens vieillir. » Elle atteignait, loyale, la fin de sa tâche. Alors, elle franchissait les deux marches de notre seuil, entrait dans le jardin. Sur-le-champ, tombaient *son excitation morose* et *sa rancune*[1].

C'est dans cette nervosité, dans cette rancune, que se complaisent les femmes frigides ou frustrées, les vieilles filles, les épouses déçues, celles qu'un mari autoritaire condamne à une existence solitaire et vide. J'ai connu, entre autres, une vieille dame qui chaque matin se levait à cinq heures pour inspecter ses armoires et en recommencer

1. Colette, *Sido*, Paris, Ferenczi, 1930 [N.D.T.].

le rangement; il paraît qu'à vingt ans elle était gaie et coquette; enfermée dans une propriété isolée, avec un mari qui la négligeait et un unique enfant, elle se mit à faire de l'ordre comme d'autres se mettent à boire. Chez Élise des *Chroniques maritales*[1], le goût du ménage provient du désir exaspéré de régner sur un univers, d'une exubérance vivante et d'une volonté de domination qui faute d'objet tourne à vide; c'est aussi un défi jeté au temps, à l'univers, à la vie, aux hommes, à tout ce qui existe.

> Depuis neuf heures, après diner, elle lave. Il est minuit. J'avais sommeillé mais son courage, comme s'il insultait mon repos en lui donnant l'air de la paresse, m'offense.
> ÉLISE : Pour faire de la propreté, n'avoir pas peur d'abord de se salir les mains.
> Et la maison bientôt sera si propre qu'on n'osera plus l'habiter. Il y a des lits de repos, mais pour qu'on se repose à côté, sur le parquet. Les coussins sont trop frais. On craint de les ternir ou de les faner en y appuyant sa tête ou ses pieds et chaque fois que je foule un tapis, une main me suit, armée d'une mécanique ou d'un linge qui efface ma trace.
> Le soir :
> — C'est fait.
> De quoi s'agit-il pour elle, dès qu'elle se lève jusqu'à ce qu'elle dorme ? De déplacer chaque objet et chaque meuble et de toucher dans toutes leurs dimensions les parquets, les murs et les plafonds de sa maison.
> Pour le moment, c'est la femme de ménage en elle qui triomphe. Quand elle a épousseté l'intérieur des placards, elle époussette les géraniums des fenêtres.
> SA MÈRE : Élise est toujours si affairée qu'elle ne s'aperçoit pas qu'elle existe.

---

1. Marcel Jouhandeau, *Chroniques maritales* [Paris, Gallimard, 1938].

Le ménage permet en effet à la femme une fuite indéfinie loin de soi-même. Chardonne[1] dit justement :

> C'est une tâche méticuleuse et désordonnée, sans frein ni limites. Dans la maison, une femme assurée de plaire atteint vite un point d'usure, un état de distraction et de vide mental qui la supprime...

Cette fuite, ce sado-masochisme où la femme s'acharne à la fois contre les objets et contre soi, a souvent un caractère précisément sexuel. « Le ménage qui exige la gymnastique du corps, c'est le bordel accessible à la femme », dit Violette Leduc[2]. Il est frappant que le goût de la propreté prenne une importance suprême en Hollande où les femmes sont froides et dans les civilisations puritaines qui opposent aux joies de la chair un idéal d'ordre et de pureté. Si le Midi méditerranéen vit dans une saleté joyeuse, ce n'est pas seulement que l'eau y soit rare : l'amour de la chair et de son animalité conduit à tolérer l'odeur humaine, la crasse et même la vermine.

La préparation des repas est un travail plus positif et souvent plus joyeux que celui du nettoyage. Il implique d'abord le moment du marché qui est pour beaucoup de ménagères le moment privilégié de la journée. La solitude du foyer pèse à la femme d'autant que les tâches routinières n'absorbent pas son esprit. Elle est heureuse quand, dans les villes du Midi, elle peut coudre, laver, éplucher les légumes, assise sur le seuil de la porte en bavardant ; aller quérir l'eau à la rivière est une grande aventure pour les musulmanes à demi cloîtrées : j'ai vu un petit village de Kabylie où les femmes ont saccagé la fontaine qu'un administrateur avait fait édifier sur la place ; descendre

---

1. J. Chardonne, *Eva ou le journal interrompu*, Paris, Grasset, 1930 [N.D.T.].

2. [Violette Leduc,] *L'affamée* [Paris, Gallimard, 1948].

chaque matin toutes ensemble jusqu'à l'oued qui coulait au bas de la colline était leur unique distraction. Tout en faisant leur marché les femmes échangent dans les queues, dans les boutiques, au coin des rues, des propos par lesquels elles affirment des « valeurs ménagères » où chacune puise le sens de son importance ; elles se sentent membres d'une communauté qui – pour un instant – s'oppose à la société des hommes comme l'essentiel à l'inessentiel. Mais surtout l'achat est un profond plaisir : c'est une découverte, presque une invention. Gide remarque dans son *Journal* que les musulmans qui ne connaissent pas le jeu lui ont substitué la découverte des trésors cachés ; c'est là la poésie et l'aventure des civilisations mercantiles. La ménagère ignore la gratuité du jeu : mais un chou bien pommé, un camembert bien fait sont des trésors que le commerçant dissimule malignement et qu'il faut lui subtiliser ; entre vendeur et acheteuse s'établissent des rapports de lutte et de ruse : pour celle-ci, la gageure est de se procurer la meilleure marchandise au plus bas prix ; l'extrême importance accordée à la plus minime économie ne saurait s'expliquer par le seul souci d'équilibrer un budget difficile : il faut gagner une partie. Tandis qu'elle inspecte avec suspicion les éventaires, la ménagère est reine ; le monde est à ses pieds avec ses richesses et ses pièges pour qu'elle s'y taille un butin. Elle goûte un fugitif triomphe quand elle vide sur sa table le filet à provisions. Dans le placard, elle range les conserves, les denrées non périssables qui l'assurent contre l'avenir ; et elle contemple avec satisfaction la nudité des légumes et des viandes qu'elle va soumettre à son pouvoir.

Le gaz et l'électricité ont tué la magie du feu ; mais dans les campagnes beaucoup de femmes connaissent encore la joie de tirer du bois inerte des flammes vivantes.

Le feu allumé, voilà la femme changée en sorcière. D'un simple mouvement de la main – quand elle bat les œufs, pétrit la pâte – ou par la magie du feu, elle opère la transmutation des substances ; la matière devient aliment. Colette[1], encore, décrit l'enchantement de ces alchimies :

> Tout est mystère, magie, sortilège, tout ce qui s'accomplit entre le moment de poser sur le feu la cocotte, le coquemar, la marmite et leur contenu et le moment plein de douce anxiété, de voluptueux espoir où vous décoiffez sur la table votre plat fumant…

Elle peint entre autres avec complaisance les métamorphoses qui s'opèrent dans le secret des cendres chaudes.

> La cendre de bois cuit savoureusement ce qu'on lui confie. La pomme, la poire logées dans un nid de cendres chaudes en sortent ridées, boucanées mais molles sous la peau comme un ventre de taupe et si « bonne femme » que se fasse la pomme sur le fourneau de cuisine, elle reste loin de cette confiture enfermée sous sa robe originelle, congestionnée de saveur et qui n'a exsudé – si vous savez vous y prendre – qu'un seul pleur de miel… Un chaudron à trois pieds, haut jambé, contenait une cendre tamisée qui ne voyait jamais le feu. Mais farci de pommes de terre qui voisinaient sans se toucher, campé sur ses pattes noires à même la braise, le chaudron nous pondait des tubercules blancs comme neige, brûlants, écailleux.

Les écrivains féminins ont particulièrement célébré la poésie des confitures : c'est une vaste entreprise que de marier dans les bassines de cuivre le sucre solide et pur à la molle pulpe des fruits ; écumante, visqueuse, brûlante,

---

1. Colette, « Rites » dans *Prisons et Paradis*, Paris, Ferenczi, 1932 [N.D.T.].

la substance qui s'élabore est dangereuse : c'est une lave en ébullition que la ménagère dompte et coule orgueilleusement dans les pots. Quand elle les habille de parchemin et inscrit la date de sa victoire, c'est du temps même qu'elle triomphe : elle a pris la durée dans le piège du sucre, elle a mis la vie en bocaux. La cuisine fait plus que pénétrer et révéler l'intimité des substances. Elle les modèle à neuf, elle les recrée. Dans le travail de la pâte elle éprouve son pouvoir. « La main aussi bien que le regard a ses rêveries et sa poésie », dit Bachelard[1]. Et il parle de cette « souplesse de la plénitude, cette souplesse qui emplit la main, qui se réfléchit sans fin de la matière à la main et de la main à la matière ». La main de la cuisinière qui pétrit est une « main heureuse » et la cuisson revêt encore la pâte d'une valeur nouvelle. « La cuisson est ainsi un grand devenir matériel, un devenir qui va de la pâleur à la dorure, de la pâte à la croûte » : la femme peut trouver une satisfaction singulière dans la réussite du gâteau, du pâté feuilleté car elle n'est pas accordée à tous : il y faut le don. « Rien de plus compliqué que les arts de la pâte, écrit Michelet. Rien qui se règle moins, s'apprenne moins. Il faut être né. Tout est don de la mère[2]. »

Dans ce domaine encore, on comprend que la petite fille s'amuse passionnément à imiter ses aînées : avec de la craie, de l'herbe, elle joue à fabriquer des ersatz ; elle est plus heureuse encore quand elle a pour jouet un vrai petit fourneau ou quand sa mère l'admet à la cuisine et lui permet de rouler la pâte du gâteau entre ses paumes ou de découper le caramel brûlant. Mais il en est ici comme des

1. Bachelard, *La Terre et les rêveries de la volonté* [Paris, José Corti, 1948].
2. J. Michelet, *La Montagne*, Paris, Librairie internationale, 1868, IX, p. 298. NB : La fin exacte de la citation est « Tout est don de la mère Nature » [N.D.T.].

soins du ménage : la répétition a vite fait d'épuiser ces plaisirs. Chez les Indiens qui se nourrissent essentiellement de tortillas, les femmes passent la moitié de leurs journées à pétrir, cuire, réchauffer, pétrir à nouveau les galettes identiques sous chaque toit, identiques à travers les siècles : elles ne sont guère sensibles à la magie du four. On ne peut pas chaque jour transformer le marché en une chasse au trésor ni s'extasier sur le brillant du robinet. Ce sont surtout les hommes et les femmes écrivains qui exaltent lyriquement ces triomphes parce qu'ils ne font pas le ménage ou le font rarement. Quotidien, ce travail devient monotone et machinal ; il est troué d'attentes : il faut attendre que l'eau bouille, que le rôti soit à point, le linge sec ; même si on organise les différentes tâches, il reste de longs moments de passivité et de vide ; elles s'accomplissent la plupart du temps dans l'ennui ; elles ne sont entre la vie présente et la vie de demain qu'un intermédiaire inessentiel. Si l'individu qui les exécute est lui-même producteur, créateur, elles s'intègrent à son existence aussi naturellement que les fonctions organiques ; c'est pourquoi les corvées quotidiennes semblent beaucoup moins tristes quand elles sont exécutées par des hommes ; elles ne représentent pour eux qu'un moment négatif et contingent dont ils se hâtent de s'évader. Mais ce qui rend ingrat le sort de la femme-servante, c'est la division du travail qui la voue tout entière au général et à l'inessentiel ; l'habitat, l'aliment sont utiles à la vie mais ne lui confèrent pas de sens : les buts immédiats de la ménagère ne sont que des moyens, non des fins véritables et en eux ne se reflètent que des projets anonymes. On comprend que pour se donner du cœur à l'ouvrage elle essaie d'y engager sa singularité et de revêtir d'une valeur absolue les résultats obtenus ; elle a ses rites, ses superstitions, elle tient à sa manière de disposer le couvert, de ranger le salon, de faire une reprise, de cuisiner un plat ; elle se persuade qu'à sa place personne ne pourrait réussir aussi bien un rôti ou un astiquage ; si le mari ou la fille veulent l'aider ou tentent de se passer d'elle, elle leur arrache des mains l'aiguille, le balai. « Tu n'es pas capable de recoudre un bouton. » Dorothy Parker[1] a décrit avec une ironie apitoyée le désarroi d'une jeune femme convaincue qu'elle doit apporter à l'arrangement de son foyer une note personnelle et qui ne sait pas comment s'y prendre.

> Mrs. Ernest Weldon errait dans le studio bien rangé, lui donnant quelques-unes de ces petites touches féminines. Elle n'était pas spécialement experte dans l'art de donner des touches. L'idée était jolie et aguichante. Avant d'être mariée, elle s'était représenté qu'elle se promenait doucement à travers son nouveau logis, déplaçant ici une rose, là redressant une fleur et transformant ainsi une maison en un « home ». Même à présent, après sept ans de mariage, elle aimait s'imaginer en train de se livrer à cette gracieuse occupation. Mais, bien qu'elle essayât consciencieusement chaque soir aussitôt que les lampes aux abat-jour roses étaient allumées, elle se demandait avec un peu de détresse comment s'y prendre pour accomplir ces menus miracles qui font dans un intérieur toute la différence du monde... Donner une touche féminine, c'était le rôle de l'épouse. Et Mrs. Weldon n'était pas femme à esquiver ses responsabilités. Avec un air d'incertitude presque pitoyable, elle tâtonna sur la cheminée, souleva un petit vase japonais et resta debout, le vase en main, inspectant la chambre d'un regard désespéré... Puis elle recula et considéra ses innovations. C'était incroyable le peu de changements qu'elles avaient apportés à la pièce.

1. *"Too bad"* [*The Collected Stories of Dorothy Parker*, New York, Random House, 1942, p. 95].

Dans cette recherche de l'originalité ou d'une perfection singulière, la femme gaspille beaucoup de temps et d'efforts ; c'est là ce qui donne à son travail le caractère d'une « tâche méticuleuse et désordonnée, sans frein ni limites » que signale Chardonne et qui rend si difficile d'apprécier la charge que représentent vraiment les soucis ménagers. D'après une récente enquête (publiée en 1947 par le journal *Combat* sous la signature de C. Hébert), les femmes mariées consacrent environ trois heures quarante-cinq au travail ménager (ménage, ravitaillement, etc.), chaque jour ouvrable, et huit heures les jours de repos, soit trente heures par semaine, ce qui correspond aux 3/4 de la durée de travail hebdomadaire d'une ouvrière ou d'une employée ; c'est énorme si cette tâche se surajoute à un métier ; c'est peu si la femme n'a rien d'autre à faire (d'autant qu'ouvrière et employée perdent du temps en déplacements qui n'ont pas ici d'équivalents). Le soin des enfants s'ils sont nombreux alourdit considérablement les fatigues de la femme : une mère de famille pauvre use ses forces au long de journées désordonnées. Au contraire les bourgeoises qui se font aider sont presque oisives ; et la rançon de ces loisirs c'est l'ennui. Parce qu'elles s'ennuient, beaucoup compliquent et multiplient indéfiniment leurs devoirs de manière qu'ils deviennent plus excédants qu'un travail qualifié. Une amie qui avait traversé des crises de dépression nerveuse me disait que lorsqu'elle était en bonne santé, elle tenait sa maison presque sans y penser et qu'il lui restait du temps pour des occupations beaucoup plus astreignantes ; quand une neurasthénie l'empêchait de se vouer à ces autres travaux, elle se laissait engloutir par les soucis ménagers et elle avait peine alors, leur consacrant des journées entières, à en venir à bout.

Le plus triste, c'est que ce travail n'aboutit pas même à une création durable. La femme est tentée – et d'autant qu'elle y a apporté plus de soins – de considérer son œuvre comme une fin en soi. Contemplant le gâteau qu'elle sort du four, elle soupire : C'est vraiment dommage de le manger ! c'est vraiment dommage que mari et enfants traînent leurs pieds boueux sur le parquet ciré. Dès que les choses servent elles sont salies ou détruites : elle est tentée, on l'a vu déjà, de les soustraire à tout usage ; celle-ci conserve les confitures jusqu'à ce que la moisissure les envahisse ; celle-là ferme le salon à clef. Mais on ne peut pas arrêter le temps ; les provisions attirent les rats ; les vers s'y mettent. Les couvertures, les rideaux, les vêtements se mangent aux mites : le monde n'est pas un rêve de pierre, il est fait d'une substance louche que la décomposition menace ; l'étoffe comestible est aussi équivoque que les monstres en viande de Dali : elle paraissait inerte, inorganique mais les larves cachées l'ont métamorphosée en cadavre. La ménagère qui s'aliène dans des choses dépend comme les choses du monde entier : le linge roussit, le rôti brûle, la porcelaine se brise ; ce sont des désastres absolus car les choses quand elles se perdent, se perdent irréparablement. Impossible d'obtenir à travers elles permanence et sécurité. Les guerres avec les pillages et les bombes menacent les armoires, la maison.

Il faut donc que le produit du travail ménager se consomme ; une constante renonciation est exigée de la femme dont les opérations ne s'achèvent que par leur destruction. Pour qu'elle y consente sans regret, du moins faut-il que ces menus holocaustes allument quelque part une joie, un plaisir. Mais comme le travail ménager s'épuise à maintenir un *statu quo*, le mari en rentrant chez lui remarque le désordre et la négligence mais il lui semble que l'ordre et la propreté vont de soi. Il porte un intérêt plus positif au repas bien préparé. Le moment où triomphe la cuisinière, c'est celui où elle pose sur la table un plat réussi : mari et enfants l'accueillent avec chaleur, non seulement avec des mots, mais en le consommant joyeusement. L'alchimie culinaire se poursuit, l'aliment devient chyle et sang. L'entretien d'un corps a un intérêt plus concret, plus vital que celui d'un parquet ; d'une manière évidente l'effort de la cuisinière est dépassé vers l'avenir. Cependant, s'il est moins vain de se reposer sur une liberté étrangère que de s'aliéner dans les choses, ce n'est pas moins dangereux. C'est seulement dans la bouche de ses convives que le travail de la cuisinière trouve sa vérité ; elle a besoin de leurs suffrages ; elle exige qu'ils apprécient ses plats, qu'ils en reprennent ; elle s'irrite s'ils n'ont plus faim : au point qu'on ne sait plus si les pommes de terre frites sont destinées au mari ou le mari aux pommes de terre frites. Cette équivoque se retrouve dans l'ensemble de l'attitude de la femme d'intérieur : elle tient la maison pour son mari ; mais aussi exige-t-elle qu'il consacre tout l'argent qu'il gagne à acheter des meubles ou un frigidaire. Elle veut le rendre heureux : mais elle n'approuve de ses activités que celles qui rentrent dans les cadres du bonheur qu'elle a construit.

Il y a eu des époques où ces prétentions étaient généralement satisfaites : au temps où le bonheur était aussi l'idéal de l'homme, où il était attaché avant tout à sa maison, à sa famille et où les enfants eux-mêmes choisissaient de se définir par les parents, leurs traditions, leur passé. Alors celle qui régnait sur le foyer, qui présidait la table était reconnue comme souveraine ; elle joue encore ce rôle glorieux chez certains propriétaires fonciers, chez certains riches paysans qui perpétuent sporadiquement la

civilisation patriarcale. Mais dans l'ensemble, le mariage
est aujourd'hui la survivance de mœurs défuntes et la
situation de l'épouse est bien plus ingrate que naguère
parce qu'elle a encore les mêmes devoirs mais qu'ils ne
lui confèrent plus les mêmes droits ; elle a les mêmes tâches
sans tirer de leur exécution récompense ni honneur.
L'homme, aujourd'hui, se marie pour s'ancrer dans
l'immanence, mais non pour s'y enfermer ; il veut un foyer
mais en demeurant libre de s'en évader ; il se fixe, mais
souvent il demeure dans son cœur un vagabond ; il ne
méprise pas le bonheur, mais il n'en fait pas une fin en
soi ; la répétition l'ennuie ; il cherche la nouveauté, le
risque, les résistances à vaincre, des camaraderies, des
amitiés qui l'arrachent à la solitude à deux. Les enfants
plus encore que le mari souhaitent dépasser les limites du
foyer : leur vie est ailleurs, devant eux ; l'enfant désire
toujours ce qui est autre. La femme essaie de constituer
un univers de permanence et de continuité : mari et enfants
veulent dépasser la situation qu'elle crée et qui n'est pour
eux qu'un donné. C'est pourquoi, si elle répugne à admettre
la précarité des activités auxquelles toute sa vie se dévoue,
elle est amenée à imposer par la force ses services : de
mère et de ménagère elle se fait marâtre et mégère.

Ainsi, le travail que la femme exécute à l'intérieur du
foyer ne lui confère pas une autonomie ; il n'est pas
directement utile à la collectivité, il ne débouche pas sur
l'avenir, il ne produit rien. Il ne prend son sens et sa dignité
que s'il est intégré à des existences qui se dépassent vers
la société dans la production ou l'action : c'est dire que,
loin d'affranchir la matrone, il la met dans la dépendance
du mari et des enfants ; c'est à travers eux qu'elle se
justifie : elle n'est dans leurs vies qu'une médiation

inessentielle. Que le code ait effacé de ses devoirs « l'obéissance » ne change rien à sa situation ; celle-ci ne repose pas sur la volonté des époux mais sur la structure même de la communauté conjugale. Il n'est pas permis à la femme de faire une œuvre positive et par conséquent de se faire reconnaître comme une personne achevée. Si respectée soit-elle, elle est subordonnée, secondaire, parasite. La lourde malédiction qui pèse sur elle, c'est que le sens même de son existence n'est pas entre ses mains. C'est pourquoi les réussites et les échecs de sa vie conjugale ont beaucoup plus de gravité pour elle que pour l'homme : il est un citoyen, un producteur avant d'être un mari ; elle est avant tout, et souvent exclusivement, une épouse ; son travail ne l'arrache pas à sa condition ; c'est de celle-ci, au contraire, qu'il tire ou non son prix. Amoureuse, généreusement dévouée, elle exécutera ses tâches dans la joie ; elles lui paraîtront d'insipides corvées si elle les accomplit dans la rancune. Elles n'auront jamais dans sa destinée qu'un rôle inessentiel ; dans les avatars de la vie conjugale elles ne seront pas un secours. Il nous faut donc voir comment se vit concrètement cette condition essentiellement définie par le « service » du lit et le « service » du ménage et où la femme ne trouve sa dignité qu'en acceptant sa vassalité.

MARIA MIES

PATRIARCAT ET ACCUMULATION
À L'ÉCHELLE MONDIALE *

DES CONCEPTS BIAISÉS

Lorsque nous avons commencé à nous interroger sur les origines de la relation d'oppression entre les sexes, nous avons rapidement découvert qu'aucune des anciennes explications avancées par les chercheurs en sciences sociales depuis le siècle dernier n'était satisfaisante. En effet, dans toutes les explications, qu'elles proviennent d'une approche évolutionniste, positiviste-fonctionnaliste ou même marxiste, le problème à résoudre est perçu, en dernière analyse, comme étant biologiquement déterminé et placé ainsi au-delà de la portée des changements sociaux. (…) L'un de nos principaux problèmes tient au fait que ce n'est pas seulement l'analyse elle-même mais également les outils d'analyse, les concepts ainsi que les définitions de

* M. Mies, *Patriarchy and Accumulation on a World Scale : Women in the International Division of Labour*, Londres, Zed Books, 2014, extraits des chapitres 2 et 7, p. 44-47, 52-62, 216-219. Traduit de l'anglais par Saliha Boussedra. Une traduction en français de l'ouvrage complet est en cours, à paraître aux éditions Entremonde. Nous donnons ici les extraits des chapitres 2 et 7 dans notre propre traduction, avec l'aimable autorisation de l'auteure et des éditions Entremonde.

base, qui sont affectés – ou plutôt infectés – par le déterminisme biologique.

Cela est vrai en grande partie pour des concepts essentiels qui occupent une place centrale pour notre analyse comme les concepts de *nature*, de *travail*, de *division sexuelle du travail*, de *famille* et de *productivité*. Si ces concepts sont utilisés sans aucune critique des biais idéologiques dont ils sont implicitement porteurs, ils tendent à obscurcir les problèmes plutôt qu'à les clarifier. (…) Prenons le concept de *travail* ! En raison de la définition biologique de l'interaction des femmes avec leur nature, leur travail, celui qui consiste à donner naissance et à élever les enfants, tout comme le reste du travail domestique, n'apparaît pas comme un travail ou une activité productive. Le concept de travail est généralement réservé au travail productif des hommes dans les conditions de la société capitaliste, autrement dit, au travail au sens de la production de la survaleur.

Alors que les femmes effectuent également un tel travail générateur de survaleur, sous le capitalisme, le concept de travail est généralement utilisé avec un préjugé masculin ou patriarcal, parce que sous le capitalisme, les femmes sont généralement définies comme des femmes au foyer, autrement dit comme des non-travailleuses.

Les instruments de ce travail, ou les moyens de productions corporels auxquels se réfère implicitement ce concept sont les mains et la tête mais jamais l'utérus ou les seins d'une femme. De ce fait, non seulement les hommes et les femmes sont définis différemment dans leur interaction avec la nature, mais le corps humain lui-même est divisé entre parties véritablement « humaines » (la tête, la main), et parties « naturelles » ou purement « animales » (organes génitaux, utérus, etc.).

Cette division ne peut pas être attribuée à quelque sexisme universel des hommes en tant que tels, mais est une conséquence du mode de production capitaliste seulement intéressé par ces parties du corps humain susceptibles d'être directement utilisées comme des instruments de travail ou devenir une extension de la machine.

La même asymétrie cachée et le même préjugé biologique, que nous pouvons observer au sujet du concept de travail, prévalent également en ce qui concerne le concept de la *division sexuelle du travail* lui-même. Bien que ce concept semble ouvertement suggérer que les hommes et les femmes se répartissent simplement différentes tâches entre eux, il cache en réalité le fait que les tâches des hommes sont souvent considérées comme des tâches véritablement humaines (c'est-à-dire conscientes, rationnelles, planifiées, productives, etc.) tandis que les tâches effectuées par les femmes restent encore perçues comme fondamentalement déterminées par leur « nature ». Selon cette définition, la division sexuelle du travail pourrait être paraphrasée comme une division entre « travail humain » et « activité naturelle ». Qui plus est, ce concept occulte aussi le fait que la relation entre les travailleurs ou les ouvriers masculins (c'est-à-dire « humains »), et féminins (c'est-à-dire « naturelles ») est une relation de domination, voire d'exploitation. Le terme d'exploitation est utilisé ici au sens où une séparation et une hiérarchisation plus ou moins permanentes ont eu lieu entre les producteurs et les consommateurs, et que ces derniers peuvent s'approprier les produits et les services des premiers sans avoir à les produire eux-mêmes. La situation initiale dans une communauté égalitaire, c'est-à-dire celle dans laquelle ceux qui produisent quelque chose sont aussi – dans un

sens intergénérationnel – ses consommateurs, a été
bouleversée. Des relations sociales d'exploitation existent
lorsque des non-producteurs sont en mesure de s'approprier
et de consommer (ou d'investir) les produits et les services
des producteurs réels[1]. Ce concept d'exploitation peut être
utilisé pour caractériser la relation homme-femme à travers
de grandes périodes de l'histoire, y compris la nôtre. (…)

APPROCHE SUGGÉRÉE

Que pouvons-nous faire afin d'éliminer les biais des
concepts mentionnés plus haut ? Abandonner totalement
ces concepts comme certaines femmes le suggèrent ? Mais
alors nous perdrions le langage permettant d'exprimer nos
idées. Ou alors en inventer de nouveaux ? Mais les concepts
sont porteurs d'une histoire des pratiques et des théories,
ils ne peuvent être inventés de manière volontariste. Nous
devons accepter que ces concepts de base auxquels nous
nous référons dans notre analyse ont déjà été « occupés »
– comme des territoires ou des colonies – par l'idéologie
sexiste dominante. Si nous ne pouvons pas les abandonner,
nous pouvons toutefois les regarder « par en bas », non
plus à partir du point de vue de l'idéologie dominante,
mais à partir du point de vue des expériences historiques
des opprimés, exploités et subordonnés et de leurs luttes
pour l'émancipation.

Il est donc nécessaire, par rapport au concept de
productivité du travail, de rejeter sa définition étroite et
de montrer que le travail ainsi compris ne peut être productif
au sens de la production de survaleur que pour autant qu'il

---

1. R. Luxemburg, *Introduction à l'économie politique*, *Œuvres
complètes*, *Tome I*, co-édition Agone-Collectif Smolny, Marseille, 2009
et A. Sohn-Rethel, *La pensée-marchandise*, trad. fr. G. Briche et L. Mercier,
Bellecombe-en-Bauges, Éditions du Croquant, 2010.

exploite, s'approprie, le travail consacré à la *production de la vie* ou à la *production de subsistance*, un travail en grande partie non-rémunéré et réalisé principalement par des femmes. Comme cette *production de la vie* est la condition préalable pérenne de toutes les autres formes historiques de travail productif, y compris au sein des conditions de l'accumulation capitaliste, il convient alors de la définir comme *un travail* et non pas comme une activité « naturelle » inconsciente. Dans ce qui suit, je définirai le travail consacré à la production de la vie comme un *travail productif* au sens large d'un travail producteur de valeurs d'usage pour la satisfaction des besoins humains. (...)

L'APPROPRIATION DE LEUR PROPRE CORPS PAR LES FEMMES ET LES HOMMES

L'interaction entre les êtres humains et la nature pour la production de leurs besoins humains requiert, comme toute production, un instrument et des moyens de production. Le premier moyen de production avec lequel les êtres humains agissent sur la nature est leur propre corps. C'est aussi l'éternelle condition préalable à tout autre moyen de production. Mais le corps n'est pas seulement l'« outil » avec lequel les êtres humains agissent sur la nature, le corps est aussi le but de la satisfaction des besoins. Les êtres humains n'utilisent pas seulement leur corps pour produire des valeurs d'usage, ils maintiennent également leur corps en vie – au sens le plus large – par la consommation de leurs produits.

Dans son analyse du procès de travail dans son sens le plus large, à savoir l'appropriation des substances naturelles, Marx ne fait pas de différence entre les hommes et les femmes. Toutefois, pour ce qui concerne notre sujet, il est important de faire remarquer que les hommes et les femmes agissent sur la nature avec un corps qualitativement différent. Si nous voulons parvenir à une clarification de la division asymétrique du travail entre les sexes, il est nécessaire de ne pas parler de l'appropriation de la nature par *l'homme* (l'être humain générique abstrait), mais de l'appropriation de la nature par les femmes et les hommes. Cette position repose sur l'hypothèse qu'il y a une différence dans la façon dont les femmes et les hommes s'approprient la nature. Cette différence est en général occultée parce que l'« humanité » est identifiée à la « masculinité »[1].

La masculinité et la féminité ne sont pas des données biologiques, mais plutôt les résultats d'un long processus historique. À chaque époque historique la masculinité et la féminité sont définies différemment. Cette définition dépend du mode de production qui a principalement cours à ces époques. Cela signifie que les différences organiques entre les femmes et les hommes sont *interprétées et valorisées différemment*, selon la forme dominante d'appropriation de la matière naturelle pour la satisfaction des besoins humains. (…) La différence qualitative développée historiquement dans l'appropriation de la nature corporelle masculine et féminine a aussi conduit à « deux formes qualitativement différentes de l'appropriation de la nature extérieure », c'est-à-dire à des formes qualitativement distinctes de rapports aux objets de l'appropriation, aux objets de l'activité corporelle sensuelle.

---

1. Ce sexisme prévaut dans de nombreuses langues. Comme en anglais, en français et comme dans toutes les langues romanes, il n'est pas possible de faire la différence entre l'« homme » (humain masculin) et l'« homme » (être humain). Dans la langue allemande cette différence peut encore être exprimée : *Mann* est l'homme masculin, *Mensch*, l'être humain, mais *Mensch* contient aussi une connotation masculine.

RELATION D'OBJET DES FEMMES ET DES HOMMES À LA NATURE[1]

Pour commencer, nous devons souligner la différence entre la relation d'objet animale et la relation d'objet humaine. La relation d'objet humaine est une *praxis*, c'est-à-dire action + réflexion ; cela devient visible seulement au sein du processus historique et implique une interaction sociale ou une coopération. Le corps humain n'est pas seulement le premier moyen de production, il est aussi la première force de production. Cela signifie que l'on fait l'expérience du corps humain comme étant en mesure d'apporter quelque chose de nouveau et ainsi de changer la nature extérieure et la nature humaine. La relation d'objet humaine à la nature est, contrairement à celle des animaux, une relation productive. Dans l'appropriation du corps comme force productive, la différence entre la femme et l'homme a eu des conséquences de grande portée.

Qu'est-ce qui caractérise la relation d'objet à la nature des femmes, à leur propre nature tout comme à la nature extérieure ? D'abord, nous voyons que les femmes peuvent faire l'expérience de *tout* leur corps comme productif, non pas seulement leurs mains ou leur tête. À partir de leur corps, elles produisent de nouveaux enfants tout comme elles produisent les premiers nutriments pour ces enfants. Le fait que l'activité des femmes dans la production des enfants et du lait soit comprise comme une *activité sociale*

---

1. L'expression utilisée par l'auteur est la suivante : » Women's and Men's Object-Relation to Nature ». Nous avons choisi de la traduire par relation d'objet à la nature en nous appuyant sur l'idée que l'auteure cherche à mettre en évidence l'idée d'une relation de réciprocité entre le corps humain, quel qu'en soit le sexe, et la nature, relation où le corps humain est en même temps un objet de la nature et celui ou celle qui prend la nature pour objet dans une logique d'« appropriation » [N.D.T.].

véritablement *humaine*, c'est-à-dire *consciente*, est d'une importance cruciale pour notre sujet. Les femmes se sont appropriées leur propre nature, leur capacité à donner naissance et à produire du lait de la même manière que les hommes se sont appropriés leur propre nature corporelle, au sens où leurs mains, leur tête, etc., ont acquis des compétences à travers le travail et la réflexion pour manipuler des outils. En ce sens, l'activité des femmes consistant à porter et élever des enfants doit être comprise comme un *travail*. L'un des plus grands obstacles à la libération des femmes, c'est-à-dire à l'humanisation, tient au fait que ces activités soient encore interprétées comme des fonctions purement physiologiques, comparables à celles des autres mammifères et rejetées hors de la sphère d'influence de la conscience humaine. Cette vision selon laquelle la productivité du corps féminin est identique à celle de la *fertilité* animale – une vision qui est actuellement propagée et popularisée à travers le monde par les démographes et les planificateurs de population – doit être comprise comme un *résultat* de la division patriarcale et capitaliste du travail et non pas comme sa condition préalable[1].

Au cours de leur histoire, les femmes ont observé les changements dans leur propre corps et elles ont acquis, à

---

1. Une comparaison de la terminologie utilisée dans la recherche sur la population aujourd'hui avec les périodes précédentes serait très révélatrice. Jusqu'aux années 1930, la production de vie nouvelle était encore pensée comme une « procréation », c'est-à-dire qu'elle avait encore une connotation active et créative. Aujourd'hui la productivité générative est conceptualisée en termes passifs, biologiques, comportementaux et mécaniques comme : « fertilité », « reproduction biologique », « comportement génératif ». Cette définition de la productivité générative humaine comme une fertilité passive est une mystification idéologique nécessaire pour ceux qui veulent prendre le contrôle sur la dernière sphère d'autonomie humaine.

travers cette observation et cette expérience, un vaste corpus de connaissances expérimentales sur leur corps et sur ses fonctions, sur le rythme des menstruations, la grossesse et l'accouchement. Cette appropriation de leur propre nature corporelle était étroitement liée à l'acquisition de savoirs sur les forces génératives de la nature extérieure, sur les plantes, les animaux, la terre, l'eau et l'air. Ainsi (...) elles se sont approprié leurs propres forces génératives et productives, elles ont analysé et réfléchi à leurs propres expériences et à celles du passé et les ont transmises à leurs filles. Cela signifie qu'elles n'étaient pas des victimes impuissantes des forces génératives de leur corps, mais qu'elles ont appris à agir sur lui, y compris par le nombre d'enfants qu'elles voulaient avoir. Nous disposons aujourd'hui de suffisamment de preuves pour conclure que dans les sociétés pré-patriarcales, les femmes savaient mieux comment réguler le nombre de leurs enfants et la fréquence des naissances que les femmes modernes qui ont perdu ce savoir à travers leur sujétion au processus patriarcal capitaliste de civilisation.[1] (...) De récentes recherches féministes ont révélé qu'avant la chasse aux sorcières, les femmes en Europe avaient une bien meilleure connaissance de leur corps et de leur contraception que celle que nous avons aujourd'hui[2].

---

1. L'auteure renvoie ici à l'ouvrage de N. Elias, *Über den Prozeß der Zivilisation*, partiellement traduit en français dans les deux volumes suivants : *La Civilisation des mœurs*, trad. fr. P. Kamnitzer, Paris, Pocket, 2002 et *La Dynamique de l'Occident*, trad. fr. P. Kamnitzer, Paris, Pocket, 2003 [N.D.T.].

2. B. Ehrenreich et D. English, *Sorcières, sages-femmes et infirmières. Une histoire des femmes soignantes*, trad. fr. L. Lame), Paris, Cambourakis, 2016 et *Des experts et des femmes. 150 ans de conseils prodigués aux femmes*, trad. fr. L. E. Arsenault et Z. De Koninck, Paris, Les éditions du remue-ménage, 1982.

La production par les femmes de vie nouvelle, de nouvelles femmes et de nouveaux hommes est inséparablement liée à la production des moyens de subsistance pour cette vie nouvelle. Les mères qui donnent naissance à des enfants et les allaitent doivent nécessairement se procurer de la nourriture pour elles-mêmes *et* pour les enfants. Ainsi, l'appropriation de leur nature corporelle, le fait qu'elles produisent les enfants et le lait, leur impose également d'être les premières pourvoyeuses de la nourriture quotidienne, que ce soit en tant que cueilleuses, qui collectent simplement ce qu'elles trouvent dans la nature comme des plantes, de petits animaux, des poissons, etc., ou en tant qu'agricultrices. La première division du travail par sexe, celle qui distingue les activités de cueillette des femmes et la chasse sporadique des hommes, trouve son origine la plus probable dans le fait que les femmes étaient *nécessairement* responsables de la production de la subsistance quotidienne. La cueillette de plantes, de racines, de fruits, de champignons, de noix, de petits animaux, etc., était dès le départ une activité collective de femmes. (…).

La relation d'objet des femmes à la nature était non seulement une relation productive, mais également dès le départ une *production sociale*. Contrairement aux hommes qui pouvaient se réunir et chasser seulement pour eux-mêmes, les femmes devaient partager leurs produits au moins avec leurs enfants en bas âge. Cela signifie que leur relation d'objet spécifique à la nature (à leur propre nature corporelle tout comme à la nature extérieure), à savoir leur capacité à *laisser croître et à faire croître* fait d'elles aussi les inventrices *des premières relations sociales*, des relations entre mères et enfants. (…)

Pour résumer la relation d'objet développée historiquement par les femmes, nous pouvons affirmer ce qui suit :

a. Leur relation avec la nature, avec leur propre nature tout comme avec la nature extérieure, a été un processus réciproque. Elles concevaient leur propre corps comme étant productif et créatif de la même manière qu'elles concevaient la nature extérieure comme étant productive et créative.

b. Bien qu'elles s'approprient la nature, cette appropriation ne constitue pas une relation de domination ou une relation de propriété. Elles ne sont pas propriétaires de leur propre corps ou de la terre, mais elles coopèrent avec leur corps et avec la terre dans le but de « laisser croître et faire croître ».

c. En tant que productrices de vie nouvelle, elles deviennent également les premières productrices de subsistances et les inventrices de la première économie productive. Cela implique, dès le départ, la production sociale et la création des relations sociales, c'est-à-dire, de la société et de l'histoire.

LA RELATION D'OBJET DES HOMMES À LA NATURE

La relation d'objet des hommes à la nature, comme celle des femmes, a une dimension à la fois physiologique et historique. L'aspect physiologique de la relation – qui existe à tous les instants tout au long de la vie des hommes et des femmes – signifie que les hommes s'approprient la nature par les moyens d'un corps qualitativement différent de celui des femmes.

Ils ne peuvent pas faire *l'expérience* de leur propre corps comme étant productif de la même façon que les femmes le peuvent. La productivité corporelle masculine ne peut *apparaître* comme telle sans la médiation des moyens extérieurs, des *outils*, quand la productivité féminine le peut. La contribution des hommes à la production de vie nouvelle, bien que nécessaire de tout temps, n'a pu devenir *visible* qu'après un long processus historique de l'action des hommes sur la nature extérieure par le moyen des outils et par leur réflexion sur ce processus. La conception que les hommes ont de leur propre nature corporelle et l'imagerie dont ils usent pour se penser eux-mêmes sont influencées par les différentes formes historiques d'interaction avec la nature extérieure et les instruments utilisés dans ce processus de travail. Par conséquent, la conception masculine de soi comme être humain, c'est-à-dire comme être productif, est étroitement liée à l'invention et au contrôle de la technologie. Sans les outils, l'homme n'est pas un HOMME.

Au cours de l'histoire, la réflexion des hommes sur leur relation d'objet à la nature extérieure a trouvé son expression dans les symboles avec lesquels ils ont décrit leurs propres organes corporels. Il est intéressant de noter que le premier organe masculin qui s'est imposé comme le symbole de la productivité masculine ait été le phallus, non pas la main, alors que la main était le principal instrument pour la fabrication des outils. Cela a dû se produire au moment où la charrue a remplacé le bâton de creusement ou la houe des premières cultivatrices féminines. Dans certaines langues indiennes, il existe une analogie entre la charrue et le pénis. Dans l'argot bengali, le pénis est appelé « l'outil » (*yantra*). Ce symbolisme, bien sûr, exprime non seulement une relation instrumentale avec la nature extérieure mais aussi avec les femmes. Le pénis est l'outil, la charrue, la « chose » avec laquelle l'homme travaille sur la femme. Dans les langues nord-indiennes, les mots désignant le « travail » et le « coït » sont les mêmes, à savoir « *kam* ». Ce symbolisme implique aussi que les femmes sont devenues la « nature extérieure » pour les hommes. Elles sont la terre, le champ, le sillon (*sita*) sur lequel les hommes plantent leurs semences (*semen*).

Mais ces analogies entre le pénis et la charrue, la semence et le sperme, le champ et les femmes ne sont pas seulement des expressions linguistiques d'une relation d'objet instrumentale des hommes à la nature et aux femmes, elles indiquent aussi que cette relation d'objet est déjà caractérisée par la domination. Les femmes sont déjà définies comme faisant partie des conditions physiques de la production (masculine).

Nous n'en savons pas beaucoup sur les luttes historiques qui ont eu lieu avant que la relation d'objet des hommes à la nature ne s'établisse elle-même comme une relation de productivité supérieure à celle des femmes. Mais, d'après les luttes idéologiques qui se sont produites dans l'ancienne littérature indienne durant plusieurs siècles au sujet de la question de savoir si la nature du « produit » (grains, enfants) était déterminée par le champ (femme) ou par la semence (homme), nous pensons que la subordination de la productivité féminine à la productivité masculine ne s'est pas faite selon un processus pacifique, mais était partie intégrante de luttes de classes et de l'établissement de relations de propriété patriarcales sur la terre, le bétail et les femmes[1]. (…)

1. I. Karve, *Kinship Organisation in India*, Bombay, Asia Publishing House, 1965. Pour une discussion sur l'analogie entre la semence et le champ dans l'ancienne littérature indienne, voir L. Dube, « The Seed and the Field : Symbolism of Human Reproduction in India », papier lu

Avant que les hommes aient pu concevoir non seulement leur propre corps comme plus productif que celui des femmes, mais aussi qu'ils aient pu établir un rapport de domination sur les femmes et la nature extérieure, ils ont d'abord dû développer un type de productivité qui *semblait* au moins indépendant et supérieur à la productivité des femmes. Comme nous l'avons vu, l'apparition de la productivité des hommes était étroitement liée à l'invention des outils. Cependant, les hommes ne pouvaient développer une productivité (apparemment) indépendante de celles des femmes que sur la base d'une productivité féminine développée. (…)

LE MYTHE DE L'HOMME-CHASSEUR

La productivité des femmes est la condition préalable de toute autre productivité humaine, non seulement au sens où elles sont *toujours* les productrices de nouveaux hommes et de nouvelles femmes, mais aussi au sens où la première division sociale du travail, celle entre cueilleuses (plus tard, les cultivatrices aussi) et chasseurs principalement masculins, n'a pu avoir lieu que sur la base d'une productivité féminine développée.

La productivité féminine résidait, avant tout, dans l'habileté à assurer la subsistance quotidienne, garantie de la survie pour les membres du clan ou de la bande. Les femmes devaient nécessairement garantir le « pain quotidien », non seulement pour elles-mêmes et leurs

lors de la Xe Conférence internationale d'anthropologie et des sciences ethnologiques, New Delhi, 1978. Voir aussi M. Mies, *Indian Women and Patriarchy*, Delhi, Concept Publishers, 1980 et M. Mies, « Capitalist Development and Subsistence Reproduction : Rural Women in India », *Bulletin of Concered Asian Scholars*, vol. 12, n° 1, 1980, p. 2-14.

enfants, mais aussi pour les hommes s'ils devaient être malchanceux lors de leurs expéditions de chasse, car la chasse est une « économie du risque ».

Il a été prouvé de manière concluante, particulièrement par la recherche critique menée par des féministes universitaires, qu'on doit la survie de l'humanité bien plus à la « femme-cueilleuse » qu'à l'« homme-chasseur », contrairement à ce que prêchent les darwinistes sociaux d'hier ou d'aujourd'hui. Même parmi les chasseurs et cueilleurs actuels, les femmes assurent jusqu'à 80 % de la nourriture quotidienne, alors que les hommes n'y contribuent que pour une petite part avec la chasse[1]. Avec une seconde analyse d'un échantillon de chasseurs et cueilleurs de l'*Atlas ethnographique* de Murdock, Martin et Voorhies ont prouvé que 58 % de la subsistance de ces sociétés était assurée par la cueillette, 25 % par la chasse, et le reste par la chasse et la cueillette faites ensemble[2]. Les femmes Tiwi en Australie, qui sont à la fois chasseuses et cueilleuses, tirent 50 % de leur nourriture de la cueillette, 30 % de la chasse et 20 % de la pêche. (…)

Il ressort clairement de ces exemples, que parmi les chasseurs et cueilleurs actuels, la chasse n'a nullement l'importance économique qui lui est habituellement attribuée et que les femmes sont les pourvoyeuses de l'essentiel des denrées quotidiennes de base. En fait, tous les chasseurs de gros gibier dépendaient du soutien de leurs femmes qui

1. R. B. Lee et I. DeVore, *Kalahari Hunter-Gatherers, Studies of the Kung San and Their Neighbors*, Boston, Harvard University Press, 1976 cité par E. Fisher, *Woman's Creation*, New York, Anchor Press, 1979, p. 48.
2. M. K. Martin et B. Voorhies, *Female of the Species*, New York, Columbia University Press, 1975, p. 181.

fournissaient la nourriture qui n'était pas produite par la chasse, s'ils voulaient se rendre à des expéditions de chasse. C'est la raison pour laquelle les femmes iroquoises âgées avaient leur mot à dire dans la prise de décision concernant la guerre et les expéditions de chasse. Si elles refusaient de donner aux hommes le soutien nécessaire en matière de nourriture pour leurs aventures, ils devaient rester à la maison.[1] (...)

Bien que nous soyons capables de démystifier l'hypothèse de l'homme-chasseur et de montrer que les grands chasseurs n'auraient pas été en mesure de survivre sans la production de subsistance quotidienne des femmes, nous sommes toujours confrontés à la question de savoir pourquoi les femmes, en dépit de leur productivité économique supérieure comme cueilleuses et premières agricultrices, n'ont pas été capables d'empêcher l'établissement d'une relation hiérarchique et d'exploitation entre les sexes.

En posant la question de cette manière, nous supposons que le pouvoir politique émerge automatiquement du pouvoir économique. La discussion que nous avons menée a montré qu'une telle hypothèse ne pouvait être retenue car la suprématie masculine n'est pas née d'une contribution économique supérieure. Dans ce qui suit, je vais essayer de trouver une réponse à la question ci-dessus en examinant de plus près les différents outils inventés et utilisés par les femmes et par les hommes.

---

1. J. Brown, « Economic Organisation and the Position of Women among the Iroquois », *Ethnohistory*, n° 17, 1970, p. 151-167 et E. Leacock, « Women's Status in Egalitarian Society : Implications for Social Evolution », *Current Anthropology*, vol. 19, n° 2, 1978, p. 247-275.

LES OUTILS DES FEMMES, LES OUTILS DES HOMMES

Le modèle de l'homme-chasseur est, en fait, la dernière version du modèle de l'homme constructeur d'outil (man-the-tool-maker). À la lumière de ce modèle, les outils sont avant tout des armes, des outils pour tuer.

Les premiers outils de l'humanité, les haches de pierre, les grattoirs et les paillettes, étaient d'un caractère ambivalent. Ils pouvaient être utilisés pour broyer, écraser et pulvériser les céréales et autres aliments végétaux, et pour arracher les racines, mais ils pouvaient aussi être utilisés pour tuer de petits animaux et nous pouvons supposer qu'ils étaient utilisés par les hommes et par les femmes à ces deux fins. Toutefois, l'invention des armes proprement dites, de projectiles, de l'arc et des flèches, indique que l'abattage des animaux est devenu une spécialité majeure d'une partie de la société, principalement des hommes. Les tenants de l'hypothèse du chasseur sont d'avis que les premiers outils ont été inventés par les hommes. Ils ignorent les inventions des femmes liées à leur production de subsistance. Mais, comme nous l'avons dit précédemment, les premières inventions ont très probablement été des récipients et des paniers faits de feuilles, d'écorces et de fibres, puis des pots. Le bâton de fouille et la houe étaient les principaux outils de la cueillette et des débuts de l'agriculture. Les femmes ont dû continuer avec leur technologie pendant que certains hommes développaient des outils de chasse spécialisés.

Ce qu'il est important de noter ici est que la technologie des femmes est restée productive dans le vrai sens du terme : elles ont produit quelque chose de nouveau. La technologie de la chasse, en revanche, n'est pas productive, autrement dit, le matériel proprement dit de la chasse ne peut pas être utilisé pour aucune autre activité productive – contrairement à la hache de pierre. L'arc, les flèches et les lances sont pour l'essentiel des moyens de destruction. Leur signification est liée au fait qu'ils ne sont pas seulement utilisés pour tuer des animaux mais qu'ils peuvent aussi être utilisés pour tuer des êtres humains. C'est cette caractéristique des outils de chasse qui est devenue décisive dans le développement ultérieur de la productivité masculine ainsi que dans les relations sociales inégales et d'exploitation et non pas le fait que les chasseurs, en tant que pourvoyeurs de viande, aient pu élever le niveau de nutrition de la communauté.

De cette manière, nous en concluons que l'importance de la chasse n'est pas liée à sa productivité économique en tant que telle, comme cela est supposé à tort par de nombreux théoriciens, mais par la relation d'objet particulière à la nature qu'elle constitue. La relation d'objet à la nature de l'homme-chasseur se distingue clairement de celle de la femme-cueilleuse ou de la cultivatrice. Les caractéristiques de cette relation d'objet sont les suivantes :

a. Les principaux outils des chasseurs ne sont pas des instruments servant à produire la vie mais à la détruire. Leurs outils ne sont pas fondamentalement des moyens de production mais des moyens de destruction, et ils peuvent aussi être utilisés comme moyens de coercition contre leurs semblables.

b. Cela donne aux chasseurs un pouvoir sur les êtres vivants, sur les animaux et les êtres humains, qui ne découle pas de leur propre travail productif. Ils peuvent s'approprier non seulement les fruits et les végétaux (comme les cueilleurs) et les animaux, mais également les autres producteurs (féminins) en vertu des armes.

c. La relation d'objet médiatisée par les armes est donc essentiellement une relation de prédation ou d'exploitation : les chasseurs *s'approprient* la vie, mais ils ne peuvent pas la produire. C'est une relation antagonique et non-réciproque. Toutes les relations d'exploitation ultérieures entre la production et l'appropriation sont, en dernière analyse, soutenues par les armes comme moyens de coercition.

d. La relation d'objet à la nature médiatisée par les armes relève d'une relation de domination et non de coopération. Cette relation de domination est devenue un élément intrinsèque à tous les rapports de production que les hommes ont établis par la suite. Cela est devenu, en fait, le paradigme principal de leur productivité. Sans la domination et le contrôle sur la nature, les hommes ne peuvent se concevoir eux-mêmes comme étant productifs.

e. « [...] l'appropriation de l'élément naturel [...][1] » (Marx) devient maintenant un processus d'appropriation unilatérale, au sens de l'établissement de relations de propriété, non plus au sens d'une humanisation mais d'une exploitation de la nature.

f. Par le moyen des armes, les chasseurs pouvaient non seulement chasser des animaux, mais ils pouvaient également effectuer des rafles dans les communautés d'autres producteurs de subsistance, kidnapper leurs travailleurs jeunes et féminins non-armés et se les approprier. On peut supposer que les premières formes de propriété privée ne concernaient pas le bétail ou autre nourriture, mais des *femmes esclaves qui avaient été enlevées*.[2]

1. K. Marx, *Le Capital, Livre 1, op. cit.*, p. 207.
2. E. Bornemann, *Das Patriarchat : Ursprung und Zukunft unseres Gesellschaftssystems*, Frankfurt, S. Fischer, 1975 et C. Meillassoux, *L'esclavage dans l'Afrique pré-coloniale*, Paris, Maspero, 1975.

À ce stade, il est important de signaler que *ce n'est pas la technologie de la chasse en tant que telle* qui est responsable de l'établissement d'une relation de domination et d'exploitation entre l'homme et la nature, entre l'homme et l'homme, entre l'homme et la femme. De récentes études sur les sociétés de chasse contemporaines ont montré que leurs chasseurs n'ont pas une relation agressive avec les animaux qu'ils chassent. Les Pygmées, par exemple, semblent être des personnes extrêmement pacifiques qui ne connaissent ni la guerre, ni les querelles, ni les sorcières.[1] Leurs expéditions de chasse ne sont pas des démarches agressives, mais sont accompagnées par des sentiments de compassion pour les animaux qu'ils doivent tuer.[2]

Cela signifie que l'émergence d'une technologie de chasse spécialisée implique seulement la *possibilité* d'établir des relations d'exploitation et de domination. Il semble qu'aussi longtemps que les chasseurs restaient confinés dans le contexte limité de la chasse-cueillette, ils ne pouvaient pas prendre la mesure du potentiel d'exploitation de leur *mode de production prédateur*. Leur contribution économique n'était pas suffisante ; ils restaient dépendants, pour leur survie, de la production de subsistance de leurs femmes. (…)

Pour résumer, nous pouvons dire que les différentes formes de divisions hiérarchiques et asymétriques du travail, qui se sont développées au cours de l'histoire à tel point que le monde entier est aujourd'hui structuré par un système de division inégale du travail sous les diktats de l'accumulation du capital, reposent sur le paradigme social

1. C. M. Turnbull, *Le peuple de la forêt*, trad. fr. S. Campos, Paris, Stock, 1963.
2. E. Fisher, *Woman's Creation*, New York, Anchor Press, 1979, p. 53.

du chasseur/guerrier prédateur qui, sans produire lui-même, est capable par le moyen des armes de s'approprier et de subordonner les autres producteurs, leurs forces productives et leurs produits.

Cette relation d'objet à la nature, extractive, non-réciproque et d'exploitation, qui s'est d'abord établie entre les hommes et les femmes et entre les hommes et la nature, est restée le modèle de tous les autres modes de production patriarcale, y compris du capitalisme qui l'a développé sous sa forme la plus sophistiquée et la plus générale.[1] La caractéristique de ce modèle est que ceux qui contrôlent le processus de production et les produits ne sont pas eux-mêmes des producteurs mais des expropriateurs. Leur prétendue productivité présuppose l'existence et la soumission des autres producteurs – et, en dernière analyse, des femmes.

Vers une conception féministe du travail

1. Si nous prenons pour modèle de « travailleur », non pas le salarié industriel blanc masculin (peu importe qu'il travaille sous des rapports capitalistes ou socialistes), mais une *mère*, nous pouvons immédiatement voir que pour elle, le travail est toujours à la fois un fardeau tout autant

---

1. À ce stade il conviendrait d'étendre notre analyse à la division sexuelle du travail sous le socialisme. Mais cela demanderait une analyse beaucoup plus large. D'après les informations qui peuvent être recueillies sur le statut des femmes dans les pays socialistes, nous ne pouvons qu'en conclure que la division du travail par sexe est fondée sur le même paradigme social que celui des pays capitalistes. L'une des raisons de cela est peut-être que le concept de « développement des forces productives » et la relation de l'homme à la nature ont été les mêmes que sous le capitalisme, autrement dit, la domination de l'homme sur la nature, ce qui implique sa domination sur les femmes.

qu'une source de plaisir, de satisfaction de soi et de bonheur. Les enfants peuvent lui donner beaucoup de travail et de soucis, mais ce travail n'est jamais totalement aliénant ou mortel. Même lorsque les enfants s'avèrent être une source de déception pour la mère, lorsqu'ils finissent par la quitter ou la mépriser – comme, en fait, beaucoup le font dans notre société –, la peine qu'elle endure pour tout cela est encore bien plus humaine que la froide indifférence de l'ouvrier industriel ou de l'ingénieur vis-à-vis de ses produits, des marchandises qu'il produit et consomme.

La même association du travail comme fardeau *et* du travail comme plaisir peut être trouvée parmi les paysans dont la production n'est pas encore totalement subsumée sous la production marchande et les contraintes du marché. (…) Quiconque a eu l'opportunité d'observer les processus de travail de personnes impliquées dans une production de subsistance non-marchande aura perçu dans cette interaction du travail à la fois une nécessité et un fardeau, mais également une source fondamentale de plaisir et d'expression de soi.[1]

La même chose reste vraie pour le travail de l'artisan ou la production artisanale aussi longtemps que ce travail n'est pas entièrement soumis aux contraintes du marché.

La principale caractéristique des processus de travail décrits ci-dessus est qu'ils sont tous liés à la *production directe de la vie* ou de valeurs d'usage. Une conception féministe du travail doit être orientée vers la *production de la vie* comme but du travail et non pas vers une production de *choses et de richesses*, dont la production de la vie n'est

---

1. J'ai remarqué la même association du travail à la fois comme un plaisir et comme un fardeau parmi les peuples tribaux de l'Andhra Pradesh en Inde.

alors qu'un dérivé secondaire. La *production de la vie immédiate* dans tous ses aspects doit être le concept central pour le développement d'une conception féministe du travail.

2. Une conception féministe du travail ne peut être basée sur l'*économie* marxiste (et capitaliste) *du temps*. La diminution de la journée de travail ou du temps de travail au cours d'une vie ne peut servir de méthode à la réalisation d'une utopie féministe. Les femmes ont désormais pris conscience que la réduction du temps dépensé à la production des marchandises ne conduit pas à plus de liberté pour elles, mais plutôt à plus de travail domestique, plus de travail non-payé au sein de la production domestique, plus de travail relationnel ou émotionnel, plus de travail de consommation. La perspective d'une société *dans laquelle presque tout le temps est un temps de plaisir* et où le temps de travail est réduit à un minimum est pour les femmes, à bien des égards, une vision d'horreur, non pas seulement parce que le travail domestique et le travail non-payé n'ont jamais été inclus au sein du travail qui est supposé être réduit par les machines, mais aussi parce que *ce sera aux femmes* de devoir redonner aux hommes, alors désœuvrés, un sens de la réalité et de la vie.

Une conception féministe du travail doit donc être orientée vers *une conception différente du temps* dans laquelle le temps n'est pas séparé entre part de charge de travail et part de temps de loisir et de plaisir supposés, mais vers une conception dans laquelle le temps de travail et le temps de repos et de plaisir sont alternés et intercalés. Si une telle conception et une telle organisation du temps prévalent, la durée de la journée de travail ne constituera plus un critère pertinent. De cette manière, une longue journée de travail et même une vie entière de travail, ne sera alors pas ressentie comme une malédiction mais comme une source de satisfaction humaine et de bonheur. (…)

3. Le troisième élément qui doit être souligné pour une conception féministe du travail est le maintien du travail comme une *interaction directe et sensuelle avec la nature, avec la matière organique et les organismes vivants*. Dans la conception marxiste du travail, cette interaction sensuelle et corporelle avec la nature – la nature humaine tout comme la nature extérieure – est largement éliminée car de plus en plus de machines sont insérées entre le corps humain et la nature. Bien sûr ces machines sont censées donner à l'homme la domination et le pouvoir sur la nature « sauvage » et « aveugle », mais en même temps, elles réduisent sa propre sensualité. Avec l'élimination du travail en tant que nécessité et fardeau, le potentiel du corps humain pour le plaisir, pour la sensualité et pour les satisfactions érotiques et sexuelles, est aussi éliminé. Comme notre corps constituera toujours la base de notre plaisir et de notre bonheur, la destruction de la sensualité, résultant de l'interaction avec les machines plutôt qu'avec des organismes vivants ne donnera lieu qu'à une recherche pathologique d'une « nature » idéalisée. Dans un effort désespéré pour redonner au corps (masculin) sa sensualité perdue, le corps féminin est mystifié à la fois comme une « nature pure ou vile » et comme but de la satisfaction de tous les désirs[1]. (…)

1. Cela semble être une sorte de loi du patriarcat capitaliste. Elle s'applique aux femmes, à la nature et aux colonies. Le patriarcat capitaliste et la science doivent d'abord détruire la femme ou la nature ou les autres peuples en tant que *sujets* autarciques. Et, par la suite, ces derniers sont adorés et fantasmés en tant que but de tous les désirs masculins. C'est le fondement de tout amour romantique, de la nature romancée, des peuples exotiques ou « indigènes » romancés.

4. Toutefois, l'interaction directe et sensuelle avec la nature au sein du processus de travail n'est pas encore suffisante. (…) Une conception féministe du travail doit garantir que le travail *conserve son sens de la finalité, son caractère d'utilité et de nécessité* pour les gens qui le réalisent et pour ceux qui les entourent. Cela signifie également que les *produits* de ce travail sont *utiles et nécessaires*, et ne sont pas juste quelques objets de luxe ou des déchets superflus comme dans la plupart des objets artisanaux fabriqués aujourd'hui par les femmes dans des « activités génératrices de revenus » au sein des pays du tiers-monde.

5. Ce sens de l'utilité, de la nécessité et de la finalité du travail et de ses produits, ne peut toutefois être rétabli que si la division et la distance entre la production et la consommation sont progressivement abolies. Aujourd'hui, comme nous l'avons vu, la division et l'aliénation sont mondiales. Les femmes du tiers-monde produisent ce qu'elles ne connaissent pas, et les femmes du premier monde consomment ce qu'elles ne connaissent pas.

Dans le cadre d'une perspective féministe, la *production de la vie* est le but principal de l'activité humaine. Il faut pour cela que les processus de production des choses nécessaires et les processus de consommation soient à nouveau réunis. Car ce n'est qu'en *consommant* les choses que nous produisons que nous pouvons juger si elles sont utiles, significatives et saines, si elles sont nécessaires ou superflues. Et c'est seulement en *produisant* ce que nous consommons que nous pouvons savoir combien de temps est réellement nécessaire pour les choses que nous voulons consommer, quelles compétences sont nécessaires, quel savoir est nécessaire et quelle technologie est nécessaire.

L'abolition de la profonde division entre la production et la consommation ne signifie pas, bien sûr, que chaque individu, voire chaque petite communauté, doive produire ce dont il a besoin et qu'il doive tout trouver dans son environnement écologique. En revanche, elle implique que la production de la vie soit basée sur la relation autarcique d'une communauté de personnes en provenance d'une région spécifique (…). Les biens et les services importés dans une telle région doivent être le résultat de relations de non-exploitation avec la nature, les femmes et les autres peuples. Le rapprochement tendanciel de la production et de la consommation réduira considérablement les possibilités de cette exploitation, et augmentera largement le potentiel de résistance face au chantage économique et politique et face à la coercition.

TRAVAIL *ET* INTERACTION

INTRODUCTION

Dans la mesure où leurs pensées s'inscrivent dans l'héritage de Hegel et de Marx, il n'est pas surprenant que les théoriciens de l'école de Francfort aient accordé une place importante au travail dans leurs réflexions. Néanmoins, peu de thèmes ont subi des variations aussi significatives que celui du travail dans l'histoire de la Théorie critique de la société, au point que ces variations peuvent servir à distinguer entre les générations successives des théoriciens de Francfort, à marquer des inflexions significatives entre théoriciens d'une même génération, voire des évolutions chez un même auteur. On peut ainsi aisément retracer les grands mouvements de balancier de l'intérêt des francfortois pour le travail : tandis que la première génération, surtout avec Max Horkheimer, commence dans les années 1930 par maintenir le lien tissé par Hegel et Marx entre travail et émancipation, elle procède dès la décennie suivante – y compris et surtout chez ce même Horkheimer – à une assimilation du travail à une activité instrumentale désormais comprise comme le principal vecteur de la domination sur la nature externe et sur la nature interne de l'homme. Le principal représentant de la seconde génération, Jürgen Habermas, reprend à son compte cette restriction du sens du travail à une activité essentiellement instrumentale[1] qui ne permet pas de dégager la signification des interactions sociales (voire les occulte), avant que la troisième génération, avec Axel Honneth, ne procède à une revalorisation du sens et en particulier de la portée normative des activités de travail dans le cadre d'une théorie de la reconnaissance aux accents à nouveau nettement hégéliens.

Il serait cependant erroné de construire une opposition entre Habermas et Honneth, les deux auteurs dont des textes sont reproduits ci-dessous, qui consisterait à poser que le second aurait réintroduit le travail dans la théorie critique, alors que le premier l'en aurait exclu. En effet, ils sont l'un comme l'autre convaincus de devoir « congédier le travail comme concept central »[2]. Cet « abandon du paradigme du travail »[3] conduit Habermas et Honneth à devoir élaborer une théorie de l'action et une théorie sociale de substitution, capables de prendre avec succès le relais d'une théorie du travail social considérée comme désormais défaillante, le premier trouvant une issue dans une théorie de l'agir communicationnel, et le second dans une théorie

1. Tout en faisant évoluer le sens de l'instrumentalité qui passe de la signification d'une soumission de la nature par l'usage d'outils ou d'instruments qui la mettent au service de fins subjectives, à celle du contrôle de processus (aussi bien naturels que sociaux) autorégulés, voir J. Habermas, « La technique et la science comme "idéologie" », *La technique et la science comme « idéologie »*, trad. fr. J.-R. Ladmiral, Paris, Gallimard, 1973, p. 209-211 (texte reproduit *infra*, p. XXX); E. Renault, « Travail et interaction. Origine et implications d'une distinction », dans I. Aubert, J.-F. Kervégan (dir.), *Dialogues avec Jürgen Habermas*, Paris, CNRS, 2018, p. 124.

2. A. Honneth, « La logique de l'émancipation. L'héritage philosophique du marxisme », *Un monde de déchirements. Théorie critique, psychanalyse, sociologie*, trad. fr. P. Rusch, O. Voirol, Paris, La Découverte, 2013, p. 34.

3. *Ibid.*, p. 33.

de la lutte pour la reconnaissance. Mais cet accord entre eux sur la nécessaire perte de centralité de la référence au travail ne doit pas occulter le fait qu'ils développent deux approches très différentes du travail. À la différence de la théorie de l'agir communicationnel de Habermas, la théorie de la reconnaissance de Honneth maintient bien en son sein une référence positive au travail. Elle continue de lui faire jouer un rôle important, mais un rôle qui est désormais localisé et qui ne peut assurément plus être celui d'un paradigme central dont l'ampleur soit telle qu'il permette – comme chez Marx et encore chez le premier Horkheimer – de penser ensemble l'action, la société, l'histoire et l'émancipation.

La théorie du travail social possédait encore cette ampleur dans les écrits des années 1930 de la première génération des théoriciens de Francfort, en particulier chez Horkheimer. Lorsqu'il précise la conception qu'il se fait d'une critique interne en expliquant que « la théorie critique n'exerce pas sa critique à partir de la seule idée pure » et qu'elle « ne juge pas en fonction de ce qui est au-dessus du temps, mais en fonction de ce qui est dans le temps »[1], Horkheimer ajoute que, en conséquence, « les vues que la théorie critique tire de l'analyse historique et propose comme objectifs de l'activité humaine, à commencer par l'idée d'une organisation sociale conforme à la raison et aux intérêts de la collectivité, *sont impliquées naturellement dans le travail humain* »[2]. Horkheimer établit donc un lien entre le travail, plus exactement le travail social, et un

1. M. Horkheimer, « Appendice » à « Théorie traditionnelle et théorie critique », *Théorie traditionnelle et théorie critique*, trad. fr. C. Maillard et S. Muller, Paris, Gallimard, 1974, p. 90.
2. M. Horkheimer, « Théorie traditionnelle et théorie critique », *op. cit.*, p. 45 (c'est nous qui soulignons).

horizon idéal ou normatif, en l'occurrence celui d'une « organisation sociale conforme à la raison ». Ce qui lui permet d'établir ce lien est la thèse fondamentale selon laquelle « l'agir ensemble (*das Zusammenwirken*) des hommes dans la société est le mode d'existence de leur raison »[1]. Le terme de « *Zusammenwirken* » renvoie ici à la division du travail social, c'est-à-dire à l'expérience que font les individus de l'interdépendance des activités par lesquelles ils se consacrent à la satisfaction des besoins sociaux : la division du travail social confère ainsi à l'agir social une structure coopérative. Horkheimer reprend à son compte la thèse de facture hégélienne[2] selon laquelle l'agir commun, l'œuvrer ensemble ou l'agir conjoint (autant de traductions possibles du *Zusammenwirken*) constitue la modalité d'existence de la raison humaine dans l'effectivité et dans la pratique : si la raison est présente effectivement dans le monde, c'est de façon pratique dans ce qui rend possible une coordination des actions humaines et dans ce qui les rend capables de concourir au bien commun de la société.

L'horizon normatif d'une « organisation fondée sur la raison »[3], c'est-à-dire « l'idée d'une société future conçue comme collectivité d'hommes libres »[4] se démarque ainsi de toute « utopie purement abstraite »[5] en ceci que, précisément, il s'agit d'un horizon normatif ancré dans

1. Dans la traduction française citée, la phrase est rendue par : « l'activité collective des hommes est le mode d'existence spécifique de leur raison », *ibid.*, p. 34.

2. Voir dans ce volume l'introduction de la première partie et le texte de Hegel.

3. Horkheimer, « Théorie traditionnelle et théorie critique », *op. cit.*, p. 50.

4. *Ibid.*, p. 51.

5. *Ibid.*, p. 53.

« les tendances qui poussent à l'édification d'une société conforme à la raison », en même temps qu'il est « possible de démontrer que cette idée est réalisable dans l'état actuel des forces productives développées par l'homme »[1]. C'est le rôle de la théorie critique de la société qui est ainsi précisé. Dire que « les vues que la théorie critique (…) propose comme objectifs de l'activité humaine sont impliquées naturellement dans le travail humain, sans être présentes sous une forme claire dans la conscience individuelle et collective »[2], c'est en effet affirmer deux choses : d'une part, on l'a vu, que la raison œuvre déjà dans l'effectivité présente sous la forme de la structuration coopérative du travail socialement divisé, et d'autre part, que le rôle de la théorie critique est de produire une clarification qui favorise la prise de conscience par les acteurs de cette rationalité déjà à l'œuvre et de leur propre capacité à la développer encore davantage qu'elle ne l'est.

C'est donc bien le travail social qui est le lieu où s'enracine la tendance vers une forme supérieure d'organisation sociale et économique, tendance que la théorie critique a pour fonction de maximiser en la rendant claire, consciente et explicite : « dans l'histoire moderne, écrit Horkheimer, chaque individu se voit invité à prendre à son compte les buts de la collectivité et réciproquement à reconnaître en ceux-ci les siens propres », de sorte qu'il « devient désormais possible de faire accéder au niveau de la conscience et de poser comme une finalité le processus de travail sous la forme que la société lui a donné ».[3] La tâche consiste donc essentiellement à rendre conscient et

1. *Ibid.*
2. *Ibid.*, p. 45.
3. *Ibid.*, p. 44-45.

à prendre explicitement pour fin « le processus de travail » tel qu'il est déjà matériellement actualisé par la société existante, mais en l'orientant consciemment vers des buts sociaux, alors que sous sa forme actuelle, le processus social de travail est aveugle et subi par le plus grand nombre. L'état présent du développement des forces productives permet déjà, selon Horkheimer, ce changement de forme et il va de soi pour Horkheimer que le fait de prendre la maîtrise du processus de travail stimulera encore davantage le développement des forces productives et renforcera d'autant la maîtrise par la société des forces de la nature – ce qui constitue le second aspect, aussi essentiel que le premier, de la rationalité du travail social. Cette rationalité a donc deux faces : la première est constituée de la structure coopérative du travail social, la seconde tient à la domination que ce travail, sous la forme d'un ensemble développé de forces productives, permet à la société humaine d'exercer sur la nature.

On peut donc dire que, pour le premier Horkheimer, le travail social possède deux dimensions : une dimension instrumentale liée à la transformation et à la maîtrise de la nature, et une dimension qui, sous la forme de la coopération ou de l'agir ensemble, relève de l'interaction. La dimension instrumentale du travail social compris comme activité productive, inséparable de la domination de la nature qu'il permet, n'a pas tardé à faire problème pour la première génération des francfortois, ce dont les écrits des années 1940 de Horkheimer et Adorno portent déjà témoignage. Ainsi, dans la foulée de la *Dialectique de la raison*, rédigée avec Adorno, Horkheimer écrit dans *Éclipse de la raison* (publié en 1947) que « la nature est aujourd'hui et plus que jamais conçue comme un simple instrument pour l'homme ; elle est l'objet d'une exploitation totale, sans aucun but fixé par la raison et par conséquent sans aucune limite »[1]. Cette exploitation totale de la nature est permise par le déploiement sans frein du travail social dès lors que celui-ci est entièrement réduit à une activité productive qui use de la nature comme d'un simple moyen de satisfaire les besoins humains. Mais cette domination exercée sur la nature externe est inséparable de la domination de l'homme sur lui-même : c'est la même raison instrumentale qui, en tant que « rationalité subjective » centrée sur l'*ego*, s'exerce à la fois sur la nature externe en tant que maîtrise et domination, et sur la nature interne en tant que répression des désirs, des inclinations et des passions. Le second Horkheimer oppose certes à cette raison subjective orientée vers la manipulation instrumentale une « raison objective » dont on comprend qu'elle serait une raison capable de se fixer des buts que Hegel disait « substantiels », c'est-à-dire des buts rationnels et sensés en et par eux-mêmes[2] (et non par rapport à une utilité externe), mais il fait en même temps le diagnostic que la raison subjective a fini par entièrement absorber la raison objective et qu'il ne subsiste plus rien de celle-ci. C'est d'ailleurs aussi la raison pour laquelle il ne subsiste plus rien non plus de la distinction entre les deux faces de la rationalité du travail social que distinguaient encore les textes des années 1930 : la dimension productive et instrumentale coexistait alors avec la dimension de l'agir ensemble ou de l'agir conjoint. Cette seconde dimension de la rationalité du travail social a fini par être victime de ce que Horkheimer diagnostique comme l'hégémonie de

1. M. Horkheimer, *Éclipse de la raison*, trad. fr. J. Debouzy, Paris, Payot, 1974, p. 116 -117.

2. Sur la distinction entre « raison subjective » et « raison objective », voir *ibid.*, p. 20-23.

la seule rationalité instrumentale : rien ne subsiste plus du travail social que sa seule dimension subjective et instrumentale.

À partir de là, deux types de développement de la théorie critique devenaient possibles. Soit on restait dans le cadre de la relation sujet/objet, mais en tentant de penser un rapport du sujet à l'objet qui ne soit pas de l'ordre de la maîtrise, qui maintienne la différence des deux tout en les plaçant dans une relation de parenté qui ne puisse plus dégénérer en maîtrise et domination de l'un par l'autre : ce sera la tentative d'Adorno avec son concept de *mimesis*, dont le terrain n'est assurément plus celui du travail, bien qu'Adorno n'aient pas du travail une conception aussi négative que Horkheimer, ne serait-ce que parce qu'il conserve l'identification de la pensée à un travail[1]. Soit on conteste le diagnostic de l'absorption complète de la raison par la seule rationalité instrumentale et on pose que l'élément véritable de la rationalité n'est pas la relation du sujet avec l'objet, mais l'interaction entre sujets. C'est la voie explorée d'abord par Habermas, ensuite par Honneth, avec cependant une différence non négligeable entre eux : le premier sépare entièrement l'interaction de la sphère du travail, il concède au fond au second Horkheimer la réduction totale de celui-ci à une activité purement instrumentale, il déplace par conséquent le potentiel rationnel entièrement vers l'interaction, en même temps qu'il identifie l'interaction à la seule interaction langagière ou communicationnelle. Le second se refuse à réduire le travail à un pur agir instrumental : sans pour autant restaurer le paradigme du

1. T.W. Adorno, *Dialectique négative*, trad fr. Collège de philosophie, Paris, Payot, 2003, p. 30 : « Le penser est, en soi déjà, avant tout contenu particulier, négation, résistance contre ce qui lui est imposé ; ceci, le penser l'a hérité du rapport du travail à son matériau, son modèle ».

travail qui régnait sur les débuts de la Théorie critique, et donc en restant bien dans le cadre d'un paradigme interactionnel, il propose néanmoins « une réévaluation du rôle que devra jouer l'expérience du travail dans le cadre catégorial d'une théorie critique »[1]. L'argument honnethien est notamment que les déformations de l'interaction sociale, contrairement à ce que pense Habermas, ne sont pas avant tout expérimentées par les acteurs comme des atteintes aux règles d'une communication rationnelle visant l'entente, mais d'abord comme des restrictions injustifiées de leurs chances d'être reconnus comme les auteurs, par leur activité de travail, d'une contribution indispensable à la vie sociale.

Il est clair aux yeux de Habermas, dès la fin des années 1960, que le paradigme du travail – qu'il appelle aussi « paradigme de la production » – est épuisé[2]. Il l'est d'abord parce que les évolutions du travail au cours du XXe siècle, et en particulier sa taylorisation et sa mécanisation, sont telles qu'elles ne permettent plus d'associer le travail à un processus de formation, et encore moins d'émancipation. Plus radicalement, certains textes des années 1980 montrent que Habermas partage les analyses prédisant la fin prochaine de la société fondée sur le travail (et son remplacement par une « société de communication »[3]). Mais le fond de

1. A. Honneth, « La dynamique du mépris. D'où parle une théorie critique de la société ? », *La société du mépris. Vers une nouvelle théorie critique*, éd. O. Voirol, Paris, La Découverte, 2006, p. 194.

2. *Cf.* J. Habermas, *Le discours philosophique de la modernité*, trad. fr. C. Bouchindhomme et R. Rochlitz, Paris, Gallimard, 1988, la « digression » intitulée « Sur le caractère désormais obsolète du paradigme de la production », p. 92-101.

3. *Ibid.*, p. 97. Voir aussi J. Habermas, « La crise de l'État-providence et l'épuisement des énergies utopiques », *Écrits politiques. Culture, droit, histoire*, Paris, Champs-Flammarion, 1999, p. 165.

l'affaire n'est pas là. Il est dans la thèse selon laquelle un concept de pratique réduit au travail et à la production, c'est-à-dire à l'agir instrumental, est un concept dépourvu de contenu normatif. On peut voir un témoignage de l'influence de Arendt sur la pensée de J. Habermas[1] dans le fait de réduire le travail à l'activité de l'*animal laborans*, c'est-à-dire à une activité entièrement assignée à la production des conditions permettant la perpétuation de la vie, et dans le fait de déplacer la portée normative de la pratique humaine vers d'autres activités, en particulier vers les activités délibératives et proprement politiques. Si la question est de « savoir quel est le contenu normatif du concept de praxis lorsqu'on l'interprète en termes de production », alors, selon Habermas, la réponse est que « le modèle du processus métabolique, suggéré par le paradigme de la production, n'a pas plus de contenu normatif que le modèle système-environnement qui s'est, entre-temps, substitué à lui »[2]. Une fois le travail social réduit au processus par lequel un système social régule ses échanges avec le système naturel, on ne voit plus en effet quel type de contenu normatif peut bien encore lui échoir : faire que de tels échanges entre systèmes se déroulent avec le moins possible de frictions (et avec le moins possible de dégâts pour le système naturel) n'est pas une norme morale ou politique, c'est un idéal d'ingénieur, un idéal technique de bon fonctionnement. Cela signifie que, selon Habermas, les activités de production et de travail, ainsi que les échanges avec la nature qui les médiatisent, ne peuvent être régulées que par « des règles techniques et utilitaires », et que ce type-là de règles est substantiellement

1. Comme le suggère Honneth dans le texte reproduit *infra*, p. 240-245.
2. J. Habermas, *Le discours philosophique de la modernité, op. cit.*, p. 100.

différent des normes qui régulent les interactions sociales entre sujets. Il est donc « est impossible d'analyser la praxis au sens de l'interaction régulée par les normes à l'aide du modèle de la dépense productive de la force de travail et de la consommation des valeurs d'usage »[1].

À première vue, Honneth ne dit pas fondamentalement autre chose. Il affirme notamment que « le programme [de la première théorie critique] est conçu de telle manière que seuls les processus susceptibles d'assumer les fonctions de reproduction et d'expansion du travail social peuvent trouver place en son sein »[2]. Il justifie cette affirmation en expliquant que, par exemple chez le premier Horkheimer, « aucun autre type d'action sociale n'est envisagé à côté du travail social », ce qui le conduit à « perdre de vue cette dimension de la pratique quotidienne dans laquelle les sujets socialisés génèrent et développent continûment des orientations d'action communes de manière créative et communicationnelle »[3]. Une affirmation de ce genre n'a de sens qu'à présupposer comme valable la distinction habermassienne entre d'une part les activités instrumentales et de production, et de l'autre les actions partagées entre sujets et les interactions sociales. L'immense avantage de cette distinction aux yeux de Honneth est d'avoir mis fin à la confusion de provenance marxienne (et entretenue par la première génération des francfortois) entre d'une part les progrès dans la maîtrise technique de la nature grâce au développement des forces productives, et d'autre part l'horizon normatif de la liberté et de l'émancipation. Habermas aurait permis de définitivement séparer les deux plans, de sorte qu'il ne serait plus possible de penser, après

1. *Ibid.*, p. 99.
2. A. Honneth, « Théorie critique. Du centre à la périphérie d'une tradition de pensée », *Un monde de déchirements*, *op. cit.*, p. 133.
3. *Ibid.*, p. 134.

lui, ni qu'un progrès dans la maîtrise instrumentale de la nature en est forcément aussi un au point de vue des normes sociales de liberté et d'autonomie (contre le premier Horkheimer), ni (cette fois contre le second Horkheimer) qu'un progrès de la raison instrumentale est inévitablement une catastrophe d'un point de vue normatif.

Mais il reste que cette claire distinction entre deux plans a pour conséquence de rendre Habermas aveugle à ce qui se passe au point d'articulation d'un plan avec l'autre, et donc aveugle aux spécificités d'une activité – le travail – dont l'une des principales caractéristiques est d'être une activité possédant tout à la fois une dimension technique, une dimension interactionnelle et une dimension normative. Cette triple dimension des activités de travail rend, selon Honneth, injustifiée la réduction par Habermas du travail à un simple agir instrumental : cet aspect est très loin d'épuiser le sens des activités de travail en tant qu'elles ne se réduisent jamais à une simple adaptation des moyens aux fins, et en tant qu'elles sont des activités prenant place dans des collectifs de travail, impliquant donc des interactions entre ceux qui travaillent, pour ne rien dire de l'horizon normatif qui est convoqué par ceux qui travaillent quand leur expérience au travail est interprétée par eux comme étant une expérience de l'injustice ou du déni de reconnaissance[1]. La prise en compte du « réel du travail » rend impossible de réserver aux seules interactions médiatisées par les symboles la capacité d'engendrer une connaissance morale et une conscience politique orientée vers l'émancipation. En effet, il existe, affirme A. Honneth, « une connaissance morale-pratique basée non pas sur la conscience de la distorsion systématique des relations de

---

1. Voir E. Renault, *L'expérience de l'injustice*, Paris, La Découverte, 2017.

communication, mais sur l'expérience de la destruction des activités de travail dans le cours de la rationalisation productive et technique »[1]. Il devient donc possible, avec Axel Honneth, de développer une critique de la rationalisation productive, technique et instrumentale qui, à la fois, n'aboutisse pas à désespérer de toute rationalité, n'oppose pas de façon dualiste deux formes antagoniques de rationalité, et soit capable de rendre compte de l'expérience que font, là où ils travaillent, les individus dont le déploiement de cette même rationalité instrumentale détruit les savoir-faire, les collectifs et l'autonomie.

Nous venons de rendre compte de la constellation de thèmes qui a conduit Habermas à vouloir corriger la centralité accordée par la théorie critique au travail, notamment dans l'article « Travail et interaction »[2], partiellement reproduit ici, où c'est à partir de l'une des sources de la théorie critique, en l'occurrence le jeune Hegel[3], que la nécessité de cette distinction est établie.

1. A. Honneth, « Travail et agir instrumental. Problèmes catégoriels d'une théorie critique de la société », *Un monde de déchirements, op. cit.*, p. 75-76.

2. J. Habermas, « Travail et interaction. Remarques sur la "philosophie de l'esprit" de Hegel à Iéna », *La technique et la science comme « idéologie », op. cit.*, p. 163-211. L'article « Arbeit und Interaction » date de 1967, et le recueil (*Technik und Wissenschaft als « Ideologie »*) où il est repris, de 1968.

3. Les textes auxquels Habermas se réfère sont issus des esquisses de système qu'il a rédigées entre 1803 et 1806, et qui représentent un état de l'évolution de ses idées avant la parution de la *Phénoménologie de l'esprit*, en 1807. Dans cet article, Habermas soutient que les positions défendues par Hegel à cette époque ont plus d'intérêt que celles qu'il défendra ultérieurement dans la *Phénoménologie*, puis dans l'*Encyclopédie* (1817, 1827, 1830). Honneth reprendre cette idée à son compte dans *La Lutte pour la reconnaissance*. Sur les positions défendues lors de la période d'Iéna, et pour un examen plus détaillé des textes commentés par Habermas dans cet article, voir J.-M. Buée, E. Renault (dir.), *Hegel à Iéna*, Lyon, ENS éditions, 2015.

Dans cet article, Habermas commence par souligner que pour Hegel, le moi n'est plus conçu comme une structure dont l'existence est présupposée, comme chez Kant. Le moi, entendu comme cette instance pouvant se distinguer d'autrui et des objets extérieurs, tout en conférant une signification universelle (ou qui ne vaut pas que pour un moi particulier), à la conscience qu'il a de soi-même, d'autrui, et des objets extérieurs, se forme dans trois milieux distincts : les rapports de reconnaissance qui irriguent les interactions humaines (tout d'abord dans la sphère familiale), le langage (tout d'abord conçu comme mode de représentation humaine), et le travail (tout d'abord conçu comme transformation proprement humaine du rapport pratique à la nature dirigé par le simple désir). Cependant, dans la mesure où, pour les humains socialisés (l'« esprit réel »), les interactions avec autrui sont médiatisées par le langage, c'est finalement à une distinction entre deux milieux, celui de l'interaction et celui du travail, que nous aboutissons. Toujours en s'appuyant sur le jeune Hegel, Habermas souligne alors que l'interaction et le travail se médiatisent l'une l'autre : les activités de travail s'accompagnent le plus souvent d'interactions avec autrui, de même que les interactions avec autrui se déroulent dans un environnement transformé par le travail. Il n'en demeure pas moins que l'interaction et le travail sont irréductibles parce que l'une et l'autre sont soumis à des normes différentes : les normes de reconnaissance propres à l'agir communicationnel d'une part, les normes de la rationalité par finalité (c'est-à-dire de l'agencement efficace des moyens et des fins) qui sont propres à l'agir instrumental. L'extrait se conclut en soulignant que c'est à tort que Marx a cru pouvoir réduire l'interaction au travail.

Nous avons déjà indiqué que Honneth a soutenu que Habermas avait à juste titre dénoncé la réduction de l'agir communicationnel à l'agir instrumental, mais qu'il avait eu tort de réduire le travail au seul agir instrumental. Dans l'article « Travail et agir instrumental. À propos des problèmes catégoriels d'une théorie critique de la société », daté de 1980 et reproduit ici, Honneth part de la manière dont Marx a tenté de fonder sa théorie et sa critique de la société capitaliste sur une analyse du travail, puis il fait apparaître un certain nombre d'apories caractéristiques de cette entreprise théorico-politique, avant d'expliquer comment des auteurs contemporains, dont Habermas, ont tenté de les résoudre. Il rappelle que chez ce dernier, la fonction émancipatrice du travail est doublement récusée : d'une part, le potentiel émancipateur est situé dans un agir communicationnel qui est strictement opposé à l'agir instrumental, d'autre part, le travail est renvoyé à la sphère sociale du « système » (les sphères de l'argent et de l'administration) où sont censées prévaloir les normes fonctionnelles de l'agir instrumental – la sphère du système étant opposée à celle du monde vécu où les normes de l'agir communicationnel doivent prédominer. Honneth estime qu'un tel dispositif théorique est incapable de rendre compte des revendications qui émergent du travail et il souligne la nécessité de l'élaboration d'une « conception critique du travail » susceptible de distinguer les bonnes et les mauvaises revendications émergeant de l'expérience du travail. Il illustre ensuite l'orientation qu'une telle conception critique du travail pourrait prendre en citant de longs extraits d'un article du sociologue Philippe Bernoux intitulé « La résistance ouvrière à la rationalisation »[1], et il déplore que la sociologie française du travail, telle qu'elle s'est développée à partir de Georges Friedmann, n'ait trouvé aucun écho en Allemagne.

Il existe une forte continuité, du moins en ce qui concerne l'analyse du travail, entre cet article et *La lutte pour la reconnaissance* (1992). Dans cet ouvrage de nouveau, Honneth soulignera qu'un ensemble d'attentes normatives spécifiques sont associées à l'expérience du travail et qu'une critique sociale du travail peut légitiment se fonder dans ces attentes normatives. Ces attentes sont relatives à la reconnaissance de la valeur sociale des capacités et qualités mises en œuvre dans les activités de production pour d'autres que soi. Ces thèses ont suscité de riches échanges avec d'autres approches, notamment psychologiques et sociologiques[2]. Dans des textes plus récents, Honneth a fini par abandonner cette première « conception critique du travail », fondée sur des normes immanentes à l'expérience du travail, pour une seconde, ne reconnaissant comme légitimes que les normes faisant l'objet d'une institutionnalisation en tant que promesses associées au marché du travail. Il explique ainsi dans l'article « Travail et reconnaissance. Une tentative de redéfinition »[3] que ce changement de modèle critique est

---

1. P. Bernoux, « La résistance ouvrière à la rationalisation : la réappropriation du travail », *Sociologie du travail*, n° 1, 1979, p. 76-90.

2. Pour une synthèse, voir E. Renault, *Reconnaissance, conflit, domination*, Paris, CNRS éditions, 2017, chap. 8 : « Entre sociologie critique et psychodynamique du travail ».

3. A. Honneth, « Travail et reconnaissance. Une tentative de redéfinition », *Un monde de déchirements, op. cit.*, p. 257-277. Pour une étude de l'évolution des conceptions honnethiennes concernant le travail, *cf.* F. Fischbach, « Travail et émancipation chez Axel Honneth », dans C. Bouton, G. Le Blanc (dir.), *Capitalisme & démocratie. Autour de l'Œuvre d'Axel Honneth*, Bordeaux, Le Bord de l'Eau, 2015, p. 109-127.

justifié par le fait que les attentes normatives liées à l'expérience du travail sont trop diverses et variables pour fonder une critique sociale du travail pleinement légitime. Il souligne également dans ce même article que la critique de Habermas qu'il avait développée dans l'article « Travail et interaction » n'était pas pleinement légitime. Ce changement de modèle, à propos de la critique du travail, s'inscrit dans un changement théorique plus général. Dans *Le droit de la liberté* (2011)[1], Honneth a cessé de concevoir sa théorie sociale comme une théorie de l'expérience sociale pour en faire une théorie des institutions de la modernité, et il a renoncé à l'ancrage de la critique sociale dans les expériences négatives pour la fonder sur les promesses normatives des différentes institutions constitutives de la modernité, dont le marché du travail.

---

1. A. Honneth, *Le droit de la liberté*, Paris, Gallimard, 2015. Pour une description de ce changement de paradigme, *cf.* E. Renault, *Reconnaissance, conflit, domination, op. cit.*, Introduction : « Chemins inversés ».

JÜRGEN HABERMAS

TRAVAIL ET INTERACTION.
REMARQUES SUR LA *PHILOSOPHIE*
DE L'ESPRIT DE HEGEL À IÉNA[*]

Dans la mesure où Hegel ne lie pas la constitution du moi à la réflexion du moi solitaire sur lui-même mais la comprend à partir des processus de sa formation, c'est-à-dire de l'union dans la communication entre des sujets opposés, l'important ce n'est pas la réflexion en tant que telle mais le milieu au sein duquel se produit l'identité de l'universel et du singulier. Hegel parle aussi du milieu » (« *Mitte* ») par lequel la conscience accède à l'existence. Compte tenu de nos analyses antérieures, il est permis de s'attendre à ce que Hegel introduise l'action de type communicationnel comme milieu pour le processus de formation de l'esprit conscient de soi. Et de fait, dans les Leçons d'Iéna, prenant l'exemple de la vie collective dans un groupe élémentaire, à savoir l'interaction au sein de la famille, il institue le « bien de famille » comme milieu

* J. Habermas, *La technique et la science comme « idéologie »*, trad. fr. J.-R. Ladmiral, Paris, Gallimard, 1973, p. 181-211. NB. Depuis la traduction de cet article, différentes traductions des esquisses de système d'Iéna ont été publiées. Entre crochets, nous indiquons ci-dessous la pagination des textes cités dans ces traductions et nous renvoyons également aux traductions françaises d'autres ouvrages.

d'existence des modes de comportements réciproques. Mais il y a aussi, à côté de la famille, deux autres catégories que Hegel, de la même manière, développe et thématise en tant que milieux pour ce processus de formation : à savoir le langage et le travail. L'esprit est une organisation de milieux co-originaires :

> Cette première existence incarnée (*gebunden*) – la conscience comme milieu –, c'est son être comme langage, comme outil et bien (de famille), ou bien comme simple être-un : mémoire, travail et famille[1].

Ces trois modèles dialectiques fondamentaux sont hétérogènes : le langage et le travail en tant que milieux de l'esprit ne se laissent pas ramener à l'expérience de l'interaction et de la reconnaissance réciproque.

Le *langage* dont il s'agit n'implique pas encore la communication des sujets agissant et vivant ensemble, il ne désigne ici que l'utilisation de symboles par l'individu solitaire qui est confronté à la nature et donne des noms aux choses. Dans l'intuition immédiate, l'esprit est encore animalité. Hegel parle des productions nocturnes de l'imagination, de l'empire bouillonnant et encore inorganisé des images. Ce n'est qu'avec et dans le langage que, pour la conscience, se séparent la conscience et l'être de la nature. L'esprit qui rêvait s'éveille en quelque sorte quand l'empire des images est traduit en un empire des noms. L'esprit qui s'est éveillé a une mémoire : il est en mesure d'opérer des distinctions et en même temps de reconnaître ce qui a été distingué. Reprenant l'idée développée par Herder, Hegel voit dans la représentation la véritable

---

1. *Realphilosophie I*, p. 205 [G.W.F Hegel, *Le premier système. La philosophie de l'esprit. 1803-1804*, trad. fr. M. Bienenstock, Paris, P.U.F., 1999, p. 58].

fonction des symboles : la synthèse de la diversité est liée à la fonction représentative (*darstellend*) de caractéristiques qui rendent possible l'identification des objets. La dénomination et la mémoire sont les deux aspects d'une seule et même chose.

Hegel appelle *travail* ce mode spécifique de satisfaction pulsionnelle qui distingue l'esprit existant de la nature. De la même manière que le langage rompt la tyrannie imposée par l'intuition immédiate et organise le chaos des sensations essentiellement diverses pour en faire des choses identifiables, de la même manière le travail rompt la tyrannie imposée par le désir immédiat et freine en quelque sorte le processus de satisfaction pulsionnelle. De la même façon que les symboles linguistiques, comme on vient de le voir, les outils, au sein desquels les expériences généralisées de celui qui travaille sont sédimentées avec l'objet qui est le sien, sont ici le milieu existant. Le nom est ce qu'il y a de permanent par opposition au moment évanescent des perceptions ; de la même manière, l'outil est l'universel par opposition aux moments évanescents du désir et de la jouissance :

> Il est ce en quoi le travail trouve sa permanence, tout ce qui reste de celui qui travaille et de ce qu'il a pris pour objet de son travail, ce en quoi leur contingence s'éternise ; il se perpétue à travers des traditions, alors que ce qui désire et ce qui est désiré n'existent que comme individus et disparaissent[1].

Les symboles permettent la reconnaissance du même, les outils tiennent fixées les règles d'après lesquelles on pourra asservir les processus de la nature autant de fois qu'on voudra :

---

1. *Realphilosophie I*, p. 221 [p. 81].

> Dans l'outil, la subjectivité du travail est élevée au niveau
> de l'universel ; chacun peut faire pareil et travailler de
> la même façon ; en ce sens, c'est la règle du travail
> devenue constante[1].

À vrai dire, la dialectique du travail ne médiatise pas
le sujet et l'objet de la même manière que la dialectique
de la représentation. Au commencement, il n'y a pas la
soumission de la nature aux symboles que l'homme a lui-
même produits mais, au contraire, la soumission du sujet
à la puissance de la nature extérieure. Le travail exige que
soit suspendue la satisfaction pulsionnelle immédiate ; il
transfère les énergies investies dans la performance sur
l'objet travaillé, sous des lois que la nature impose au moi.
Dans cette double perspective, Hegel dit que, dans le
travail, le sujet se fait chose :

> Le travail est le se-faire-chose d'ici-bas. La scission du
> moi qui est pulsion [à savoir : en un moi-instance
> contrôlant la réalité d'une part et les exigences
> pulsionnelles réprimées d'autre part (Note de l'auteur)]
> est précisément ce même se-faire-objet[2].

Par l'intermédiaire de la soumission à la causalité de
la nature, le résultat d'une expérience grâce à laquelle je
peux à mon tour faire travailler la nature pour mon compte
devient disponible pour moi dans les outils. Dans la mesure
où la conscience, grâce aux règles de la technique, rattrape
le résultat non prévu de son travail, elle échappe à sa propre
réification, et plus précisément elle revient à elle-même

---

1. *System der Sittlichkeit*, p. 248 [G.W.F. Hegel, *Système de la vie
éthique*, trad. fr. J. Taminiaux, Paris, Payot, 1992, p. 124].

2. *Realphilosophie II*, p. 198 [G.W.F. Hegel, *Philosophie de l'esprit
(1805-1806)*, dans J. Taminiaux, *Naissance de la philosophie hégélienne
de l'État*, Paris, Payot, 1984. p. 212].

comme conscience rusée (*listig*), qui dans l'activité instrumentale retourne son expérience des processus de la nature contre cette nature elle-même :

> Là, l'instinct se retire tout entier du travail. Il laisse la nature s'échiner à sa place, regarde tranquillement et ne dirige le tout qu'avec un effort minime : c'est la ruse. La pointe de la ruse mord sur l'étendue massive de la puissance[1].

L'outil est donc, de la même manière que le langage, une catégorie de ce milieu grâce auquel l'esprit accède à l'existence.

Sous le nom de *langage* Hegel introduit à juste titre l'utilisation de symboles représentatifs comme première détermination de l'esprit abstrait. Les deux déterminations suivantes présupposent en effet nécessairement cette première détermination. Dans la dimension de l'esprit de l'esprit réel, le langage accède en tant que système d'une certaine tradition culturelle à l'existence :

> Le langage n'est jamais qu'en tant que langue d'un un peuple (…). Il est un universel, quelque chose qui est en soi reconnu, qui résonne de la même façon dans la conscience de tous ; toute conscience qui parle devient immédiatement une autre conscience dans le langage. De même au niveau du contenu, ce n'est qu'au sein d'un peuple que le langage devient langage véritable, c'est-à-dire l'expression de ce que chacun pense[2].

En tant que tradition culturelle, le langage passe dans l'activité communicationnelle ; car il n'y a que les significations ayant constance et validité intersubjective,

---

1. *Ibid.*, p. 199 [p. 213].
2. *Realphilosophie I*, p. 235 [p. 99-100].

puisées dans la tradition, pour permettre des orientations vers la réciprocité, c'est-à-dire des attentes de comportements complémentaires. Ainsi l'interaction dépend-elle de situations de communication linguistique vécues. Quant à l'activité instrumentale, dans la mesure où en tant que travail social elle rentre sous la catégorie de l'esprit réel, elle est aussi prise dans un réseau d'interactions et elle dépend donc à son tour des conditions annexes d'ordre communicationnel qui sont celles de toute coopération possible. Même si l'on fait abstraction du travail social, déjà l'acte solitaire consistant à se servir d'un outil va de pair avec l'usage de symboles linguistiques, car l'immédiateté d'une satisfaction des pulsions, telle qu'elle existe chez l'animal, ne peut être rompue sans la distanciation qu'opère la conscience de la dénomination par rapport à des objets qui sont dès lors identifiables. L'activité instrumentale, même solitaire, n'en est pas moins une activité monologique. Mais ce rapport qu'entretiennent entre elles les deux autres déterminations de l'esprit – *le rapport entre travail et interaction* – est encore plus intéressant et nullement aussi manifeste que le rapport qu'entretient l'usage des symboles linguistiques avec l'interaction et le travail. D'une part, les normes sans lesquelles l'action complémentaire dans le cadre d'une tradition culturelle ne peut s'institutionnaliser et se maintenir sont indépendantes de l'activité instrumentale. Certes, les règles techniques ne sont élaborées que dans les conditions de la communication linguistique, mais elles n'ont rien de commun avec les règles communicationnelles de l'interaction. Il ne rentre dans les impératifs conditionnés auxquels obéit l'activité instrumentale, et qui résultent eux-mêmes du domaine d'expérience de l'activité instrumentale, que la causalité de la nature et non pas la causalité du destin. Il n'est pas possible de faire remonter l'interaction au travail ni de faire dériver le travail de l'interaction.

À vrai dire, Hegel n'a plus développé en détail le lien dialectique existant entre le travail et l'interaction qu'une seule fois, à savoir dans un chapitre de la *Phénoménologie de l'esprit*, reprenant ainsi une réflexion qu'il avait faite dans le *Système de la moralité*[1] : la relation de reconnaissance unilatérale du maître par l'esclave est renversée par le pouvoir de disposer de la nature que l'esclave s'est acquis par le travail de façon tout aussi unilatérale. La conscience de soi autonome, où les deux partis reconnaissent qu'ils se reconnaissent, se constitue par l'intermédiaire d'un contrecoup du succès technique d'une émancipation par le travail se répercutant sur le rapport de dépendance politique entre le maître et l'esclave. Certes, avec la *Phénoménologie*, le rapport entre maîtrise et servitude s'est fait une place dans la philosophie de l'esprit subjectif. Dans l'*Encyclopédie*[2], ce rapport désigne le passage à la conscience de soi universelle, et par là il franchit le pas qui va de la « conscience » à l'« esprit ». Mais en fait la dialectique particulière du travail et de l'interaction avait déjà perdu, dans la *Phénoménologie*, la place qui était encore la sienne au sein du système dans les Leçons d'Iéna.

Karl Löwith, auquel on doit les analyses les plus pénétrantes de la rupture intellectuelle entre Hegel et la première génération de ses disciples[3], a aussi attiré l'attention sur la parenté intime entre certaines positions

1. *System der Sittlichkeit*, p. 442 [p. 139-140].

2. § 433 *sq.*

3. K. Löwith, *De Hegel à Nietzsche*, Paris, Gallimard, 1981. *Cf.* l'introduction au recueil de textes *Die Hegelsche Linke*, Stuttgart, Friedrich Frommann Verlag, 1962.

des Jeunes Hégéliens et certains thèmes de la pensée du jeune Hegel. C'est ainsi que, sans connaître les manuscrits d'Iéna, Marx a redécouvert dans la dialectique des forces productives et des rapports de production ce lien entre travail et interaction qui avait pendant quelques années arrêté l'intérêt philosophique de Hegel, stimulé par ses études d'économie.

Dans une critique du dernier chapitre de la *Phénoménologie*, Marx a affirmé de Hegel qu'il avait adopté le même point de vue que l'économie politique moderne, car il avait compris le travail comme l'essence, l'essence qui se vérifie de l'homme. C'est aussi au même endroit des *Manuscrits de 1844* qu'on trouve ce passage fameux :

> Ce qu'il y a de grand dans la *Phénoménologie* hégélienne et dans son aboutissement final [...], c'est que Hegel conçoit l'auto-engendrement de l'homme comme un processus, l'objectivation comme désobjectivation, comme extériorisation et comme dépassement de cette extériorisation, qu'il saisit donc l'essence du travail et comprend l'homme objectif, l'homme véritable parce que réel, comme le résultat de son propre travail[1].

De ce point de vue, Marx a lui-même tenté de reconstruire le processus de formation du genre humain au cours de l'histoire universelle à partir des lois de reproduction de la vie sociale. Le mécanisme de changement du système du travail social, Marx le trouve dans la contradiction entre le pouvoir de disposer des processus naturels accumulé par le travail, et le cadre institutionnel des interactions qui obéissent encore à des règles naturelles et subies

---

1. K. Marx, *Manuscrits économico-philosophiques de 1844*, trad. F. Fischbach, Paris, Vrin, 2007, p. 162 [N.D.T.].

(*naturwüchsig*). Mais, en fait, une analyse précise de la première partie de *L'idéologie allemande* montre que Marx n'explique pas à proprement parler le lien entre travail et interaction, mais qu'il réduit l'un de ces deux moments à l'autre sous le titre non spécifique de pratique sociale, en l'occurrence qu'il fait remonter l'activité communicationnelle à l'activité instrumentale. L'activité productive qui assure la régulation des échanges entre l'espèce humaine et la nature qui l'entoure – de même que dans la *Philosophie de l'esprit* d'Iéna l'utilisation des outils opère la médiation entre le sujet travaillant et les objets naturels –, cette activité instrumentale devient le paradigme qui permet de produire toutes les catégories ; tout est absorbé dans le mouvement propre (*Selbstbewegung*) de la production[1]. C'est aussi la raison pour laquelle l'intuition géniale du lien dialectique existant entre les forces productives et les rapports de production pouvait d'emblée faire facilement l'objet d'une fausse interprétation d'ordre mécaniste.

Aujourd'hui, dans la mesure où on assiste à certaines tentatives pour réorganiser les systèmes communicationnels d'interaction qui se sont figés aux hasards de leur développement naturel selon le modèle des systèmes d'action rationnelle par rapport à une fin et bénéficiant du progrès technique, nous avons toutes raisons de bien séparer l'un de l'autre ces deux moments. Il y a toute une masse de fantasmes (*Wunschvorstellungen*) ayant une origine historique, qui sont attachés à l'idée d'une rationalisation progressive du travail. Bien que la faim règne sur les deux tiers du globe, la suppression de la faim a cessé d'être une

---

1. Voir mon livre, *Erkenntinis und Interesse*, 1968 [J. Habermas, *Connaissance et intérêt*, Paris, Gallimard, 1979], tout particulièrement le chapitre 1.

utopie au mauvais sens du mot. Mais la libération des forces productives de la technique, y compris la construction de machines susceptibles d'apprentissage et de guidage qui simulent le secteur d'exercice de l'activité rationnelle par rapport à une fin bien au-delà des capacités de la conscience naturelle et se substituent aux performances humaines, ne se confond pas avec le fait de dégager des normes qui puissent accomplir la dialectique de la relation morale dans une interaction libre exempte de domination sur la base d'une réciprocité qui est vécue sans contrainte. La *libération de la faim et de la misère* ne coïncide pas nécessairement avec la *libération de la servitude et de l'humiliation*, car l'évolution du travail et celle de l'interaction ne sont pas automatiquement liées.

Cependant il y a un lien entre ces deux moments. Ni la *Realphilosophie* d'Iéna ni *L'Idéologie allemande* ne l'ont éclairé de façon satisfaisante – ils sont pourtant en mesure de nous convaincre de la pertinence de ce lien entre travail et interaction : c'est de ce lien que le processus de formation de l'esprit comme de l'espèce dépend essentiellement.

AXEL HONNETH

TRAVAIL ET AGIR INSTRUMENTAL *

La relation de la critique marxiste de l'économie politique avec une théorie critique de la société tournée vers l'action politique a été remise en cause dans les débats récents sur le matérialisme historique. L'idée selon laquelle il y a une « crise de la théorie de la révolution » indique que l'analyse du capital, au cœur de la théorie marxiste, ne peut plus jouer un rôle central dans la définition d'une théorie critique visant, à des fins pratiques, à interpréter la situation actuelle au sein du capitalisme avancé. S'il fut certes toujours controversé, jamais le rôle de la critique de l'économie politique dans une théorie de la lutte de classes ne fut à ce point remis en cause jusqu'ici. Alors que l'idée centrale au fondement de cette tradition était celle d'une traduction réciproque, sinon d'une convergence thématique, entre l'analyse systématique du capital et une théorie de la révolution ayant des finalités pratiques, cette complémentarité théorique est aujourd'hui remise en cause. Les catégories d'une théorie des crises basée sur l'analyse du capital ne semblent plus appropriées pour décrire le changement des zones de crise et les conflits potentiels

* A. Honneth, « Travail et agir instrumental », *Un monde de déchirements. Théorie critique, psychanalyse, sociologie*, trad. fr. O. Voirol et I. Germet, Paris, La Découverte, 2013, p. 38-78.

des sociétés capitalistes avancées. Ce décalage détermine désormais la dimension théorique autant que politique du débat sur le marxisme.

La conception marxienne du travail est venue occuper une place centrale dans cette remise en cause du marxisme en tant que théorie actuelle de l'émancipation humaine[1]. Sous sa forme originale, le concept de travail établit un lien conceptuel entre la critique de l'économie politique et la théorie matérialiste de la révolution : dans le matérialisme historique, ce concept désigne non seulement la dimension de la pratique sociale par laquelle le monde humain se construit, à partir du cadre de vie naturel, et se reproduit sur le plan socioculturel, mais il définit aussi le niveau de l'action auquel se dégagent des potentiels de connaissance capables de transformer le rapport de domination pour rendre possible le processus d'expansion de la liberté sociale. En effet, Marx envisage le travail non seulement à partir des finalités de la croissance économique au sein de la société, mais aussi du point de vue des finalités normatives et pratiques du processus d'émancipation. Ainsi, en décrivant la subordination du « travail vivant » au principe de la valorisation capitaliste, la critique de

1. Voir S. Breuer, *Die Krise der Revolutionstheorie*, Frankfurt-am-Main, Athenaeum, 1977 ; A. Wildt, « Produktionskräfte und soziale Umwälzung. Ein Versuch zur Transformation der Historischen Materialismus », *in* U. Jaeggi et A. Honneth (dir.), *Theorien des Historischen Materialismus*, Frankfurt-am-Main, Suhrkamp, 1977 ; H. Arndt, « Arbeit, Produktivität, Vernunft », *in* U. Jaeggi et A. Honneth (dir.), *Arbeit, Handlung und Normativität. Theorien des Historischen Materialismus*, Frankfurt-am-Main, Suhrkamp, 1980. Dans le cadre de la réception allemande du poststructuralisme français, la catégorie du « travail » joue le rôle d'un concept qui rend compte d'une subjectivité indépendante de l'ordre établi, voir G. Bergfleth, « Kritik der Emanzipation », *Konkursbuch. Zeitschrift für Vernunftkritik*, *1*, 1978, p. 13 *sq.*

l'économie politique élabore simultanément les postulats fondamentaux d'une théorie matérialiste de la révolution.

La conséquence du statut privilégié accordé à cette catégorie est que, pour Marx et la tradition marxiste, le concept de travail assure nécessairement plusieurs fonctions qui sont remplies de différentes manières. Sur le plan de la théorie sociale, Marx recourt au terme de « travail social » pour caractériser la forme de reproduction de l'existence humaine impliquant un travail de coopération sur la nature externe ; la structure technique et l'organisation du travail social deviennent ainsi les clés d'une analyse sociologique du processus de socialisation. Sur le plan de la théorie de la connaissance, dans sa critique de Feuerbach, Marx comprend le travail social comme un ensemble d'actions à partir desquelles l'espèce humaine développe une connaissance de la réalité ; les connaissances produites par le travail coopératif sur la nature externe deviennent ainsi la clé d'une critique matérialiste de la science. Sur le plan pratique et normatif, enfin, Marx attribue aux capacités du travail social la fonction d'un processus de formation dans lequel les sujets qui travaillent prennent conscience de leurs capacités et de leurs besoins à partir des possibilités admises par la structure sociale ; les perspectives émancipatoires libérées dans le processus social de production deviennent ainsi la clé d'une théorie de la révolution sociale.

Cependant, la position dominante occupée par le concept de travail dans le marxisme avec ces trois fonctions a été contestée au cours des développements ultérieurs de la théorie critique de la société. Dans les traditions de pensée qui ne diluèrent pas d'emblée le rôle fondamental, chez Marx, de la théorie de l'action dans une conception objectiviste, le primat du concept de travail fut remis en cause tant sur le plan de la théorie de la société que sur le plan de la théorie de la connaissance. Dans le champ de la théorie sociale, la catégorie du travail social a été complétée par celle de l'agir communicationnel[1] suite au tournant intersubjectif de la Théorie critique, ou a été atténuée par une typologie des pratiques nécessaires à la reproduction sociale dans les interprétations structuralistes de Marx[2]. Dans le champ de l'épistémologie, les conditions sociales[3] de la constitution de la connaissance ont été déplacées vers la sphère de la distribution sociale pour développer une épistémologie sociogénétique, ou ont été élargies à la dimension de l'interaction médiatisée par des symboles dans le cadre de l'élaboration d'un pragmatisme matérialiste[4].

En ce qui concerne la relation immanente entre la critique marxiste de l'économie politique et la théorie de la société orientée vers la pratique, la seule fonction du concept marxiste de travail qui présente un intérêt sur le plan méthodologique est la troisième, celle qui met en évidence le contenu émancipatoire du travail social. C'est à partir de cette perspective que Hans-Jürgen Krahl a

---

1. Voir J. Habermas, *Connaissance et intérêt*, Paris, Gallimard, 1979, chap. 1 et A. Wellmer, « Kommunikation und Emanzipation. Überlegungen zur "sprachanalytischen Wende" der kritischen Theorie », *in* U. Jaeggi et A. Honneth (dir.), *Theorien des Historischen Materialismus, op. cit.*, p. 465 *sq.*

2. Voir en particulier L. Althusser et É. Balibar, *Lire* Le Capital, 2 tomes, Paris, Maspero, 1966-1967.

3. Voir A. Sohn-Rethel, *Geistige und körperliche Arbeit*, Frankfurt-am-Main, Suhrkamp, 1970 ; trad. fr. « Travail intellectuel et travail manuel », *La pensée-marchandise*, Paris, Éditions du Croquant, 2010.

4. J. Habermas, *Connaissance et intérêt, op. cit.*, et K.-O. Apel, *Transformation de la philosophie*, trad. fr. Ch. Bouchindhomme, Th. Simonelli et D. Trierweiler, Paris, Éditions du Cerf, 2007 (1973).

cherché à problématiser le concept marxiste de travail dans son exposé « Production et lutte des classes », dans lequel il se demande « si Marx est parvenu à présenter la dialectique du travail, c'est-à-dire le travail social non seulement comme un malheur lié à la valorisation du capital mais aussi comme une négation par le capital d'une force productive émancipatoire, et s'il est démontré chez Marx qu'en tant que telles les forces productives présentent vraiment de tels potentiels d'émancipation »[1]. En prenant le contre-pied du processus de dissolution du concept de travail qui s'est installé depuis Marx, je voudrais contribuer indirectement à la solution de ce problème en cherchant à reconstruire un concept critique de travail. Après une brève présentation préliminaire de la perspective marxiste (I), je suivrai l'histoire sociale postmarxiste du concept de travail (II) jusqu'à l'introduction par Jürgen Habermas d'une nouvelle dimension dans cet horizon conceptuel, avec son concept d'agir instrumental. À partir de la critique de ce concept (III), je tenterai de redessiner les contours d'un concept critique de travail.

I. LA PERSPECTIVE MARXISTE

Marx a cherché à poser les bases du matérialisme historique dans une théorie de l'action, à partir du concept moderne de travail. Dans sa compréhension du travail social, il a implicitement combiné les différents éléments conceptuels à l'aide desquels les philosophies sociales de la modernité ont cherché à comprendre, à l'aune du concept de travail, le processus historique de transformation des sociétés, en montrant que le fondement pratique de tout

1. H.-J. Krahl, « Produktion und Klassenkampf », *Konstitution und Klassenkampf*, Frankfurt-am-Main, Suhrkamp, 1971, p. 387 *sq.*

développement social repose de plus en plus sur cette production organisée socialement et non pas sur l'action symbolique et politique des classes dominantes. Les philosophes modernes ont réagi à cette expérience historique concrète en retirant au concept de travail les connotations négatives qu'il avait depuis l'Antiquité et dans la tradition chrétienne, en le réévaluant fondamentalement comme une performance sociale issue de l'action. Le projet théorique de Marx marque d'une certaine manière l'aboutissement de ce processus de réinterprétation conceptuelle[1].

Marx se rattache de manière critique à la reformulation économique du concept de travail qui permet à l'économie politique classique de ramener l'expérience de l'époque, à savoir l'extension et l'accélération de la croissance économique, au travail conçu comme un facteur de production. La pratique de domination politique contemplative ou représentative est vue ici comme une forme d'activité improductive et perd ainsi sa place prédominante dans le système d'évaluation des conduites humaines, pour être remplacée, tout d'abord, par le travail agraire, puis par le travail artisanal et, enfin, par le travail industriel en tant que forme d'activité créatrice de valeurs. Cette réévaluation de l'activité de travail dans la théorie économique trouve son expression ultime dans la théorie marxienne de la valeur-travail. Cependant, Marx introduit dans le concept économique de travail l'élément théorique émancipatoire qui avait permis à Hegel de concevoir le

1. Pour l'histoire du concept, voir W. Conze, « Arbeit », *in* O. Brunner (dir.), *Geschichtliche Grundbegriffe : historisches Lexikon zur politisch-sozialen Sprache in Deutschland*, vol. 1, Stuttgart, Klett-Cotta, 1972, p. 154 *sq.* ; M. Riedel, « Arbeit », *Handbuch philosophischer Grundbegriffe*, vol. 1, Munich, Kösel, 1973, p. 125 *sq.*

travail comme un moment constitutif de la conscience de soi. Hegel a, en effet, retraduit le concept de travail de l'économie politique classique dans le cadre de la théorie de la conscience de la philosophie transcendantale, en concevant l'activité de travail sur l'objet comme une objectivation de contenus de la conscience selon le modèle de l'extériorisation. Parce qu'à la différence de la philosophie traditionnelle, Hegel considère que le produit du travail a une signification « rétroactive » pour le sujet qui travaille, il peut interpréter l'activité de travail comme une concrétisation progressive de capacités cognitives et, par-là, comme un processus de développement[1]. Marx s'approprie cet aspect de la signification du concept de travail lorsqu'il critique l'organisation capitaliste du travail comme un rapport social d'aliénation qui fait progressivement abstraction du caractère d'objectivation et de concrétisation de l'activité de travail. Cependant, c'est seulement dans l'horizon de pensée hérité d'une autre philosophie de son époque, à savoir le matérialisme anthropologique de Feuerbach, que Marx peut développer le contenu critique de ce concept de travail. Ce n'est plus l'histoire du développement de l'esprit propre à la philosophie de l'identité mais la compréhension anthropologique du processus d'existence de l'espèce humaine qui offre à Marx l'arrière-plan à partir duquel il saisit l'activité de travail objectivante comme une capacité d'objectivation proprement humaine – cette capacité dont les sujets

1. Voir M. Riedel, « Hegel und Marx. Die Neubestimmung des Verhältnisses von Theorie und Praxis », *System und Geschichte. Studien zum historischen Standort von Hegels Philosophie*, Frankfurt-am-Main, Suhrkamp, 1973, p. 9 *sq.* ; K. Löwith, *Von Hegel zu Nietzsche*, Hamburg, Meiner, 1987, 7ᵉ éd., p. 286 *sq.* (trad. fr. R. Laureillard, *De Hegel à Nietzsche*, Paris, Gallimard, 1969).

laborieux sont précisément expropriés de manière frauduleuse en raison de la forme que prend le travail dans le capitalisme. Par conséquent, le concept anthropologique d'espèce dans le matérialisme de Feuerbach, formulé en vue de révéler les attributs de la conception hégélienne de l'esprit comme relevant de qualités naturelles de l'être humain jusqu'ici incomprises, est la troisième composante que Marx intègre dans son concept de travail. C'est seulement à ce stade qu'il parvient au niveau de complexité conceptuelle dans laquelle l'activité de transformation de la nature par des sujets en chair et en os peut être considérée à la fois comme un facteur de production et comme un processus de développement[1].

La conception du travail social dans laquelle Marx a intégré les éléments centraux de l'idée moderne de travail détermine la construction catégorielle de sa théorie de la société. La force suggestive sur le plan de la philosophie de l'histoire, qui découle de l'idée selon laquelle l'espèce humaine accède à la conscience de ses besoins et de ses capacités grâce au même processus de travail dans lequel elle assure la reproduction sociale de son existence, permet de faire du concept de travail le paradigme catégoriel du matérialisme historique de Marx. Le cadre théorique dans lequel sont inscrites de la même manière la théorie de l'aliénation ancrée dans une anthropologie exposée dans les écrits de jeunesse de Marx et la théorie du capital développée dans ses écrits économiques, définit l'histoire du monde comme un processus d'autocréation, d'autoconservation et d'émancipation sociale par le travail. Tant dans ses premiers écrits dans lesquels il discute de

1. En plus des travaux de Riedel et Löwith, voir aussi R. N. Berki, « On the Nature and Origins of Marx's Concept of Labor », *Political Theory*, vol. 7, n° 1, 1979, p. 35 *sq.*

manière positive des potentiels de subjectivité humaine offerts par les capacités de travail spécifiques à l'être humain que dans ses écrits économiques dans lesquels il livre une analyse négative de la répression de cette capacité de travail vivante par l'expansion du capital, c'est à l'aide du modèle de l'externalisation du travail radicalisé sur le plan anthropologique que Marx interprète la période de l'histoire correspondant au capitalisme comme une formation sociale et économique qui rend structurellement difficile ou impossible tout processus d'identification de l'être humain aux produits de son travail[1]. Cependant, à aucun moment dans ses écrits, Marx ne décrit explicitement les limites catégorielles qui différencient ce modèle du travail social des autres types d'activité ; il ne discute pas non plus des limites dans lesquelles son concept de travail peut ou devrait être appliqué à l'explication des conduites individuelles ou collectives. Au contraire, le paradigme fondamental du travail ancré dans une philosophie de l'action apparaît, dans toute son œuvre, comme un motif donnant une impulsion à la construction de tout son projet théorique à ses différents niveaux.

Cette figure incertaine de la pensée de Marx rend également floues les limites entre le type d'activité impliquée dans le travail sur la nature et le type d'activité explicité dans ses « Thèses sur Feuerbach » sous le terme d'» activité pratique-critique » comme pratique émancipatoire et politique. Dans ces mêmes thèses encore, la conception de l'action révolutionnaire propre à une théorie de l'émancipation tombe sous le vague terme générique de

1. Cela est proposé par Ernst M. Lange dans sa thèse d'habilitation, *Arbeit-Entäusserung-Entfremdung*, 1978 et dans « Wertfomanalyse, Geldkritik und die Konstruktion des Fetischismus bei Marx », *Neue Hefte für Philosophie* 13, 1978, p. 1 *sq.*

« *praxis* »[1] et coïncide étrangement avec le concept de travail mobilisé sur le plan épistémologique. Ce rapprochement semble conduire Marx à ne plus voir uniquement le contenu émancipateur du travail dans le sens d'une philosophie de l'histoire stipulant que l'espèce humaine s'identifie aux produits de ses propres capacités au cours du processus croissant de transformation coopérative de la nature, mais à envisager également dans le sens d'une force de transformation révolutionnaire propre aux activités de travail ; à partir de l'idée d'une formation indirecte de la subjectivité dans le travail comme processus ancré dans la concrétisation progressive des compétences pratiques, Marx se déplace donc progressivement vers la question du rôle constitutif du travail dans la formation de la conscience politique. Parce que le paradigme de base ancré dans une philosophie du travail homogénéise tous les modes d'action conformément au modèle du sujet qui travaille la réalité concrète, Marx est contraint de suivre un cheminement théorique qui l'amène à expliquer également la structure des actions pratiques d'émancipation à partir du seul arrière-plan catégoriel du concept de travail. S'il peut supposer que le travail social a également une fonction révolutionnaire en vertu de son aspect émancipatoire, c'est uniquement en raison de ce monisme catégoriel – auquel un certain nombre d'interprètes de Marx se sont récemment intéressés[2]. Marx a voulu assurer cette portée révolutionnaire du travail social selon deux modèles

1. K. Marx, « Thesen über Feuerbach » (1848), *Werke*, vol. 3, p. 5 (trad. fr. G. Labica, *Karl Marx. Les Thèses sur Feuerbach*, Paris, P.U.F., 1987).

2. J. Habermas, *Connaissance et intérêt, op. cit.*, chap. 1 et « Travail et interaction » [reproduit dans ce volume] ; A. Wellmer, *Kritische Gesellschaftheorie und Positivismus*, Frankfurt-am-Main, Suhrkamp,

d'argumentation théorique et politique, qui doivent être distingués de la conception économique de ses derniers écrits qui insistent sur la question des crises du système précipitées par l'accroissement des forces productives au sein du capitalisme. Ces modèles théoriques et politiques se retrouvent, d'une part, dans le lien qu'il établit avec la théorie anthropologique de l'aliénation dans ses « Manuscrits parisiens » et, d'autre part, dans un certain nombre d'analyses du processus de production industrielle dispersées dans ses écrits consacrés à l'économie politique.

Dans son premier modèle d'argumentation, Marx cherche à comprendre le travail directement comme un processus de formation dans lequel les sujets peuvent se reconnaître individuellement et collectivement comme des sujets de l'action faisant l'histoire, grâce à l'expérience qu'ils font d'eux-mêmes dans le produit de leur travail. Cette idée peut être comprise comme une sorte d'application historique et empirique de la théorie de la conscience issue de la dialectique du maître et de l'esclave exposée par Hegel dans la *Phénoménologie de l'esprit*. Marx déduit de cette philosophie de l'histoire l'idée selon laquelle l'histoire humaine doit être comprise comme le processus d'une « objectivation » successive de toutes les activités et spécialement des « forces génériques » spécifiques à l'être humain dans « l'activité de vie de l'espèce »[1]. Cependant, l'institution socio-économique de la propriété privée déforme ce processus historique de développement

1969, chap. 2. R. Bubner, *Handlung, Sprache und Vernunft*, Frankfurt-am-Main, Suhrkamp, 1976, p. 74 *sq.*

1. K. Marx, « Ökonomisch-philosophische Manuskripte », *Werke I*, 1844, p. 465-517 ; trad. fr. L. Évrard, « Économie et philosophie », *Œuvres II*, Paris, Gallimard, 1968 ; voir aussi K. Marx et F. Engels, « Die deutsche Ideologie », *Werke*, vol. 3, p. 9.

des capacités et des besoins humains, non pas parce que les sujets qui travaillent ne sont plus libres de s'extérioriser à travers l'objectivation de leurs productions, mais plutôt parce qu'elle ne génère de la propriété matérielle que pour la classe oisive. Ce fait sociohistorique que Marx désigne sous le terme de « travail aliéné » est dissimulé et déshistoricisé par l'économie politique en ce qu'elle identifie conceptuellement le travail individuel à l'« activité salariée ». Contre ce raccourci conceptuel, Marx fait valoir – quoique de manière imprécise – l'idée qu'il partage avec Hegel selon laquelle l'activité de travail possède un surplus émancipatoire. Car l'émancipation sociale à partir de la situation sociale d'aliénation ne peut se réaliser que grâce aux capacités d'action incluses dans le travail social, dans lesquelles les potentiels de l'espèce humaine sont tout à la fois préservés et réprimés – c'est ainsi que l'on peut comprendre la phrase de Marx : « L'aliénation de soi, l'externalisation de l'être et la déréalisation de l'homme comme conquête de soi, manifestation de son être, objectivation et réalisation »[1]. Cette réflexion conduit finalement Marx à affirmer que la revendication de l'émancipation des travailleurs représente, dans le même acte historique, la libération de l'espèce humaine, parce que l'abolition pratique des conditions aliénées du travail social garantit également la continuation du processus historique d'objectivation de toutes les « capacités génériques » de l'humanité.

Cependant, à aucun moment dans ses *Manuscrits parisiens* Marx ne justifie davantage l'idée décisive de cette argumentation, selon laquelle c'est seulement en partant de la réalité du travail aliéné que l'émancipation

---

1. K. Marx, « Économie et philosophie », *op. cit.*, p. 136.

des travailleurs peut s'expliquer ; il n'a pas été en mesure d'amener des arguments pour combler l'écart entre le caractère anthropologique du travail en tant qu'acte d'objectivation et la situation historique du travail social marquée par l'aliénation, afin d'attribuer un pouvoir de réflexion et de transformation à la forme sociale du travail qui s'est établie dans le capitalisme. Dans la dialectique du maître et de l'esclave, Hegel montre que l'esclave acquiert une conscience de soi indépendante grâce à l'auto-contrôle et à l'autodiscipline résultant du travail sur la nature. Si ce motif dialectique constitue l'arrière-plan historico-philosophique de Marx, il n'offre pas pour autant une clé d'interprétation pour l'analyse empirique des relations sociales au sein du capitalisme. Un lien direct avec la théorie hégélienne de la conscience est impossible à établir pour Marx, parce que son projet théorique vise à expliquer la conscience sociale de transformation révolutionnaire en partant des pressions qu'elle subit dans les situations de travail aliénées et non pas à l'aune de sa recherche de reconnaissance intersubjective par le maître comme le fait Hegel. Thomas Meyer a fait une synthèse des raisons qui empêchaient Marx de reformuler la dialectique du maître et de l'esclave d'une manière qui satisfasse une de ses propres intentions : « (1) en lien avec "l'antithèse révolutionnaire", Marx vise, avec la réalisation des principes du prolétariat, non pas à établir une médiation avec la conscience du maître mais plutôt à la remplacer par la nouvelle conscience de l'esclave ; (2) c'est pour cette raison que la conscience du maître s'objectivant à travers l'instrumentalisation de l'esclave ne peut pas devenir la conscience de soi de l'esclave qui s'objective, elle, dans la rencontre de ce dernier avec les produits concrets de son travail, puisqu'il n'en va justement pas, pour lui, de la reconnaissance par le maître, aux conditions préalablement établies par lui, mais plutôt (3) de la réalisation d'une orientation dont le principe est nouveau mais qui est déniée dans le travail tel qu'il se donne actuellement. De plus (4), la possibilité pour l'esclave d'accéder à une conscience de soi adéquate suppose déjà chez Hegel la préexistence d'une telle conscience établie avant qu'il se mette à travailler, même si elle se trouve du côté du Maître »[1].

Par ailleurs, Marx ne répond pas au problème théorique relatif à la dialectique hégélienne du maître et de l'esclave quand, dans les développements ultérieurs de sa théorie, il retire les deux dimensions du concept de travail, non connectées dans les « Manuscrits parisiens », de leur cadre anthropologico-normatif de référence pour les inscrire dans l'histoire sociale empirique du travail. La représentation d'un caractère originaire de concrétisation de l'activité de travail qui, dans ses premiers écrits, fournissait l'arrière-plan normatif d'investigation du travail aliéné, a été préservée dans ses écrits économiques à travers la représentation empirique féconde de l'activité de travail artisanal auto-régulée des travailleurs familiarisés de manière intime avec leur objet. La représentation normative qui oriente dorénavant l'analyse de Marx est enrichie par l'idée d'une activité de travail unifiée, planifiée de manière autonome et extériorisée par les activités du sujet qui travaille. À la place du concept anthropologique d'objectivation des besoins spécifiquement humains dans « l'activité de vie de l'espèce » émerge, à partir de la critique du concept de travail dans l'économie politique menée dans les *Principes d'une critique de l'économie politique*, l'idée d'un processus

1. T. Meyer, *Der Zwiespalt in der Marx'schen Emanzipationstheorie*, Kronberg Ts., Scriptor-Verlag, 1973, p. 174.

productif orienté par la connaissance des sujets qui travaillent et qui requiert la totalité des capacités humaines d'action. Adam Smith « ne soupçonne pas non plus que le renversement de ces obstacles constitue en soi une affirmation de liberté, ni que les fins extérieures perdent leur apparence de nécessité naturelle, posées et imposées comme elles sont par l'individu lui-même ; il ne voit aucunement la réalisation de soi, l'objectivation du sujet, donc sa liberté concrète, qui s'actualise précisément dans le travail […]. Les travaux vraiment libres, la composition musicale par exemple, c'est diablement sérieux, cela exige même l'effort le plus intense. Le travail de production matérielle ne peut revêtir ce caractère que si, premièrement, son contenu social est assuré, deuxièmement, s'il est de type scientifique et devient en même temps du travail général ; si, de force naturelle ayant subi un dressage déterminé, le labeur humain en fait le sujet du processus de la production, non plus sous un aspect brut et primitif, mais comme activité régulatrice des forces de la nature »[1].

Le concept de travail aliéné, si central dans les « Manuscrits parisiens », est censé caractériser le renversement par lequel une activité de travail structurant la subjectivité devient une activité dirigée par l'objet. Dans ses écrits économiques, Marx a modifié ce concept de manière à ce qu'il convienne à la réalité capitaliste du travail mécanisé et fragmenté. Sous le terme de « travail abstrait », il entend définir les caractéristiques du processus d'abstraction capitaliste en termes de réalisation de valeur, à partir du contenu concret des activités de travail. Marx

---

1. K. Marx, « Principes d'une critique de l'économie politique », *Œuvres II*, Paris, Gallimard, 1968, p. 289-290. Comme image contrastée de la production avec des machines-outils, voir K. Marx, *Das Kapital I*, *Werke*, vol. 23, p. 362 et 442 (*Le Capital, Livre 1, op. cit.*, p. 385 et 471).

décrit la dissolution progressive des activités de travail artisanales dans le processus de production capitaliste : « Ce rapport économique – ce caractère dont sont porteurs le capitaliste et le travailleur, considérés comme les extrêmes d'un rapport de production – est donc développé de façon d'autant plus pure et adéquate que le travail perd tout aspect artistique, que l'habileté technique particulière qu'il requiert devient toujours plus quelque chose d'abstrait, d'indifférent et qu'il devient toujours davantage *activité purement abstraite*, purement mécanique, partant, indifférente, activité indifférente à sa forme particulière ; activité simplement *formelle* ou, ce qui revient au même, simplement *matérielle* (*stoffliche Tätigkeit*), activité en général, indifférente à sa forme »[1].

Ce type d'activité, détaché de la connaissance empirique du sujet qui travaille et divisé en des opérations composites aveugles, forme par la suite, pour Marx, le pôle opposé de cette forme de travail social qu'il décrit grâce au modèle du travail artisanal. En conséquence d'une telle analyse, il s'empêtre dans la dualité de deux formes sociohistoriques de travail sans disposer encore des moyens de conceptualiser un processus de développement capable de les médiatiser. Sur ce point, si Marx avait poursuivi la radicalité de son projet initial, il aurait aussi dû chercher à saisir le procès de travail directement comme un motif moral-pratique libérant des processus de développement, et il aurait également été forcé de caractériser le processus capitaliste de production comme un rapport de communication dans lequel l'exigence du caractère d'objectivation de processus de travail artisanaux n'a pas disparu du côté des sujets qui

1. K. Marx, *Grundrisse*, tome I, trad. fr. J.-Pierre L. (dir.), Paris, Les éditions sociales, 1980, p. 235-236.

travaillent. Ces derniers pourraient toujours anticiper de manière contrefactuelle les dimensions de l'exécution privée, autocontrôlée et répétée par l'expérience, qui caractérisent la connaissance des travailleurs. Cependant, Marx n'adhère pas à cette façon de penser. Au contraire, afin d'attribuer un pouvoir de transformation au procès de travail, il opte dans ses écrits économiques pour un modèle d'argumentation instrumental dans lequel le processus de production capitaliste remplit à lui seul le rôle de moyen d'organisation et de disciplinarisation du prolétariat.

Ce second modèle conceptuel ne discute plus de la tension directe entre les activités de travail artisanales organiques et le travail industriel mécanisé, mais s'intéresse aux étapes linéaires du processus de production capitaliste. Sur le plan méthodologique, le changement de perspective opéré ainsi par Marx est le fruit de la réorganisation de sa théorie de la société en termes d'analyse du capital qui, selon le modèle de la critique immanente, ne peut thématiser le rapport social qu'en fonction de sa détermination formelle par le capital[1]. Marx considère alors que l'organisation capitaliste du processus de travail a socialisé la classe des travailleurs en sujets disciplinés, organisés collectivement et techniquement qualifiés. Dans cet effort d'explicitation convergent trois hypothèses à propos du processus de développement de l'industrie capitaliste : la première est que la centralisation et la concentration du capital

1. Sur ce point voir M. Theunissen, *Krise der Macht*, « Thesen zur Theorie des dialektischen Widerspruchs », *in* W. R. Beyer (dir.), *Hegel-Jahrbuch*, Köln, A. Hain, 1975, p. 318 ; H. Reichelt, *Zur logischen Struktur des Kapitalbegriffs bei Karl Marx*, Frankfurt-am-Main, Europäische Verlagsanstalt, 1970. Voir l'article de G. Lohmann, « Gesellschaftskritik und normativer Maßstab », *in* A. Honneth et U. Jaeggi (dir.), *Arbeit, Handlung und Normativität, op. cit.*, p. 234-299.

rassemblent de plus en plus de travailleurs sur un même espace productif, donnant de cette façon une preuve tangible du « pouvoir du prolétariat » ; la seconde est que le développement des qualifications nécessaires au travail dans l'industrie capitaliste permet à la fois le développement de la capacité des travailleurs à la coopération et à l'auto-discipline ; le troisième, enfin, est que le développement technique des forces productives dans les structures de développement industrielles n'accroît pas seulement les compétences de l'activité instrumentale mais aussi les réserves sociales de connaissance du prolétariat. En conséquence de ces hypothèses, Marx peut supposer un processus rétroactif permanent entre les expériences de l'oppression, la mobilisation intellectuelle et les dispositions à la résistance, selon un mouvement qui peut alors aboutir à une révolte de la classe sociale des travailleurs salariés contre le capitalisme. C'est dans le sens de cette théorie de la révolution que Marx parle d'une « école de l'usine » : « À mesure que diminue régulièrement le nombre de magnats du capital qui usurpent et monopolisent tous les avantages de ce procès de mutation continue, s'accroît le poids de la misère, de l'oppression, de la servitude, de la dégénérescence, de l'exploitation, mais aussi la colère d'une classe ouvrière en constante augmentation, formée, unifiée, et organisée par le mécanisme même du procès de production capitaliste »[1].

Dans des passages similaires, y compris dans ses écrits sur la critique de l'économie politique, Marx a conservé un concept théorique de travail ayant une visée révolutionnaire. Cependant, à la place d'un modèle d'argumentation qui cherche à expliquer la possibilité de

---

1. K. Marx, *Le Capital, Livre 1, op. cit.*, p. 856.

l'émancipation sociale directement sur la base du potentiel de développement par le travail, émerge un modèle moins ambitieux d'une classe ouvrière acquérant ses qualifications techniques et sa discipline par le travail industriel en usine. Dans la théorie économique de ses derniers écrits, Marx ne veut manifestement plus confier au travail social le potentiel d'apprentissage moral-pratique, dont il doit présumer l'existence s'il veut expliquer les ambitions émancipatoires du prolétariat, sur la base des expériences dans le travail. À la place, il n'attribue au travail social que le potentiel d'apprentissage imposé dans un processus d'éducation technique qui pourra soutenir stratégiquement la lutte du prolétariat pour la libération. Le premier modèle d'argumentation le conduit d'un côté à l'aporie selon laquelle il doit présupposer un aspect moral-pratique dans le travail, qui exerce un pouvoir éclairant et normatif sur les relations injustes du capitalisme, dans ces situations d'aliénation où l'organisation capitaliste du travail a, selon lui, vidé l'activité de travail de sa capacité de concrétiser les pouvoirs humains essentiels, le privant ainsi de son potentiel formateur. Le second modèle d'argumentation amène Marx à rester bien en deçà de l'exigence consistant à privilégier le travail social dans le cadre d'une théorie de la révolution. À ce niveau d'argumentation, Marx est en mesure de montrer comment le prolétariat apprend à convertir intellectuellement sa conscience critico-normative émancipatoire et à la traduire stratégiquement en capacité d'action pratique et révolutionnaire. Cependant, dans ce modèle, comme dans ses premiers écrits, il ne dit pas comment, en fin de compte, le processus de formation de cette conscience émancipatoire s'ancre dans les structures d'action du travail social.

Les exigences révolutionnaires de son concept de travail ont visiblement conduit Marx à des difficultés conceptuelles fondamentales desquelles il n'a jamais réussi à s'extirper. La nécessité de réévaluer le concept de travail sur le plan théorique et émancipatoire a été si forte qu'il a cherché, à chaque étape du développement de sa théorie, à imputer au processus social d'apprentissage révolutionnaire le dépassement du capitalisme, sans toutefois avoir développé un modèle d'argumentation convaincant pour rendre compte de cette relation entre travail et émancipation. Ce dilemme conceptuel constitue un héritage de l'histoire du marxisme qui a donné lieu à plusieurs projets théoriques visant à rendre plausible la signification émancipatoire du travail social, en vue de maintenir la relation interne entre la critique de l'économie politique et la théorie de la révolution. Parmi ces interprétations, les versions objectivistes de la théorie de la révolution incarnent la phase réductrice de la pensée marxiste. Les concepts psychologiques triviaux de la théorie de la paupérisation[1] et des versions technologiques du matérialisme historique[2] sont des exemples d'interprétations ayant éliminé la question du rapport entre émancipation sociale et travail social, pour laquelle Marx cherchait une réponse dans la tension entre les formes organiques de travail artisanal et le travail fragmenté de l'industrie capitaliste. Dans ces interprétations objectivistes du marxisme, cette question a été remplacée par un intérêt pour les conséquences révolutionnaires du développement

1. Voir par ex. W. Wagner, *Verelendungstheorie – die hilflose Kapitalismuskritik*, Frankfurt-am-Main, Fischer-Taschenbuch-Verlag, 1976.

2. Voir A. Wildt, *Produktivkräfte und soziale Umwälzung, op. cit.*, p. 211.

des forces de production capitalistes. De cette manière, les dimensions de la problématique marxiste disparaissent complètement puisque les conditions de possibilité des processus d'émancipation politique ne sont plus pensées de manière à prendre place dans les expériences sociales de l'action des sujets, mais sont déplacées au niveau des processus d'un système autonome. À côté de cette tradition de pensée, il existe également une autre tradition dans l'histoire du marxisme, dont le projet consista à interroger les relations entre travail et émancipation au niveau d'une philosophie de la *praxis*.

II. L'HISTOIRE SOCIALE POSTMARXISTE DU CONCEPT DE TRAVAIL

Le concept de travail chez Marx s'inscrit dans une expérience et une situation historiques qui voient coexister des formes signifiantes de travail artisanal et des modes d'activité industrielle autonomisée dans la phase précoce de l'industrialisation capitaliste. La complexité de ce concept majeur est, en un sens, l'expression théorique de l'égalisation effective des formes sociales du travail à l'époque de Marx. Cette configuration s'est effondrée dans le dernier tiers du XIXe siècle avec la deuxième grande poussée de l'industrialisation. Le recours planifié et organisé au progrès technologique pour le procès d'accumulation du capital, qui a commencé avec la découverte de nouvelles sources d'énergie, a progressivement relégué au second plan les formes de travail artisanal produisant des objets concrets, contrôlables et sensibles – sur la base desquelles Marx envisageait, avec Hegel, la possibilité de l'objectivation dans l'activité de travail – en les renvoyant à des espaces économiques marginaux de production secondaire (maintenance, processus de préparation)[1]. Avec l'accroissement de la grande industrie et le transfert à la production de masse, la procédure de travail simple et unifiée a été divisée en opérations partielles, contrôlables individuellement et soumises au rythme mécanique de la machine. Cette intensification efficace du procès de travail a été au fondement de la croissance économique rapide et relativement solide de la période de prospérité allant de 1896 à 1913. Depuis cette époque, sous la pression de la recherche de profits, des nouvelles connaissances scientifiques et techniques ont été appliquées sans cesse à la rationalisation des techniques de production industrielle.

L'impulsion décisive de l'augmentation de la productivité sociale à travers une rationalisation transversale des opérations concrètes de travail est venue des recherches industrielles de Frederick W. Taylor qui ont donné naissance à l'idée de management scientifique (organisation scientifique du travail). Taylor proposait la centralisation de toutes les connaissances relatives à la production dans un management unifié de l'usine, qui, à l'aide de la mesure du temps et de l'observation des mouvements, devait réduire chaque étape du processus de production et toutes les opérations de travail à leurs plus simples éléments, en vue de déterminer la succession des étapes permettant d'éviter la perte de temps et de découvrir l'organisation

1. H. Braverman, *Travail et capitalisme monopoliste. La dégradation du travail au xxᵉ siècle*, Paris, Maspéro, 1976, 2ᵉ partie. Je dois beaucoup aux suggestions éclairantes issues de la recherche de Braverman qui s'appuie, dans les parties sur la macroéconomie, sur le travail de P. A. Baran et P. M. Sweezy. Voir par ex. R. Coombs, « Labour and Monopoly Capital », *New Left Review*, 107, 1978, p. 79. J'ai aussi bénéficié du travail de G. Friedmann, *Problèmes humains du machinisme industriel*, Paris, Gallimard, 1946.

du travail la plus efficace sur le plan économique. Harry Braverman a décrit trois aspects fondamentaux des changements structurels de l'organisation du travail qui ont suivi l'application des principes tayloriens. Premièrement, en tant que tout, le processus industriel de production a été systématiquement détaché de la connaissance technique des sujets qui travaillent. Braverman appelle cela « la dissociation du processus de travail des capacités des travailleurs »[1]. Deuxièmement, dans l'organisation du processus de production industriel, la planification technique a été radicalement séparée de l'exécution du travail. Troisièmement, le monopole institutionnalisé de la connaissance par la direction de l'usine a rendu possible le contrôle minutieux du processus de travail dans son ensemble. « À l'heure de la révolution technico-scientifique, le management se donne pour tâche de dominer l'ensemble du processus et de contrôler chacun de ses éléments sans exception »[2].

La rationalisation économique du travail industriel capitaliste que Braverman voit comme une expropriation successive de la connaissance traditionnellement partagée et acquise de la force de travail par la direction de l'usine formée scientifiquement, a conduit à un découpage hautement différencié du processus de travail. Au cours des dernières décennies, le niveau de qualification des travailleurs n'a pas augmenté proportionnellement à la mécanisation de la production, mais s'est à l'inverse polarisé : de nouvelles formes de travail non qualifié se sont ajoutées aux simples tâches manuelles et aux opérations

1. H. Braverman, *Die Arbeit im modernen Produktion Prozess*, *op. cit.*, p. 93.
2. *Ibid.*, p. 134.

répétitives de travail à la pièce, qui représentaient la grande majorité des types de travail, alors que les tâches intellectuelles complexes plus ouvertes à l'initiative individuelle se sont concentrées sur un tout petit nombre de places de travail[1]. Avec ce changement dans la constellation du travail social, la relation causale, que Marx pensait comme effective, entre l'intensification de la productivité du travail et l'augmentation constante du niveau de qualification des travailleurs a cessé d'être empiriquement plausible. Basée sur une théorie de la révolution, l'idée selon laquelle une socialisation intellectuelle et stratégique du prolétariat est possible dans le cadre du travail industriel capitaliste s'ancrait dans la réalité d'une déqualification massive. La tension conceptuelle sous-jacente, à partir de laquelle le jeune Marx a cherché à interpréter le travail social comme un processus d'apprentissage moral-pratique a, de la même manière, perdu toute sa vigueur initiale avec la généralisation du travail mécanisé. Ainsi, c'est le changement fondamental de structure du travail industriel capitaliste qui a finalement mis en lumière les problèmes catégoriels dans lesquels Marx s'est trouvé pris en cherchant à développer une théorie de la révolution sur la base de son concept de travail.

Cependant, ce même processus de changement radical des formes du travail social a également réduit le rôle joué par le concept de travail dans le développement de la théorie sociale après Marx. En conséquence de l'influence

1. F. Gerstenberger a commenté le développement des attentes de qualification en Allemagne de l'Ouest après 1950 dans sa critique de la thèse d'une augmentation des qualifications, « Produktion und Qualifikation », *Leviathan*, 3, 2, 1975, p. 121 *sq.* Voir B. Kerb, H. Kern, « Krise des Taylorismus ? », *in* H. Kern, *Kampf um Arbeitsbedingungen. Materialien zur « Humanisierung der Arbeit »*, Frankfurt-am-Main, Suhrkamp, 1979, p. 25 *sq.*

des principes de Taylor sur l'organisation du travail industriel, la rationalisation des techniques de production, qui s'est installée précocement dans le développement du capitalisme, a atteint un niveau tel que la plupart des types de travail industriel ont perdu leurs derniers points communs avec l'activité artisanale « autogénérée ». Sous la pression exercée par l'expérience de cette mécanisation rapide du travail, la philosophie sociale et les sciences sociales du début du XXᵉ siècle en sont progressivement venues à insister de plus en plus sur les aspects fonctionnels économiques et techniques du concept de travail en évacuant sa valeur émancipatoire dégagée par Hegel et Marx, conduisant ainsi au déplacement de sa signification vers le domaine de la critique culturelle. L'histoire de la sociologie fournit un exemple remarquable de ce « nettoyage » graduel des contenus normatifs inscrits dans l'histoire du concept de travail. Cette réduction conceptuelle s'est également opérée dans la théorie socioscientifique du processus de travail par le biais d'une réinterprétation des actes de travail en « prestations » ou « performances » (*Arbeitsleistung*), à partir desquelles les formes d'organisation sociale du travail sont désormais analysées. Ce changement conceptuel s'est accompagné de recherches en philosophie sociale qui ont justement remis en question le statut catégoriel particulier accordé au concept de travail par la philosophie depuis la fin du XVIIIᵉ siècle.

La sociologie du travail a d'abord émergé en Allemagne au début du XXᵉ siècle sous la forme de recherches empiriques dont la problématique principale était la signification culturelle et psychologique du travail d'usine pour le prolétariat industriel. La première recherche d'Adolf Levenstein et de l'Association pour la politique sociale (*Verein für Sozialpolitik*) intégrait les analyses scientifiques et sociales portant sur les modifications des conditions de travail à partir d'enquêtes et d'études de cas qui, en se référant à un cadre théorique socioculturel, examinaient les effets sociaux du travail industriel mécanisé. Puisque la catégorie centrale de ces recherches était encore un concept de travail attribuant un pouvoir de formation personnelle à des activités productives de transformation de la nature, selon la tradition de la philosophie sociale du XIXe siècle, elles étaient capables de révéler de manière analytique les conséquences négatives de la rationalisation sans limites du processus de travail industriel. Dans son interprétation sociologique du « plaisir au travail », Christian von Ferber a examiné les implications normatives que la première génération de sociologues du travail avait permis d'inclure dans l'appareil catégoriel issu de leurs recherches empiriques. Dans la première période de l'histoire de la sociologie allemande, le concept de travail entretenait, certes plus modérément, les espoirs théoriques d'émancipation que la philosophie sociale de Marx et Hegel avait placés, au début du processus d'industrialisation, dans les répercussions formatrices et émancipatoires du travail social. « Le travail est une composante essentielle du processus culturel au sens où chaque travailleur, au moins en principe, participe à l'unité de la culture. Le travail représente un moyen privilégié pour le développement de la personnalité en contribuant à la révélation de la vie émotionnelle et de l'expérience intellectuelle du travailleur. En résumé : à côté de sa fonction économique, le travail comporte une valeur culturelle et éthique ; cela est à la fois le résultat et la révélation des forces historiques »[1].

---

1. Ch. Von Ferber, *Arbeitsfreude. Wirklichkeit und Ideologie*, Stuttgart, F. Enke, 1959, p. 16.

Ce concept culturel de travail, qui est un présupposé commun de toutes les recherches de la sociologie industrielle au début du XXe siècle, conduit von Ferber à revenir à l'image traditionnelle d'une société artisanale et petite-bourgeoise dont l'influence, renforcée par les schémas interprétatifs de la sociologie académique, reste forte alors même que ses présupposés socio-structurels ont perdu depuis longtemps leur signification sur le plan historique. L'« intérêt de connaissance » de cette première sociologie du travail sur le plan de la théorie de la culture, rattache à la fois son pouvoir interprétatif pour la théorie sociologique et ses possibilités limitées d'application à une perspective normative idéalisant la situation spécifique de la production caractérisée par les procédures du travail artisanal, de sorte que c'est à partir de cette toile de fond que ressortent les séquelles civilisatrices du travail industriel mécanisé. Issues d'un dialogue fécond entre des questionnements d'une théorie de la culture et une sociologie du travail empirique, les interprétations critiques d'une telle sociologie industrielle s'enlisent évidemment – selon la perspective suggérée par la sociologie de la connaissance de Christian von Ferber – dans l'image petite-bourgeoise d'une transparence tangible de toutes les activités sociales, pourtant réduite à néant depuis la transformation sociostructurelle du capitalisme car elle ne correspond plus à aucun de groupe social représentatif. Avec la marginalisation du travail artisanal, le concept culturel de travail perd aussi sa signification pour la sociologie industrielle. Ainsi, à partir de la forme idéale du travail artisanal, le schéma interprétatif qui guidait la sociologie industrielle s'est transformé en utopie nostalgique caractéristique de la critique de la culture dans les sciences sociales, où cet idéal offrait une image contrastant fortement avec un monde imprégné par la technologie[1]. À la place d'une sociologie du travail ancrée dans une théorie de la culture a émergé une sociologie industrielle et organisationnelle épurée de tout principe normatif.

Au fur et à mesure de ce développement théorique, la sociologie s'est désintéressée de ces problèmes de philosophie sociale qui – aussi longtemps qu'elle gardait comme présupposé théorique fondamental un concept de travail transcendant la forme actuelle de travail social – aurait pu la prémunir contre son intégration rapide dans le processus capitaliste de rationalisation. Par la suite, la sociologie industrielle a été systématiquement intégrée dans la spirale de la rationalisation technique de la production dans laquelle tout déficit de performance identifié grâce à la science dans le fonctionnement du processus de travail capitaliste est aussitôt corrigé par une nouvelle organisation du travail plus efficace sur le plan économique. Le concept de travail qui fait ainsi irruption dans la sociologie limite les recherches sur le procès de travail industriel au seul développement du cycle de rationalisation dans le système capitaliste de production. Ce concept empêche à la fois de regarder au-delà de l'organisation actuelle du travail et de mettre en question l'extension de la mécanisation du travail industriel. La transformation de la sociologie industrielle en science de la rationalisation productive s'est prolongée avec les « études Hawthorne » conduites sous la direction d'Elton Mayo pendant la phase de prospérité de l'industrie américaine après la Première Guerre mondiale. Ces enquêtes suggèrent l'idée que la

1. Ch. Von Ferber, *Arbeitsfreude. Wirklichkeit und Ideologie, op. cit.*, chap. 2, § 5, l'exemple concret donné par H. Freyer, *Theorie des gegenwärtigen Zeitalters*, Stuttgart, Deutsche Verlags-Anstalt, 1956, chap. 1.

communication et la morale organisationnelle peuvent être traitées comme des conditions de la performance du travail dans la grande industrie[1]. Depuis, la sociologie industrielle s'est progressivement centrée sur la dimension de l'action du travail industriel définie par la visée de contrôle systématique des écarts entre la productivité économique et les menaces d'ordre politique. Le champ d'étude de la sociologie industrielle a été, de manière répétée, « thématiquement stratifié »[2] par l'introduction de perspectives analytiques supplémentaires venues de la sociologie et de la psychologie, sans abandonner de manière substantielle l'orientation fondamentale donnée par les principes tayloriens visant l'intensification organisationnelle de la productivité du travail. Peu d'études influencées par une théorie sociale générale ont contrecarré cette tendance à l'œuvre dans la sociologie industrielle[3]. Et même dans ces recherches, le concept de travail a continué d'être imprégné par les investigations portant sur la rationalisation technologique du processus de production. Auparavant, de Hegel à Marx, et dès la naissance de la sociologie industrielle allemande, le concept de travail avait toujours inclus la possibilité d'une forme signifiante et autorégulée d'activité intimement liée à son objet, une possibilité qui

1. À ce sujet, voir l'étude de G. Schmidt, *Gesellschaftliche Entwicklung und Industriesoziologie in den USA*, Frankfurt-am-Main, Europäische Verlagsanstalt, 1974.

2. Gert Schmidt utilise ce terme pour désigner le processus par lequel la sociologie industrielle, construite dans le cycle de rationalisation du système capitaliste de production, rencontre sans cesse de nouvelles dimensions du processus de travail comprises comme des « capacités de rationalisation », voir *Gesellschaftliche Entwicklung und Insdustriesoziologie*, p. 92.

3. Voir par exemple les travaux de G. Friedmann, J. Goldthorpe et A. Touraine.

trouvait son expression empirique dans la complétude observable du travail artisanal. Depuis, la sociologie s'est débarrassée de ce concept normatif.

La neutralisation graduelle du concept de travail dans la sociologie sous la pression des procédures guidées par les principes tayloriens a été accompagnée par des tentatives venues de la philosophie sociale de contester et de démanteler de différentes manières le statut théorique émancipatoire conféré au concept de travail depuis le XIXe siècle. Les étapes théoriques majeures qui accompagnent ce désenchantement sont représentées par certaines parties de la philosophie phénoménologique de Max Scheler et par le travail majeur d'Hannah Arendt, publié sous le titre *Condition de l'homme moderne*[1]. Concernant Max Scheler, le statut critique et normatif accordé au travail social par la théorie libérale et socialiste depuis le XVIIIe siècle a été la préoccupation de toute sa vie. La catégorie de « l'activité » est le pôle négatif du travail qui représente aussi bien son éthique des valeurs matérielles que sa théorie sociologique de la culture. Dans sa critique de la charge éthique attribuée au travail, Scheler se réfère indirectement au même processus sociohistorique qu'il critique dans sa sociologie de la culture, c'est-à-dire à l'intrusion de formes de connaissance techniques orientées par une rationalité en finalités dans l'ordre moral de la société. Cette fixation négative est déjà l'élément décisif de son ouvrage de 1899 *Travail et éthique*[2], dans lequel il entend mener une critique

1. H. Arendt, *Vita activa oder Vom tätigen Leben*, Stuttgart, W. Kohlhammer, 1960 ; trad. fr. G. Fradier, *Condition de l'homme moderne*, Paris, Pocket/Agora, 2002.

2. M. Scheler, « Arbeit und Ethik », *Gesammelte Werke*, vol. 1, p. 161. Une discussion théorico-historique très intéressante, à partir du point de vue marxiste, sur le concept de travail dans la philosophie de

de l'idéologie politique moderne du travail. Scheler espère parvenir à un rapprochement entre la philosophie et l'économie politique en vue de préparer la voie à un renouveau systématique du concept chrétien traditionnel de travail. Il s'appuie sur une analyse conceptuelle méthodologiquement invérifiable pour montrer que le travail représente le type d'action nécessaire, contrôlée et régulée de manière externe. Les orientations objectives de pratiques communes donnent du sens à l'exécution du travail et l'objet naturel régule la structure objective et temporelle des activités de travail. Selon Scheler, le type d'action appelé « travail » n'est pas par principe une activité autodéterminée et ouverte à l'initiative car il se caractérise mieux comme un labeur pesant et un effort acharné. Ainsi, on ne saurait lui attribuer de l'importance pour la construction de la subjectivité. « Pour le travail, les échelles [de valeur] penchent toujours dans la direction du déplaisir (*Unlustmoment*) ; ainsi est justifié l'usage linguistique qui rend souvent égal "travailler", "souffrir" et "faire des efforts", comme dans l'ancienne idée populaire exprimée dans la Bible selon laquelle le travail est le résultat maudit du péché originel »[1]. Scheler a défini le travail comme étant le type d'activité qui représente le premier degré d'une forme sociale catégorielle à l'époque de l'industrie mécanisée. Une des conclusions de son analyse conceptuelle selon laquelle « la connaissance de l'objectif (en vue de quoi ?) est davantage compromise que requise par le

Scheler et Heidegger se trouve dans Jacob P. Mayer, « Das Problem der Arbeit in der deutschen Philosophie der Gegenwart », *Die Arbeit : Zeitschrift für Gewerkschaftspolitik und Wirtschaftskunde*, 8, cahier 2, 1931, p. 128-135.

1. M. Scheler, « Arbeit und Ethik », *op. cit.*, p. 174.

caractère de travail de l'activité »[1] conduit à renoncer de
manière incompréhensible à la réalité en arrière-plan de
son argumentation : c'est seulement avec la rationalisation
taylorienne des techniques de production que s'installent
à la fois le détachement systématique de la « connaissance
du travail » de son exécution actuelle et la fragmentation
progressive des activités de travail signifiantes en des
opérations partielles. Scheler réinterprète pourtant les
résultats de ce processus comme des caractéristiques
essentielles du travail en leur attribuant le statut déficitaire
d'une forme d'action non réfléchie.

C'est uniquement sur ce point que les considérations
de Scheler en philosophie morale rejoignent la philosophie
de l'action d'Hannah Arendt. Alors que Scheler cherche
à rétablir l'appréciation chrétienne traditionnelle du travail,
l'étude d'Arendt vise une réhabilitation critique contemporaine du concept aristotélicien de « *praxis* ». Elle procède
à un diagnostic du temps présent à partir duquel elle
s'éloigne de l'idée d'une société autorégulée de façon
automatique. Hannah Arendt cherche à rappeler, grâce à
une approche conceptuelle et historique, l'intrication de
modes d'action humaine dans les formes de l'interaction
médiatisée linguistiquement, par lesquelles seul le monde
humain peut survivre comme une structure publique et
politique. Cependant, Arendt a aussi établi l'appareil
conceptuel de sa théorie de l'action de manière à ne saisir
l'activité de travail que sous la forme sociale qu'elle a
prise à l'époque de la production industrielle mécanisée.
Dans la *Condition de l'homme moderne*, Arendt distingue
de manière systématique trois catégories fondamentales
de l'action, en séparant l'activité intersubjective de l'action

1. M. Scheler, « Arbeit und Ethik », *op. cit.*, p. 178.

des deux catégories non sociales du travail (*Arbeit*) et de l'œuvre (*Herstellens*). L'œuvre et le travail représentent la structure d'une action dans laquelle la réalité naturelle est manipulée en fonction de règles techniques. Elles ont cependant des résultats objectifs différents. Alors que le travail est décrit comme le processus de reproduction organique du genre humain par lequel l'être humain obtient de manière directe les produits nécessaires à la vie, dans l'œuvre, il crée à partir de matériaux du monde naturel un environnement durable mais néanmoins artificiel : « L'œuvre de nos mains, par opposition au travail de nos corps – l'*homo faber* qui fait, qui "ouvrage" par opposition à l'animal *laborans* qui peine et "assimile" – fabrique l'infinie variété des objets dont la somme constitue l'artifice humain »[1].

La véritable action est à l'inverse cette pratique (*praxis*) limitée au parler et au faire, libre de tout contact avec les choses, et par laquelle les sujets humains se rencontrent les uns les autres et révèlent leur subjectivité mutuelle à l'aune des qualités communes qu'ils découvrent ensemble. C'est parce que seul ce type d'action suscite vraiment l'intérêt de Arendt qu'elle revient au concept aristotélicien de « *praxis* » selon lequel l'action (*praxis*) n'a pas de produit ni de finalités et est signifiante en elle-même. Elle oppose donc cette action à la production (*poïesis*)[2], dont la finalité est externe à l'action elle-même, pour montrer que seule la *praxis* de la compréhension mutuelle ancrée dans les structures de l'action médiatisées par le langage se hisse au niveau de la reproduction fondamentale de la vie humaine. Il est vrai que depuis Locke, Smith et Marx, la philosophie moderne a placé les formes d'activité

1. H Arendt, *Condition de l'homme moderne, op. cit.*, p. 187.
2. R. Bubner, *Handlung, Sprache und Vernunft, op. cit.*, chap. 2.

renvoyant à l'œuvre et au travail matériel tout en haut du système de valeurs attribuées aux types d'activités humaines, parce qu'elles assurent les bases sociales et économiques garantissant la reproduction de la société humaine. Cependant, pour Arendt, seule l'action communicationnelle entre les sujets rend possible un mode de survie de l'espèce qui soit historiquement ouvert et adéquat sur le plan humain. Seul ce type d'action garantit la transparence publique des besoins humains et confère une identité culturelle aux groupes sociaux en offrant un espace à leurs innovations politiques et pratiques : « Une vie sans parole et sans action – et c'est le seul mode de vie qui ait sérieusement renoncé à toute apparence et à toute vanité au sens biblique du mot – ne serait plus une vie humaine, mais littéralement morte au monde ; parce qu'elle n'apparaîtrait plus parmi le monde des hommes »[1].

Cette philosophie de l'action fournit le cadre catégoriel à une analyse de la situation présente dans laquelle Hannah Arendt diagnostique la modernité comme une aliénation du monde humain. Avec le développement de la société industrielle, la sphère de l'action, libre de toute médiation objective, est constamment ouverte aux initiatives pratiques et s'en trouve extrêmement fragilisée et déstabilisée, envahie progressivement par des formes non sociales d'activités – d'abord l'œuvre et ensuite le travail. Ces dernières en viennent à absorber progressivement les formes de vie intersubjectives productrices de traditions et qui pourraient elles-mêmes assurer dignement la reproduction du monde humain. La critique des modes d'action techniques est au cœur de son ouvrage *Condition de l'homme moderne*, et relègue au second plan le sens du travail que la théorie

1. H. Arendt, *Condition de l'homme moderne, op. cit.*, p. 233.

marxiste associait aux seuls aspects fonctionnels de la reproduction économique. Hannah Arendt réduit ainsi la catégorie du travail à la dépense mécanique de la force de travail reproductible. Elle restreint ainsi au seul type d'action qu'elle appelle « œuvre » et qui « peut donner assurance et satisfaction, et même devenir une source de confiance en soi »[1], la possibilité pour le sujet de faire une expérience de soi dans le contact direct avec les produits de son propre travail, possibilité que Marx incluait pourtant dans son concept de travail. Dans le cadre conceptuel d'Arendt, les composantes de l'action qui formaient un tout à l'origine, dans le travail artisanal, apparaissent au bout du compte dans deux types d'activité disjoints. Avec cette distinction claire entre travail et œuvre, entre travail réflexif et corporel et capacités manuelles ancrées dans l'expérience, développée dans le cadre d'une théorie philosophique de l'action, elle pérennise une situation du travail qui est le produit historique de la réorganisation taylorienne du travail industriel. La frontière tracée par Hannah Arendt entre œuvre et travail sur le plan de sa théorie de l'action se contente de dépeindre la forme sociale qu'a pris effectivement le travail mais ses concepts ne permettent plus de mener une critique en amont. C'est pourquoi dans *Condition de l'homme moderne* seule l'intrusion de modèles techniques et mécaniques dans la *praxis* politique et non pas la tendance à la mécanisation du travail lui-même peut être soumise à la critique.

Les analyses de Hannah Arendt et de Max Scheler appartiennent à ce type d'investigations en philosophie sociale pour lesquelles les conséquences du déclin des formes de travail industrielles sont positives parce qu'elles

1. *Ibid.*, p. 191.

arrachent conceptuellement l'activité de travail à l'horizon sémantique d'une théorie de l'émancipation. L'expérience qui est au fondement de ce concept de travail diminué qu'ils déploient tous les deux est celle de l'activité de travail rationalisée, productive et technique. En effet, la rationalisation du travail industriel guidée par la science, s'installant systématiquement vers la fin du XIXe siècle, a effectivement décomposé l'activité de travail en actes tellement simples, fragmentés et standardisés, qu'il n'est plus possible de retrouver en eux les structures d'une activité formatrice de subjectivité.

Ce changement du rôle social du travail qui forme l'arrière-plan historique de leurs arguments est également le point de départ d'un marxisme critique s'attachant à reprendre le problème, non résolu chez Marx, du rapport entre le travail social et l'émancipation sociale. Héritière de la tentative de Marx de rendre compte de l'organisation capitaliste du processus de développement transformant en profondeur la société, cette tradition du marxisme se voit obligée de mettre en phase le fondement de la théorie de l'action sur laquelle repose la théorie de l'émancipation avec la réalité patente du travail industriel capitaliste. Si je vois juste, il conviendrait de distinguer deux stratégies conceptuelles fondamentales ayant été utilisées dans la philosophie sociale marxiste théorisant la pratique afin de trouver une solution à ce problème : d'une part, le dépassement du potentiel d'émancipation assigné par Marx à l'activité concrète de travail en direction de pratiques de travail d'un sujet transcendantal ou collectif ; d'autre part, le rétrécissement du concept de travail à une activité dirigée exclusivement vers la domination pratique de la nature, à l'instar de Horkheimer et Adorno dans la *Dialectique de la raison*. Ces deux solutions échouent toutefois à traiter de manière adéquate la tension non résolue dans le concept de travail chez Marx, dans la mesure où l'arrière-plan du travail industriel taylorisé qu'ils évoquent ne se réfère pas de manière empirique aux rapports de production capitalistes, mais se trouve seulement dilué dans une philosophie de l'histoire.

La première approche retire aux formes empiriques du travail la force de développement subjectif que Marx, à la suite de Hegel, avait assigné à l'activité de travail, pour la situer dans l'activité réflexive d'un processus d'action supra-individuel ; les activités de réflexion critiques sont déplacées du travail concret vers le processus d'apprentissage collectif d'une classe sociale ou de la *praxis* constitutive de l'espèce dans son ensemble – à l'instar de *Histoire et conscience de classe* de Georg Lukács, du premier livre de Herbert Marcuse et du travail théorique de Jean-Paul Sartre sur le marxisme. Le prix que ces penseurs doivent payer pour « sauver » le concept émancipatoire de travail grâce à une philosophie de l'histoire est une théorie de la société qui ne peut plus guère s'appliquer à la réalité contemporaine des rapports de travail industriels. Ces deux manières d'interpréter le marxisme au plan philosophique ne peuvent maintenir le rapport entre travail social et émancipation sociale que parce qu'elles transfèrent à une action collective les qualités que Marx attribuait au travail artisanal signifiant et unifié. Chez Lukács, cette action prend la forme de l'application du mouvement propre de l'esprit envisagé selon la logique hégélienne au processus de réflexion de tous les éléments particuliers du travail social rassemblé dans la pensée commune du prolétariat[1] ;

1. G. Lukács, « Die Verdinglichung und das Bewusstsein des Proletariats », *Werke*, vol. 2, p. 257 *sq.* ; trad. fr., « La réification de la conscience du prolétariat », *Histoire et conscience de classe*, Paris, Minuit, 1960.

c'est justement à travers cet engagement dans les activités de travail réduites à leur statut de marchandise, étape la plus avancée du travail aliéné, que le prolétariat est à même de découvrir la forme de réification qui recouvre tous les rapports d'existence à partir de la généralisation capitaliste des processus marchands, et de s'identifier, au sein de ces rapports sociaux, comme sujet producteur de valeur d'usage. C'est à ce processus collectif de réflexion ancré dans le procès de travail que se rattache le matérialisme historique pour concevoir la forme théorique d'une connaissance de soi du prolétariat.

Dans ses textes de jeunesse se référant à l'ontologie existentielle de Heidegger, Herbert Marcuse attribue par contre à la catégorie de travail la signification d'une structure fondamentale de l'historicité humaine[1]. Avec cette réinterprétation du concept de travail, il poursuit aussi le projet d'une théorie de la révolution dans laquelle le prolétariat serait en mesure de jouer le rôle d'un sujet de l'action historique parce qu'il actualise continûment dans le processus de travail social toutes les caractéristiques qui reviennent à l'être-au-monde (*Dasein*) humain comme activité de travail générale[2]. La stratégie conceptuelle

1. Je pense d'abord à H. Marcuse, « Über die philosophischen Grundlagen des wirtschaftswissenschaftlichen Arbeitsbegriffs », *Schriften*, vol. 1, p. 556 *sq.* ; trad. fr. « Les fondements philosophiques du concept économique de travail », *Culture et société*, Paris, Minuit, 1970 ; « Zum Begriff des Wesens », *Schriften*, vol. 3, p. 45 *sq.* ; Marcuse prendra plus tard de la distance par rapport au concept socio-philosophique de travail trouvé dans ces essais. Ce changement apparaît dans ses écrits dans son intérêt systématique pour la rationalisation taylorienne empirique des relations de travail, *cf.* « Einige gesellschaftliche Folgen moderner Technologie », *Schriften*, vol. 3, p. 286 *sq.*

2. Voir la critique formulée par J. P. Arnason, *Von Marcuse zu Marx*, Neuwied-Berlin, Luchterhand, 1971, chap. 1 et 2.

commune à toutes ces approches, malgré leurs différences, apparaît finalement le plus clairement dans l'article de Jean-Paul Sartre, « Matérialisme et Révolution »[1], qui introduit les aspects centraux du marxisme hégélien au sein du courant d'interprétation phénoménologique de Marx[2]. À l'instar du jeune Marcuse, Sartre interprète le travail de manière ontologique comme le mode fondamental d'action de l'existence humaine mais il lui confère en plus, en se référant à Hegel, les caractéristiques d'une activité dans laquelle le sujet qui travaille fait l'expérience de sa propre liberté dans la formation d'objets naturels. Pour Sartre, travail et libération vont ainsi de pair ; parce que le prolétariat est la classe sociale des sujets qui travaillent, il possède *a priori* toutes les qualités qui font de lui le sujet collectif du processus révolutionnaire : « En fait, l'élément libérateur de l'opprimé, c'est le travail. En ce sens c'est le travail qui est d'abord révolutionnaire. Certes il est *commandé* et prend figure d'asservissement du travailleur [...] mais, dans le même temps, le travail offre une amorce de libération concrète, même dans ces cas extrêmes, parce qu'il est d'abord négation de l'ordre contingent et capricieux qui est l'ordre du maître [...] le travailleur se saisit comme possibilité de faire varier à l'infini la forme d'un objet matériel en agissant sur lui selon certaines règles universelles. En d'autres termes, c'est le déterminisme de la matière qui lui offre la première image de sa liberté »[3].

1. J.-P. Sartre, « Matérialisme et Révolution », *Situations philosophiques*, Paris, Gallimard, 2005.

2. F. R. Dallmayr, « Phänomenologie und Marxismus in geschichtlicher Perspektive », *in* B. Waldenfels (dir.), *Phänomenologie und Marxismus*, Frankfurt-am-Main, Suhrkamp, 1977, p. 13.

3. J.-P. Sartre, « Matérialisme et révolution », art. cit., p. 122-123. Leo Kofler a incorporé cette conception socio-philosophique de Sartre, en rapport avec le travail de Lukács, dans une hypothèse sociologique

Bien qu'il suive une voie différente, l'argument de Sartre conduit aux mêmes conséquences que les théories révolutionnaires de Lukács et Marcuse : parce que tous trois souhaitent conserver un rapport immanent entre émancipation sociale et travail social, sans accepter la conception objectiviste d'un progrès garanti par le développement des forces productives, ils transposent le potentiel émancipatoire auquel ils ne croient plus compte tenu de la réalité du travail industriel à un sujet collectif supposé rassembler tous les processus de travail séparés empiriquement ; ce sujet collectif assume alors le même rôle catégoriel qu'avait occupé auparavant le sujet individuel qui travaille. Dans cette approche, la conception de l'émancipation par le travail requiert par conséquent un concept monologique de sujet de la révolution qui, tout en étant prolétaire, n'est plus lié aux expériences de travail effectives dans le domaine industriel.

L'argument historico-philosophique déployé par Theodor W. Adorno et Max Horkheimer dans la *Dialectique de la raison* peut être vu comme l'antithèse de ces approches de philosophie sociale attachées au potentiel d'émancipation ancré dans les structures du travail social. Si Horkheimer et Adorno présentent une critique de la réification qui se réfère à l'interprétation de Marx par Lukács, leur cadre de référence catégoriel ne fait aucune place au travail en tant que mode d'action potentiellement émancipatoire ; au contraire, il devient la base de l'action pratique et la forme historique originaire de la domination.

Le même processus de réification que Lukács fait dériver de la généralisation historique de l'échange

qui met en évidence son impossibilité empirique. Voir L. Kofler, « Die Frage des Proletariats in unserer Zeit », *Der proletarische Bürger*, Wien, Europa Verlag, 1964, p. 165 *sq.*

marchand est retracé par Horkheimer et Adorno en partant de la confrontation active du sujet agissant avec la nature. Selon eux, l'émancipation de la civilisation face au pouvoir supérieur de la nature ne réussit aux êtres humains que grâce à l'activité de travail, dans laquelle le contrôle technique sur la nature externe s'entremêle avec la répression des besoins de la nature interne. Les productions cognitives attachées au travail, pour servir cette fin de libération, ont dès l'origine les traits d'une rationalité qui objective sans distinction l'environnement social et naturel à partir d'une perspective du contrôle et de la maîtrise ; l'émancipation humaine n'est donc assurée dès ses origines qu'au prix du développement de la rationalité instrumentale. Le revers du progrès social par lequel l'être humain accroît systématiquement son contrôle sur la nature externe est un processus social de réification dans lequel il perd progressivement sa nature interne parce qu'il la traite comme si elle lui était extérieure[1].

La perspective historico-philosophique selon laquelle Horkheimer et Adorno appréhendent les rapports sociaux du capitalisme en passant par les conditions socioculturelles initiales des êtres humains, pour pouvoir expliquer les origines de ce processus de réification sociale, a retiré à l'activité de travail tous les pouvoirs de formation de la subjectivité que la tradition marxiste lui avait attribués jusqu'ici. Le travail ne représente que l'activité dans laquelle le sujet qui travaille apprend à former et à dominer ses pulsions en vue de saisir et de manipuler les processus de la nature. La possibilité offerte par l'activité de travail,

1. M. Horkheimer et T. W. Adorno, *La Dialectique de la raison*, Gallimard, Paris, 1983. Sur le concept modifié de travail, voir aussi T. W. Adorno, « Marginalien zu Theorie und Praxis », *Gesammelte Schriften*, vol. 10, n° 2, Frankfurt-am-Main, Suhrkamp, 1977.

guidée par une orientation subjective, qui révèle progressivement les capacités du sujet dans la réalisation de ces actions, a disparu de leur perspective théorique[1]. Avec ce mouvement, la Théorie critique tombe dans un singulier paradoxe : alors qu'elle continue d'adhérer fondamentalement au paradigme philosophique de la théorie marxiste du travail en tant que modèle d'action envisagé essentiellement à partir du travail sur la nature, elle est contrainte de présenter l'image d'une société libérée, à l'inverse du rapport de réification, dans les seuls termes du rapport à la nature entretenu par les individus socialisés. La philosophie d'Adorno a réinterprété de manière catégorielle le travail social comme étant le fondement pratique de la domination, mais sans abandonner le travail social comme cadre conceptuel structuré autour du rapport à la nature. Adorno est alors forcé de développer une esthétique philosophique qui souligne de manière théorique la possibilité d'une rencontre non instrumentale et mimétique avec la nature : si la saisie conceptuelle objectivante des processus naturels dans le travail conduit systématiquement à la distorsion des relations sociales par la domination, elle autorise aussi l'établissement d'une coopération esthétique avec la nature externe qui permet l'interprétation sans domination de la nature intérieure. Ainsi, l'idée centrale d'une théorie critique esquissée à l'aune de cette perspective

---

1. Ces déclarations sont applicables seulement pour la phase de la théorie critique marquée par la *Dialectique de la raison* qui, si l'on suit la périodisation proposée par Helmut Dubiel, a émergé dans les écrits au début des années 1940. Voir H. Dubiel, *Wissenschaftsorganisation und politische Erfahrung. Studien zur frühen Kritischen Theorie*, Frankfurt-am-Main, Suhrkamp, 1978. En ce qui concerne la première conception du travail chez Horkheimer, voir J. P. Arnason, *Von Marcuse zu Marx*, *op. cit.*, chap. 2.

historico-philosophique est celle d'une « réconciliation avec la nature »[1].

La théorie critique de la *Dialectique de la raison* partage dans sa conception de l'action le cadre conceptuel employé dans les investigations menées au sein de la théorie marxiste par Lukács, Marcuse et Sartre. Dans ces propositions théoriques, le travail social représente à lui seul la dimension de la *praxis* sociale à travers laquelle le monde humain se construit à partir des cadres d'existence naturels et se reproduit sur le plan socioculturel. Le cadre catégoriel à l'intérieur duquel s'exprime cette idée fondamentale est ramené aux actions socialement organisées et dirigées sur la nature externe, en suivant le modèle d'un sujet qui se rapporte de façon pratique à son environnement naturel. Le modèle de l'action que ces auteurs supposent requiert ces propositions théoriques pour rattacher la réalisation possible de l'émancipation sociale à une forme de conscience certes constituée dans les actions menées sur la nature externe mais indépendamment des rapports de travail réels soumis à la généralisation du travail taylorien. La conception historico-philosophique d'un processus de travail idéalisé et supra-individuel, d'une part, le projet esthétique d'un rapport à la nature mimétique et sans domination, d'autre part, sont les moyens théoriques employés pour résoudre ce problème. Le modèle du rapport entre sujet et objet qui apparaît dans ces stratégies conceptuelles est à l'origine de la tentative de Jürgen Habermas d'établir les fondements de la Théorie critique dans le cadre d'une théorie de la communication. En partant de la réduction du concept de travail, qui a façonné la structure conceptuelle de la

1. Voir T. Baumeister et J. Kulenkampf, « Geschichtsphilosophie und philosophische Ästhetik », *Neue Hefte für Philosophie*, vol. 5, 1974, p. 74 *sq.*

philosophie sociale du XXᵉ siècle sur fond de l'expérience des formes de travail tayloriennes, c'est Habermas qui en tire les conclusions les plus décisives. Il accepte la distinction aristotélicienne entre « *praxis* » et « *poïesis* » remémorée par Arendt, pour permettre au type d'action de l'entente intersubjective de se hisser au statut théorique émancipatoire que le travail social avait dans la théorie de Marx. Ce changement de paradigme imprègne toute l'architecture de la théorie habermassienne[1] – au prix toutefois d'une oblitération catégorielle des formes de résistance et d'émancipation ancrées structurellement dans le procès de travail capitaliste.

III. LES CONTOURS D'UN CONCEPT CRITIQUE DE TRAVAIL

Les conditions historiques à partir desquelles Marx établissait un rapport entre l'émancipation sociale et le travail social se sont tellement transformées depuis le XIXᵉ siècle qu'aucune théorie sociale critique du XXᵉ siècle, pour ainsi dire, ne continue de croire en la force de développement émancipatoire de la conscience engendrée par le processus de travail social. La modification des formes concrètes de travail a épuisé le concept de travail. Marx maintenait son concept de travail dans une tension catégorielle entre activité de travail aliénée et non aliénée, activité fragmentée mécaniquement atomisée et travail organique sur l'objet, sans disposer des moyens conceptuels pour décrire le processus assurant la médiation entre ces

---

1. J'ai examiné plus en détail ce décalage dans mon article « Adorno und Habermas. Zur Wende kritischer Sozialphilosophie », *Merkur, 374*, 33, 1979, p. 648 *sq.* ; voir aussi A. Wellmer, *Kommunikation und Emanzipation, op. cit.*

pôles, si bien que cette tension s'est peu à peu dissoute dans la dimension du concept reflétant la situation réelle des rapports sociaux de travail. Au cours de cette dissolution conceptuelle, le concept de travail a ainsi perdu sa charge critique renvoyant à une signification transcendant les formes établies du travail social. Les catégories du travail « aliéné » ou « abstrait » à l'aide desquelles Marx critiquait l'organisation capitaliste du travail ont pratiquement disparu du vocabulaire de la philosophie sociale influencée par le marxisme – car il semble qu'il n'existe aucun critère indépendant des normes d'une culture particulière pour définir des formes de travail non aliéné rendant justice à l'humain. De la même manière, les revendications et les représentations relatives au travail formulées par les sujets engagés dans ce type de production sociale soumise aux règles d'une direction formée au management scientifique ont perdu leur importance pour les théories actuelles de la société : elles ont été laissées aux méthodes empiriques de la recherche industrielle sous la rubrique « aspirations professionnelles » et ne jouent plus un rôle majeur dans le diagnostic critique des conflits centraux au sein du système social contemporain. Des exemples de ce déplacement thématique dans le cadre de la théorie critique de la société se trouvent aujourd'hui autant dans les interprétations réalistes de l'analyse marxiste du capital[1]

---

1. Voir S. Breuer, *Die Krise der Revolutionstheorie : negative Vergesellschaftung und Arbeitsmetaphysik bei Herbert Marcuse*, Frankfurt-am-Main, Syndikat, 1977. Breuer part du présupposé selon lequel la tendance, identifiée dans l'analyse du capital par Marx, d'une « subsomption réelle » de tous les rapports de travail par le capital est aujourd'hui devenue une réalité historique. En conséquence de « l'impossibilité de localiser un simple moment non réifié et non abstrait dans le monde dominé par le capital » (p. 115), Breuer souligne que toute critique du capital visant encore à avoir une portée pratique échouera fâcheusement.

que dans certaines tentatives de transformer le matérialisme historique et àl'aune du concept d'« appropriation »[1].

Dans ces développements théoriques, la reconstruction habermassienne du matérialisme historique occupe une place particulièrement importante. Cette dernière a l'avantage d'étendre le modèle marxiste traditionnel de l'action, fondé exclusivement sur le travail humain sur la nature, aux processus de compréhension intersubjective – analyse dont l'inconvénient est cependant d'ignorer, sur le plan de la théorie de l'action, le contenu conflictuel des formes sociales du travail. Le thème fondamental de la théorie sociale de Jürgen Habermas prend sa source dans la même expérience historique que celle à laquelle répond la théorie de l'action de Hannah Arendt dans *Condition de l'homme moderne*[2] : le nivellement de la différence entre progrès technologique et émancipation sociale est typique des sociétés du capitalisme avancé, et l'appauvrissement des cadres existentiels de socialisation basés sur la communication en raison des systèmes organisés d'action rationnelle en finalité détermine et menace tellement le système social moderne dans son ensemble que Habermas centre sa reconstruction du matérialisme historique sur l'interprétation de ce processus. Cette réflexion s'appuie sur sa distinction entre le travail et l'interaction, entre

---

1. Je pense en particulier au travail d'A. Wildt, *Produktivkräfte und soziale Umwälzung, op. cit.* Andreas Wildt propose une transformation conceptuelle du matérialisme historique qui est supposé rendre possible l'explication des mouvements sociaux révolutionnaires en termes de développement historique du potentiel d'une appropriation non violente, sensée et mimétique – qui ne fonctionne plus avec le cadre d'explication proposé par l'économie politique [...].

2. Sur cette convergence thématique, *Cf.* R. J. Bernstein, *Restrukturierung der Gesellschaftstheorie*, Frankfurt-am-Main, Suhrkamp, 1979, p. 313.

l'activité instrumentale et l'activité communicationnelle[1], qu'il développe dans ses travaux épistémologiques consacrés à la critique pragmatique du positivisme, bien avant de l'appliquer à sa critique de Marx[2]. À la différence d'Adorno qui s'inscrit dans la continuité de Sohn-Rethel, Habermas ne relie pas le concept positiviste de science à la contrainte abstractive des échanges marchands mais le ramène à des opérations cognitives ancrées dans l'acte de manipulation et de transformation de la nature. Chez Habermas, les règles d'exécution des activités instrumentales jouent le même rôle au sein de son épistémologie pragmatiste que les règles de l'abstraction de l'échange capitaliste au sein de la théorie sociogénétique de la connaissance de Sohn-Rethel : le modèle scientiste de la connaissance fixe les opérations cognitives qui sont déjà ancrées de manière préscientifique dans les activités de contrôle de la nature. La critique du positivisme ne s'en prend pas à ce modèle mais seulement à son extension au domaine de la réalité sociale : ce ne sont pas les règles de la connaissance sur le plan de la théorie de la science qui posent problème sur le plan épistémologique mais seulement la prétention universalisante que le positivisme rattache à son modèle explicatif.

Bien que ces considérations soient formulées à l'origine dans le cadre d'une critique du positivisme, elles ont aussi poussé Habermas à situer les sciences humaines sur le plan épistémologique : si la construction de la théorie dans les sciences naturelles s'enracine dans le processus historique d'appropriation de la nature par l'espèce, alors la construction

---

1. Voir T. McCarthy, *The Critical Theory of Jürgen Habermas*, Cambridge Mass., MIT Press, 1979, chap. 1.
2. Voir J. Habermas, « Analytische Wissenschaftstheorie und Dialektik », *Zur Logik der Sozialwissenschaften*, Frankfurt-am-Main, Suhrkamp, 1970, p. 9 *sq.* ; J. Habermas, « Gegen einen positivistisch halbierten Rationalismus », *op. cit.*, p. 39 *sq.*

théorique dans les sciences humaines doit également prendre racine dans une expérience préscientifique dans laquelle l'espèce se reproduit elle-même pratiquement. C'est ainsi que Habermas est amené à appliquer la distinction marxiste entre forces productives et rapports de production à sa distinction entre les deux formes d'action relatives à la pratique « instrumentale » et « communicationnelle »[1], ce qui lui permet de fonder pragmatiquement dans la double structure du processus de reproduction sociale les différences entre la construction de la théorie par les sciences naturelles et celle menée par les sciences humaines : alors que l'intérêt de connaissance des sciences naturelles est de contrôler la nature, l'intérêt de connaissance des sciences humaines est de préserver et d'étendre le domaine de la compréhension intersubjective qui est devenu un impératif de survie de l'espèce, lié au langage comme socle de la forme de vie humaine[2]. Les deux règles de l'action irréductiblement opposées qui guident, d'une part, le travail instrumental sur la nature et, d'autre part, l'activité communicationnelle d'entente entre les sujets, déterminent les deux zones d'expérience préscientifique auxquelles Habermas associe respectivement les sciences naturelles et les sciences humaines pour développer une pragmatique transcendantale. Ces distinctions ouvrent en même temps la voie à une théorie de la connaissance sur laquelle Habermas tente de refonder la structure méthodologique du matérialisme historique.

Ce point de départ épistémologique définit le cadre au sein duquel Habermas développe sa théorie de l'action. Il s'intéresse avant tout aux opérations cognitives systémati-

---

1. J. Habermas, « Travail et interaction » [texte reproduit *supra*, p. 201]; J. Habermas, *Connaissance et intérêt, op. cit.*, chap. 1.

2. J. Habermas, *Connaissance et intérêt, op. cit.*, p. 146.

quement imbriquées dans les processus relatifs aux actions instrumentales et aux actions communicationnelles. Les concepts d'action qu'il développe au plan catégoriel en vue de répondre à ces questions sont marqués, d'un côté, par la théorie anthropologique de l'action d'Arnold Gehlen et, de l'autre côté, par la sociologie de l'action des successeurs de George Herbert Mead. Dans la tradition de la sociologie de l'action, l'objet d'investigation des sciences sociales est conceptualisé comme un contexte réel que les sujets socialisés produisent directement ou indirectement au cours de leurs actions; dans leur agir réciproque, les membres d'une société interprètent leur situation et produisent la réalité sociale à laquelle la sociologie fait face. Le statut théorique particulier de cette discipline résulte du caractère spécifique d'un domaine dans lequel les objets sont déjà préstructurés par les interprétations des sujets agissants. En acceptant ce présupposé fondamental issu de l'approche théorique intersubjective de George Herbert Mead[1], Habermas envisage l'action sociale comme un processus de communication dans lequel deux sujets au moins orientent leurs actions sur la base d'un accord symbolique quant à la définition commune de la situation. Le processus de l'interaction médiatisée sur le plan symbolique exige constamment, de la part de ces sujets, des opérations interprétatives dans lesquelles ils doivent révéler mutuellement les buts qu'ils recherchent par leurs actions pour pouvoir parvenir à une compréhension de la situation d'action. Ce modèle de l'action que Habermas prolonge, en suivant la voie ouverte par la philosophie

1. G. H. Mead, *Identität und Gesellschaft*, Frankfurt-am-Main, Suhrkamp, 1968; voir le commentaire sur Mead par H. Joas, *Praktische Intersubjektivität. Die Entwicklung des Werkes von George Herbert Mead*, Frankfurt-am-Main, Suhrkamp, 1980.

analytique du langage attachée à une reconstruction des actes de langage communicationnels, détermine ici la structure catégorielle de sa théorie de la société. C'est à partir de ce type d'action qu'il envisage en effet tout l'éventail des modes de pratique sociale, de sorte que toutes les actions non orientées vers la compréhension mutuelle mais ayant néanmoins un contenu social deviennent des déviations pratiques de l'agir communicationnel. Le modèle de l'agir communicationnel vise à recouvrir autant que possible tout le spectre de l'agir social ; la quantité de processus interpersonnels d'action qui ne peuvent être saisis par ce modèle indique en quelque sorte le degré de réification d'une société, c'est-à-dire l'ampleur d'une reproduction des contextes de la vie sociale qui s'opère de manière contrainte sur le plan socioculturel au lieu d'être fondée sur une coordination des orientations sur le mode de la compréhension mutuelle. De cette manière, le concept d'agir communicationnel devient à la fois sur un plan normatif et empirique le concept clé de l'interprétation par Habermas du matérialisme historique et assume, en un sens, le même rôle que le concept de travail dans la théorie marxiste : il aide, d'une part, à clarifier le processus empirique par lequel les rapports sociaux ne peuvent se reproduire culturellement et être socialement intégrés qu'en permettant le déploiement d'activités communicationnelles, au moins dans certains secteurs ; d'autre part, le modèle communicationnel de l'action fournit un standard analytique pour évaluer, à l'aune du contenu communicationnel de leurs formes d'interaction, le degré de liberté atteint par les structures sociales[1].

1. J. Habermas, « Introduction : le matérialisme historique et le développement des structures normatives », *Après Marx*, trad. fr. J.-R. Ladmiral et M. de Launay, Paris, Fayard, 1985.

L'importance prise par le concept d'agir communicationnel pour une théorie de l'émancipation dans cette interprétation conduit toutefois à un déclin correspondant de la fonction du concept de travail dans la théorie de la société de Habermas[1] ; du point de vue du cadre catégoriel de cette théorie, il s'agit uniquement de pointer le substrat de l'action du développement social des forces productives à partir duquel les processus de libération communicationnelle peuvent être dégagés. C'est parce qu'il aspire à des modes de compréhension exempts de domination que Habermas distingue le potentiel de rationalisation morale-pratique contenu dans les activités communicationnelles du potentiel de rationalisation technique ancré dans le travail sur la nature. Sur le plan économique, les sociétés assurent leur survie uniquement en exploitant systématiquement la connaissance instrumentale construite par les sujets qui travaillent dans le but de dominer la nature. Avec cette distinction analytique entre deux formes de rationalisation du processus de développement socioculturel, Habermas libère la théorie sociale critique de la confusion théorique dans laquelle le paradigme marxiste du travail l'avait entraînée en brouillant la frontière entre progrès technique et libération sociale.

Alors que l'activité instrumentale correspond à la contrainte de la nature extérieure et que le niveau des

1. Cette critique a déjà été faite par différents auteurs bien qu'aucun n'ait proposé un concept de travail thématiquement enrichi. *Cf.* J. Keane, « On Tools and Language : Habermas on Work and Interaction », *New German Critique*, 1975, p. 82 *sq* ;. B. Agger, « Work and Authority in Marcuse and Habermas », *Human Studies*, 2, 1979, p. 191 *sq.* Les écrits de J. P. Arnason sont une exception. Voir « Marx und Habermas » *in* A. Honneth et U. Jaeggi, *Arbeit, Handlung und Normativität, op. cit.* et J. P. Arnason, *Zwischen Natur und Gesellschaft*, Frankfurt-am-Main, Suhrkamp, 1976, chap. 3.

forces productives détermine l'ampleur de la disposition technique des forces de la nature, l'activité communicationnelle correspond à la répression de la nature intérieure de chacun : le cadre institutionnel détermine l'ampleur d'une répression par le pouvoir naturel de la dépendance sociale et de la domination politique. Une société doit son émancipation des forces extérieures de la nature au processus de travail, c'est-à-dire à la production d'un savoir techniquement exploitable (y compris la « transformation des sciences de la nature en machinerie ») ; l'émancipation de la contrainte de la nature interne s'opère dans la mesure où les institutions exerçant cette violence sont remplacées par une organisation des échanges sociaux liée uniquement à une communication exempte de domination. Ce n'est pas directement la conséquence de l'activité productive, mais celle de l'activité de transformation révolutionnaire des classes en lutte (y compris de l'activité critique des sciences réflexives). Ces deux catégories de pratique sociale, conjuguées, rendent possible ce que Marx, interprétant Hegel, appelle « l'acte d'auto-création de l'espèce »[1].

Les processus de transformation pratico-révolutionnaires par lesquels les mouvements sociaux libèrent la société d'une forme répressive d'organisation se rattachent à un savoir moral-pratique qui se construit dans l'expérience de la déformation des structures d'interaction ; le processus d'apprentissage normatif dans lequel les sujets prennent progressivement conscience, par l'intermédiaire de la coopération, des visées de l'intercompréhension ancrées dans l'agir communicationnel structuré socialement, engendre les principes moraux ayant pour visée de se

1. J. Habermas, *Connaissance et intérêt, op. cit.*, p. 85-86.

libérer de la domination sociale. Habermas dissout en fin de compte le rapport catégoriel que Marx avait tenté d'établir entre travail social et processus d'émancipation : le développement d'une conscience sociale révolutionnaire suit dès lors une logique d'action fondamentalement différente que celle suivie par la transformation sociale de la nature. Habermas n'a plus à se poser les problèmes sur lesquels bute une philosophie sociale orientée par le marxisme qui maintient le rapport immanent entre travail et émancipation sur le plan historico-philosophique, malgré sa méfiance exprimée quant au potentiel émancipatoire des rapports de travail actuels. La distinction entre travail et interaction rend la théorie habermassienne de la société imperméable aux interprétations instrumentales des processus révolutionnaires de l'apprentissage social qui sont uniquement construites sur la base conceptuelle du modèle d'action du travail. Cependant, le concept de travail en vient simultanément à occuper une position tellement marginale que la moralité pratique engagée dans les activités instrumentales, à l'aune de laquelle les sujets qui travaillent réagissent à l'expérience de l'instrumentalisation capitaliste de leur activité de travail, est complètement exclue de ce cadre conceptuel.

Habermas reprend le concept anthropologique de travail développé par Arnold Gehlen dans sa théorie de l'action. L'idée fondamentale introduite par Gehlen dans son ouvrage majeur *L'Homme, sa nature et sa position dans le monde*[1] est que le système malléable des instincts, le système perceptif stimulé de manière répétée et le système moteur

1. A. Gehlen, *Der Mensch. Seine Natur und seine Stellung in der Welt*, Frankfurt-am-Main, Klostermann, 1971 ; J. Habermas, « Nachgeahmte Substantialität », *Philosophisch-politische Profile*, Frankfurt-am-Main, Suhrkamp, 1971.

qui équipent physiquement les humains, les forcent à s'engager dans un agir orienté vers un but façonné par leurs besoins et qui structure leur perception et dirige leur appareil moteur ; grâce à l'action, les êtres humains se déchargent des risques de la survie qui sont une conséquence de la constitution organique d'une nature incomplète. Gehlen interprète la structure de cette action, qu'il comprend comme le principe unifiant de l'organisation de la vie humaine, selon un modèle solipsiste de relation : l'agir est présenté comme la manipulation isolée d'un sujet sur et avec les choses[1]. L'agir instrumental est le médium par lequel la perception et l'appareil moteur humain se réorganisent constamment, en partant organiquement de la vie des instincts. Habermas a recours à cette conception anthropologique pour compléter sa théorie de l'action à l'aide d'un concept d'activité portant sur les objets physiques. À l'instar du concept d'agir communicationnel qui renvoie les formes de l'interaction sociale à une structure de règles enracinée anthropologiquement, le concept d'agir instrumental renvoie au contrôle de l'activité par le sujet à l'aune du succès avec lequel il parvient à manipuler les choses pour aboutir à un but déterminé antérieurement ; l'activité de travail est donc dépendante de la connaissance des règles techniques qui ont été accumulées dans la manipulation empirique des objets physiques[2]. Dans les processus de travail organisés socialement, ces processus

1. Ce point a été discuté par Dietrich Buhler dans son interprétation des premiers écrits de Gehlen, « Arnold Gehlen : Die Handlung », *in* J. Speck (dir.), *Grundprobleme der großen Philosophen. Philosophie der Gegenwart II*, Göttingen, Vandenhoeck & Ruprecht, 1973, p. 230 *sq.*

2. J. Habermas, *Technik und Wissenschaft als « Ideologie »*, *op. cit.*, p. 62 ; trad. fr. J.-R. Ladmiral, *La Technique et la science comme « idéologie »*, Paris, Tel-Gallimard, 1990, p. XXXX.

instrumentaux d'action sont alors coordonnés entre les sujets qui travaillent individuellement selon les règles de coopération orientées selon les finalités de la production commune[1].

Le concept d'agir instrumental préserve, de toute évidence, au niveau conceptuel le plus élevé théoriquement tel que le développe Habermas, la signification économique et anthropologique que Marx conférait au concept de travail : à l'instar de ce dernier, Habermas comprend le travail comme un équipement organique de l'espèce, qui assure sa nécessaire reproduction économique au moyen de l'agir instrumental. Cependant, il élimine de son concept de travail cette dimension théorique à partir de laquelle le jeune Marx, à la suite de Hegel, interprétait l'acte de travail comme un processus permettant l'objectivation des capacités et des besoins humains ; dans son concept d'agir instrumental, Habermas ne préserve aucun équivalent catégoriel. Au fur et à mesure du déplacement de sa théorie vers l'économie politique, Marx transfère le modèle expressif du travail, sur lequel repose normativement sa critique du travail aliéné dans les « Manuscrits parisiens », dans l'idée empirique d'une activité de travail artisanal dans laquelle le sujet agissant injecte son savoir empirique de manière autonome et habile dans le façonnage de l'objet ; il met en contraste l'image de cet acte de travail complet avec une activité de travail abstraite vidée de toute signification, spécifique au capitalisme.

Chez Habermas, cette différenciation interne entre les activités de travail fait défaut. Certes, le concept d'agir

---

1. J. Habermas, « Zur Rekonstruktion des Historischen Materialismus », *Zur Rekonstruktion des Historischen Materialismus*, *op. cit.*, p. 145.

instrumental repose tout autant sur la représentation d'une activité dans laquelle le sujet qui travaille contrôle et régule les manipulations de l'objet de son travail, mais Habermas ne fait rien de ces implications conceptuelles. Il échelonne normativement l'éventail des types d'activités interpersonnelles en fonction de leur degré de réalisation de l'activité d'intercompréhension non contrainte ; mais il ne différencie les formes historiques de travail social qu'en fonction de leur forme d'organisation sociale et non pas selon leur capacité de remplir les conditions d'une activité de travail non distordue[1]. Cependant, avec l'établissement des systèmes de travail taylorisés, la rationalisation technique et productive du travail sous la pression de l'accumulation capitaliste atteint un seuil auquel une grande partie des activités de travail n'a plus le caractère d'un acte de travail complet. Les opérations instrumentales partielles auxquelles le travail social a été réduit par le processus de rationalisation ont été à tel point séparées du contrôle autonome et de la connaissance empirique des sujets qui travaillent que ces derniers ne peuvent plus comprendre l'activité de travail comme un processus de travail complet. Habermas a abandonné les moyens catégoriels qui lui auraient permis de saisir au plan analytique la dissociation systématique de tout contenu de travail à partir des modes d'action instrumentale ; il applique le concept d'agir instrumental en référence à la tradition de la philosophie sociale qui a tellement neutralisé le concept de travail sur le plan normatif qu'elle y rapporte de manière acritique toute forme d'activité qui a quelque chose à voir avec le fait de manier un objet.

1. G. Göhler, « Dialektik und Politik in Hegels frühen politischen Systemen, Kommetar und Analyse », in *G. W. F. Hegel, Frühe politische Systeme*, Frankfurt-am-Main-Berlin-Vienne, Ullstein, 1974.

Un concept critique de travail doit maintenir la différence entre une activité instrumentale dans laquelle le sujet qui travaille structure et régule progressivement son activité de sa propre initiative et selon ses connaissances et une activité instrumentale dans laquelle ni les contrôles accompagnant l'activité ni la structuration relative à l'objet ne sont laissés à son initiative[1]. Marx avait de toute évidence cherché à préserver cette distinction grâce à la tension sémantique dans laquelle il a maintenu durant toute sa vie le concept de travail, sans toutefois la mettre à profit pour développer vraiment une théorie de l'émancipation. Habermas se limite cependant à un concept d'agir instrumental qui peut être appliqué sans distinction à n'importe quel type de manipulation d'un objet. Ce nivellement des distinctions entre des formes de travail très différentes sur le plan empirique dans le concept d'agir instrumental est cependant de première importance, parce qu'il s'applique à une distinction lourde de conséquences dans la reconstruction habermassienne du matérialisme historique. Habermas a en effet recours à la distinction développée sur le plan épistémologique entre agir instrumental et agir

1. La reconstruction d'un tel concept critique de travail devrait permettre de réinterpréter le concept de « totalité du travail » que G. Friedmann a développé sur le modèle du travail artisanal dans le cadre d'une théorie sociologique de l'action. Voir G. Friedmann, *Le Travail en miettes. Spécialisation et loisirs*, Paris, Gallimard, 1956. À propos de la place historique et de la structure systématique de la sociologie de Georges Friedmann qui a établi la tradition de la sociologie du travail française, voir K. Düll, *Industriesoziologie in Frankreich*, Frankfurt-am-Main, Europäische Verlagsanstalt, 1975, chap. 2. La tradition française de la sociologie du travail a malheureusement eu peu d'influence en Allemagne. Une exception, en rapport avec mes propres arguments, est cependant retrouvée dans un article de J. Habermas, « Die Dialektik der Rationalisierung », republié dans *Arbeit-Erkenntnis-Fortschritt*, Amsterdam, 1970, p. 7 *sq.*

communicationnel en vue de distinguer le processus d'expansion du savoir technique du processus théorique de la formation d'une conscience émancipatoire : dans les structures de l'interaction médiatisée par des symboles se construit, à partir des opérations communicationnelles intuitives des sujets de l'action, une connaissance morale conduisant à la conscience des buts de la compréhension mutuelle dont les assises contra-factuelles sont les structures de l'action sociale elles-mêmes. Par contre, dans les structures d'action du travail social, les expériences de manipulation des objets de la nature sont généralisées symboliquement au niveau d'une connaissance technique que le contrôle sur la nature externe ne fait qu'augmenter. La conception habermassienne du matérialisme historique repose sur cette distinction[1]. Cependant, s'il avait différencié de l'intérieur le concept d'agir instrumental sur le plan catégoriel, à l'image de la finesse avec laquelle il a décomposé l'éventail des actions sociales de manière normative, il aurait alors été conduit à reconnaître l'existence d'une connaissance morale-pratique basée non pas sur la conscience de la distorsion systématique des relations de communication mais sur l'expérience de la destruction des activités de travail dans le cours de la rationalisation productive et technique. Cette conscience de l'injustice sociale qui se construit à partir de l'expropriation systématique de l'activité de travail des sujets est complètement négligée par les catégories de Habermas[2]. Si l'on peut admettre cet argument, c'est seulement lorsque ces activités instrumentales peuvent atteindre le niveau

1. *Cf.* J. Habermas, « Introduction : le matérialisme historique et le développement… », *op. cit.*

2. Voir B. Moore, *Injustice. The Social Basis of Obedience and Revolt*, Armonk NY, White Plains, 1978.

d'actes de travail façonnés et contrôlés de manière indépendante par le sujet, que peut émerger la possibilité d'un processus de développement transparent au sein de la réalité industrielle des systèmes de travail, dans laquelle les sujets peuvent revendiquer leur droit au contrôle sur le processus de travail, c'est-à-dire sur le caractère du travail des activités instrumentales.

Le processus de réflexion émancipatoire que Habermas suppose dans les actes de communication va retrouver, en deçà du niveau des interactions socioculturelles déformées, la visée d'intercompréhension immanente qui s'oppose à son organisation répressive. Si cet argument est pertinent, cela correspondrait dans le domaine du travail social au processus de l'action qui est aussi moralement orienté, aspirant à retrouver le contenu de travail des actions instrumentales en deçà de la forme sociale existante que la domination a donnée au travail. L'exigence normative qui s'exprime ainsi se fonde sur une blessure morale potentielle qui se développe non pas à partir de la suppression des modes communicationnels d'intercompréhension mais à partir de l'expropriation de l'activité de travail propre aux sujets qui travaillent; la connaissance morale qui prend forme sur la base de telles expériences s'incarne dans les activités de travail qui réclament leur autonomie au sein d'une réalité organisationnelle de relations de travail hétérodéterminées. Cette rationalité pratique qui naît de la réaction contre la dissolution technique et productive du contenu de travail de modes instrumentaux d'action, confère sa logique propre à l'atteinte envers les normes et aux pratiques de résistance qui sont devenues le lot quotidien dans le travail industriel capitaliste. Mais cette logique ne coïncide ni avec celle de l'activité communicationnelle tournée vers la coordination des actions visant l'entente mutuelle, ni avec la logique de l'activité instrumentale tournée vers la domination technique des processus naturels. Sans y associer des prétentions méthodiques, je voudrais recourir provisoirement au concept d'» appropriation » qui a été utilisé dans la sociologie française du travail pour caractériser une logique d'action attachée aux processus de l'action instrumentale mais qui dépasse cependant cette dernière.

Dans un article intitulé « La résistance ouvrière à la rationalisation : la réappropriation du travail »[1], Philippe Bernoux décrit une recherche empirique réalisée à partir d'une observation participante, de questionnaires standardisés et d'entretiens ouverts. Son étude met en évidence une variété de pratiques de travail quotidiennes dans lesquelles les travailleurs d'une entreprise industrielle enfreignent et contournent systématiquement les règles de production fixées par le management et qui s'incarnent dans l'organisation technique du travail. L'étude distingue quatre types de pratiques de résistance sans interruption du processus de travail : une résistance au rythme de travail, déterminé par un découpage personnel du temps (« le redécoupage du temps de travail ») ; une prise de possession individuelle des espaces de travail, collective et démontrée symboliquement (« une appropriation individuelle et collective d'un espace au sein de l'atelier »)[2] ; des techniques dans le processus de travail développées à l'initiative propre des travailleurs (« appropriation technique ») ; et enfin une réorganisation clandestine et collective des techniques de

1. P. Bernoux, « La résistance ouvrière à la rationalisation : la réappropriation du travail », *Sociologie du travail*, n° 1, 1979, p. 76 *sq.*

2. Pour cet aspect, voir G.-N. Fischer, « L'espace comme nouvelle lecture du travail », *Sociologie du travail*, n° 4, 1978, p. 397 *sq.*

l'entreprise (appropriation de la gestion technique)[1]. Dans ces quatre dimensions, les travailleurs apportent de manière évidente une compétence compréhensive dans le procès de travail qui s'avère supérieure à la connaissance scientifique du management. Philippe Bernoux interprète cet ensemble de pratiques d'opposition développées dans le processus de travail comme un effort collectif des travailleurs pour retrouver le contrôle sur leur propre activité de travail : « Notre hypothèse est qu'une des dimensions les plus importantes des conflits passés et actuels vient de leur dimension d'appropriation. Chacun d'eux traduit une volonté d'organiser et de contrôler la production, de se définir autonome et comme groupe face à l'organisation, de se faire reconnaître un droit sur l'outil de production »[2].

Sur le front des séquences de l'action orientée de manière instrumentale, qui aboutissent à un processus de travail hétérodéterminé dans le cadre d'une activité de travail planifiée et contrôlée de manière autonome, les sujets s'appuient sur une revendication immanente à leur activité. La connaissance morale, qui est systématiquement incarnée dans ces transgressions pratiques des régulations du travail, ne vise pas à libérer les travailleurs des obstacles à l'agir communicationnel, mais plutôt à les émanciper des blocages dans l'agir instrumental[3].

Les pratiques d'appropriation mises en lumière par ces recherches de sociologie industrielle s'introduisent de

1. P. Bernoux, « La résistance ouvrière à la rationalisation », *loc. cit.*, p. 77.

2. Voir R. W. Hoffmann, « Die Verwissenschaftlichung der Produktion und das Wissen der Arbeiter » *in* G. Böhme et M. Von Engelhardt (dir.), *Entfremdete Wissenschaft*, Frankfurt-am-Main, Suhrkamp, 1979, p. 229 *sq.*

3. P. Bernoux, « La résistance ouvrière... », *loc. cit.*, p. 80.

manière si discrète[1] dans la vie quotidienne du processus capitaliste de travail qu'elles restent largement en dessous du seuil d'expression à partir duquel la sociologie commence à répertorier des attitudes conflictuelles et des lésions normatives. Par conséquent, ces pratiques de résistance ont été davantage documentées jusqu'à présent dans la littérature que dans les recherches sociales empiriques[2]. Si les expériences attestent de ces résultats et que les conclusions tirées de ces recherches ne nous induisent pas en erreur, alors le travail industriel taylorisé et dépourvu de sens sera toujours accompagné de résistances dans lesquelles les sujets qui travaillent cherchent de manière collective à reprendre le contrôle de leur propre activité. Ce qui caractériserait alors tout travail aliéné serait un moment de remémoration pratique du fait qu'une domination injustifiée lui est inhérente. Le cadre catégoriel proposé par Habermas pour sa reconstruction du matérialisme historique ne suffit pas pour saisir le type de connaissance morale qui est mobilisé dans cette forme de critique pratique. Son concept d'agir instrumental est trop éparpillé sur le plan thématique pour être en mesure de saisir la tension morale inhérente à l'établissement des relations de travail. La formulation d'un matérialisme historique sur la base d'une théorie de la communication a certes l'avantage de porter l'attention sur les structures d'un processus évolutif

---

1. J'ai bénéficié de suggestions intéressantes, à l'issue de la lecture d'un article de B. Mahnkopf, qui dirige des recherches dans le champ de la sociologie de la culture (*Centre for Contemporary Cultural Studies* à Birmingham, Angleterre); voir « Geschichte Biographie in der Arbeiterbildung », *in* A. Brock, H.-D. Müller, O. Negt (dir.), *Arbeiterbildung*, Reinbek bei Hamburg, Rowohlt, 1978.

2. Voir R. Linhart, *L'Établi*, Paris, Minuit, 1978; M. Haraszti, *Stücklohn*, Berlin, Rotbuch Verlag, 1975.

de libération communicationnelle qui n'est plus attribuable à des classes spécifiques. Mais sa faiblesse conceptuelle, telle que je la perçois, tient au fait que ses concepts fondamentaux sont déployés d'emblée comme si le processus de libération des relations de travail aliéné, que Marx avait déjà en vue, était devenu aujourd'hui historiquement superflu.

JUSTICE ET DÉMOCRATIE

INTRODUCTION

L'introduction de la deuxième partie a situé la philosophie du travail de Simone de Beauvoir dans le contexte d'une redécouverte philosophique de l'homme travaillant marquée par une interprétation existentialiste et humaniste du thème hégélien du caractère formateur du travail. Nous avons constaté dans l'introduction de la troisième partie qu'au sein de l'école de Francfort, c'était bien plutôt la manière dont Marx affirmait la thèse de la centralité sociale et politique du travail qui structurait, positivement et négativement, les débats (il en va de même dans différents débats féministes[1]). La philosophie contemporaine du travail continue de porter les traces, plus ou moins reconnues ou refoulées, de thèmes hégéliens et marxiens. Mais d'autres paradigmes philosophiques s'y superposent et contribuent plus directement à orienter les discussions. L'un des paradigmes ayant le plus profondément contribué à conférer aux approches philosophiques du travail la forme qu'elles revêtent aujourd'hui est

1. L'ouvrage de M. Mies, dont est extrait le texte présenté dans ce volume, en fournit une illustration, se confrontant avec la conception marxienne du travail. Pour une présentation synthétique des affinités, entre marxisme et féminisme, voir C. Arruzza, *Dangerous Liaisons : The Marriages and Divorces of Marxism and Feminism*, Pontypool, Merlin Press, 2013.

indéniablement le libéralisme politique rawlsien. Cela est vrai aussi bien des débats philosophiques concernant le rapport du travail à la démocratie, que de ceux relatifs à la justice dans la production. Il y a là un paradoxe dans la mesure où la philosophie politique normative, telle qu'elle s'est développée depuis la parution de la *Théorie la justice* de John Rawls, en 1971, a longtemps accordé une place seulement marginale à la question du travail, comme le remarque, pour le déplorer, Adina Schwartz dans l'introduction du texte reproduit ci-dessous.

Rappelons le principe général de la théorie rawlsienne de la justice : chacun doit bénéficier de la protection d'un ensemble de libertés fondamentales, et chacun doit bénéficier des mêmes chances de réalisation du type de vie qu'il pense devoir réaliser, à condition certes que ce dernier soit compatible avec le respect des libertés fondamentales d'autrui. De nombreuses études ont montré qu'il est possible de déduire de cette théorie de la justice une critique du travail forcé (c'est-à-dire non librement choisi), une critique des discriminations dans l'accès aux emplois et une critique des injustices distributives dont le salaire est le vecteur[1]. Cependant, rares sont celles et ceux qui ont considéré que le cadre théorique de cette philosophie de la justice devait s'appliquer non pas seulement aux conditions d'emploi (au nom de la liberté de choisir des emplois ouverts à tous) et de rémunération (au nom d'une exigence distributions équitable des richesses par le salaire), mais aussi au contenu de l'activité de travail et aux rapports

---

1. Pour une vue synthétique des débats sur la question, voir N. H. Hsieh, « Survey Article : Justice in Production », *Journal of Political Philosophy* 16, 2008, p. 72-100.

de subordination qui sont propres au rapport salarial[1]. Cela s'explique par une autre caractéristique du libéralisme égalitaire de Rawls : la reconnaissance de la valeur centrale de l'autonomie doit s'accompagner d'après lui d'une reconnaissance du caractère irréductible du pluralisme des valeurs.

Il existe en effet, dans les sociétés modernes, une diversité des « conceptions de la vie bonne » et chacun doit se voir reconnu le droit de chercher à vivre selon la conception de la vie bonne de son choix. La question est alors celle de la place que le travail peut jouer dans les différentes conceptions de la vie bonne. Il ne fait pas de doute que de nombreux salariés préféreraient que leurs activités de travail soient plus intéressantes et qu'elles se développent dans un cadre où leurs marges de manœuvre et leur pouvoir de décision soient plus grands. Mais il n'en reste pas moins probable que d'autres salariés préféreraient, s'ils avaient vraiment le choix, un travail faiblement intéressant et soumis à des contraintes hiérarchiques fortes, mais accompagné d'une forte rémunération, plutôt qu'un travail très intéressant et affranchi des contraintes hiérarchiques, mais moins bien rémunéré. L'argument, qui a notamment été soutenu par Will Kymlicka, est donc que vouloir rendre le contenu des activités de travail plus riche et les rapports de pouvoir au travail moins contraignants reviendrait à favoriser ceux dont les conceptions de la vie bonne accordent une place centrale au travail riche de sens (*meaningful* en anglais, qui peut aussi être rendu par « épanouissant » comme le suggère la traductrice du texte

1. Parmi les exceptions notables, voir B. Roessler, « Meaningful Work : Arguments from Autonomy », *Journal of Political Philosophy* 20, 2011, p. 71-93. Elle s'y appuie notamment sur l'article d'A. Schwartz reproduit ici.

de Schwartz) ou à l'autonomie au travail, au détriment de ceux qui considèrent au contraire que les fins qui comptent le plus ne peuvent être poursuivies qu'en dehors des activités professionnelles[1].

D'autres libéraux égalitaires inspirés par Rawls ont souligné le fait que le travail salarié est aujourd'hui, pour la grande majorité de la population active, le seul moyen d'accéder à des ressources, et que la plupart des salariés n'ont d'autre choix que d'accepter des activités de travail dénuées de sens et d'intérêt, en même temps que chronophages et peu rémunératrices. Il en résulte selon eux que l'organisation du travail aujourd'hui est bel et bien incompatible avec la valeur centrale de l'autonomie, mais qu'afin d'éviter de privilégier telle ou telle « conception de la vie bonne », il convient d'instaurer un « revenu de base inconditionnel » qui donnerait à tous le choix d'accepter ou de refuser le type d'activité de travail qui est susceptible de leur être proposé sur le marché du travail[2]. De nouveau, les principes de justice ne portent directement ni sur le contenu de l'activité de travail ni sur les rapports de pouvoir qui organisent les activités productives, et cela pour ne pas privilégier telle ou telle conception de la vie bonne.

Les auteures des textes qui sont réunis dans cette section admettent que les sociétés doivent être organisées conformément à l'exigence de reconnaître à tous et à toutes le droit de conduire leur vie de manière autonome. Mais elles contestent d'une double manière la thèse suivant laquelle l'exigence d'une autonomie égale des individus ne doit pas être appliquée au contenu de l'activité de travail

1. Voir par exemple W. Kimlicka, *Les théories de la justice : une introduction*, Paris, La Découverte, 2004, chap. 4.
2. Voir P. Van Parijs, Y. Vanderborght (dir.), *Le revenu de base inconditionnel. Une proposition radicale*, Paris, La Découverte, 2005.

et aux rapports de pouvoir qui organisent cette activité :
Adina Schwartz en contestant qu'il soit possible de
reconnaître à tous et à toutes le droit de conduire leur vie
de manière autonome sans promouvoir l'autonomie au
travail ; Elizabeth Anderson en affirmant que le principe
de l'autonomie égale ne doit pas être réduit à celui de
l'égalité des chances, mais qu'il doit aussi concerner la
manière dont les individus se rapportent les uns aux autres
dans les différentes sphères de la vie sociale, y compris
dans celle du travail.

Dans un article daté de 1982[1] devenu depuis un
classique[2], intitulé en anglais « Meaningful Work », Adina
Schwartz part du principe rawlsien suivant lequel les
sociétés devraient être organisées conformément à
l'exigence de reconnaître à tous et à toutes le droit de
conduire leur vie de manière autonome. Mais elle souligne
que la profondeur des effets formateurs du travail doit être
prise en compte dans le cadre des réflexions sur l'autonomie.
Elle soutient qu'il est absurde de croire que l'habitude
d'agir, pendant la plus grande partie de l'existence diurne,
sans marge de manœuvre et sans occasion d'exercer ses
capacités de choix et de réflexion critique serait compatible
avec une véritable autonomie hors du travail. Inversement,
si l'exercice de l'autonomie au travail est une expérience
riche de sens et qu'elle constitue donc l'une des composantes

---

1. A. Schwartz, « Meaningful Work », *Ethics* 92, 1982,
p. 634-646.

2. Comme en témoigne sa reproduction dans plusieurs volumes :
A. L. Gini et T. Sullivan (dir.), *It Comes with the Territory : An Inquiry
Concerning Work and the Person*, New York, Random House, 1989 ;
W. Kymlicka (dir.), *Justice in Political Philosophy*, Brookfield, Ashgate,
1992 ; R. Manning et R. Trujillo (dir.), *Social Justice in a Diverse Society*,
Mountain View, Mayfield, 1996.

d'un « travail riche de sens » (*meaningful work*), les expériences de travail contribuent fortement à une conduite de vie autonome dans le reste de l'existence, et plus généralement, à une démocratisation de la société.

Dans la section introductive de cet article, Adina Schwartz s'appuie sur la célèbre description smithienne de la division du travail dans une manufacture d'épingle pour faire apparaître deux caractéristiques de beaucoup d'emplois de l'industrie et des services à l'époque contemporaine : les travailleurs n'ont pas la possibilité de choisir librement les moyens et les fins de leur activité, et ces dernières dépendent des décisions des autres. Il semble donc que si l'on admet « qu'une société juste respecte chacun de ses membres comme un agent autonome », comme le fait le libéralisme politique, on devrait « exiger que personne n'exerce d'emplois tels que ceux que nous venons de décrire »[1].

La première section du texte poursuit ensuite ce double objectif : définir le concept d'autonomie et critiquer l'argument généralement utilisé pour minimiser le problème posé par le fait que des personnes ne soient pas reconnues dans leur autonomie au travail. L'autonomie ne doit pas, selon Adina Schwartz, être définie seulement comme une faculté de choisir les fins que l'on poursuit et les moyens que l'on met en œuvre. Elle implique également un processus de révision critique des moyens et des fins, ainsi que des critères de choix, en fonction de l'expérience des conséquences des choix des moyens et des fins. Elle ajoute que la question de savoir si une personne est autonome ou non est relative à la conduite de sa vie dans son ensemble : l'autonomie est « un processus de construction de notre

---

1. A. Schwartz, « Meaningful Work », *op. cit.*, p. 635.

personnalité qui consiste à arriver à voir toutes nos activités comme étant dépendantes de nos projets et toutes nos expériences comme une base pour évaluer et revoir nos croyances, nos méthodes et nos objectifs »[1].

L'argument qu'elle doit ensuite réfuter, et que nous avons déjà référé à Kimlicka, est le suivant : les emplois qui ne reconnaissent pas les travailleurs comme des personnes autonomes ne constituent pas nécessairement des obstacles à l'autonomie puisqu'il est possible que des personnes aient librement choisi des fins qui leur font apparaître un travail dénué d'autonomie comme un moyen qu'il serait rationnel de choisir. Sur le plan empirique, elle s'appuie sur Durkheim et sur des enquêtes de psychologie empirique pour établir que les habitudes contractées au travail rejaillissent sur l'ensemble de l'existence. Il en résulte que prendre l'habitude de l'absence d'autonomie au travail tend à rendre impossible une conduite de vie autonome hors du travail. Par ailleurs, sur un plan cette fois conceptuel, elle souligne que le concept d'autonomie perd son sens s'il ne désigne qu'une partie de notre existence, la vie hors travail, alors que la plus grande partie du reste de notre existence (celle passée au travail) est marquée par l'absence de choix et l'obéissance à autrui.

La deuxième section précise les implications des arguments qu'elle vient de développer en caractérisant ce qui est problématique dans les modalités actuelles de la division du travail. Elle s'appuie alors sur Marx et son analyse des spécificités de la division du travail à l'époque capitaliste. Cette dernière n'est pas seulement hautement spécialisée mais aussi hautement hiérarchique. Or, cette dernière caractéristique est incompatible avec l'autonomie.

1. *Ibid.*, p. 636.

Elle souligne par ailleurs qu'il ne suffit pas de permettre aux travailleurs de participer aux décisions stratégiques de l'entreprise, dans le cadre d'une démocratie formelle, tout en maintenant la même structure de division du travail, mais que « les emplois doivent être redéfinis démocratiquement, les tâches doivent être réparties de manière à abolir la distinction entre ceux qui décident et ceux qui exécutent »[1]. Consciente que cette proposition pourrait sembler irréalisable à certains de ses lecteurs, elle établit ensuite, d'une part, qu'elle a déjà été mise en pratique avec succès, et d'autre part, que les arguments qui sont utilisés pour dénoncer son caractère irréalisable ne sont pas convaincants.

La troisième section considère les conséquences de l'exigence de restructuration de la division de travail pour les politiques publiques. Adina Schwartz montre, en s'appuyant de nouveau sur des études empiriques, que contrairement à ce qui est parfois affirmé, les travailleurs de statut subordonné ont le souhait de participer à une organisation du travail plus démocratique. Ce sont les cadres qui s'y opposent car elle remettrait en question leurs prérogatives. La division du travail hautement spécialisée et hiérarchique est donc la cause d'un cercle vicieux : elle crée des dispositions qui font obstacle à la démocratisation du travail en habituant les subordonnés à l'obéissance inintelligente, et en créant chez les cadres une habitude de commander sans contrôle démocratique. La conclusion de l'article est donc la suivante : « Comment un gouvernement pourrait-il ne pas intervenir pour briser le cercle vicieux que nous venons de décrire, alors qu'il est effectivement possible de restructurer l'emploi industriel de manière à

1. A. Schwartz, « Meaningful Work », *op. cit.*, p. 641.

ce que les emplois de tous les individus favorisent leur développement autonome au lieu de le freiner ? »[1].

Partie d'une exigence de *justice* dans le travail, Adina Schwartz est donc conduite à une exigence de *démocratisation* du travail. Ce même mouvement, qui n'était pas présent chez Rawls[2], est tout aussi décisif chez Elizabeth Anderson, mais il conduit à une autre conception de la démocratisation du travail. Commençons par présenter les alternatives qui structurent le débat contemporain sur les justifications de la démocratie au travail avant d'en venir plus précisément aux thèses d'Elizabeth Anderson.

Les deux principales justifications de ce qu'il est convenu d'appeler *workplace democracy* dans les débats contemporains[3] se formulent sans mobiliser le concept de justice sociale. Ces deux justifications sont désignées comme « la thèse du rejaillissement » (*spillover thesis*) et « l'argument des situations parallèles » (*parallel case argument*). La seconde justification a trouvé sa formulation classique chez Robert Dahl qui affirme notamment que « si la démocratie est justifiée lorsqu'il s'agit de gouverner l'État, alors, elle est également justifiée lorsqu'il s'agit de gouverner les entreprises économiques ». De plus, ajoute Dahl, « si elle ne peut pas être justifiée dans le gouvernement des entreprises économiques, on ne voit pas bien comment

---

1. *Ibid.*, p. 646.

2. En effet, Rawls ne faisait pas de la démocratisation des lieux de travail une exigence de justice, et y compris chez ses disciples socialistes, cette démocratisation reste un point aveugle. Sur ces questions, voir C. Ternier, *Être des travailleurs libres. Le modèle des coopératives de production comme forme institutionnelle d'une économie démocratique*, Thèse de philosophie de l'université Paris 1, 2019, Parties I et II.

3. Sur l'histoire et la diversité des formes de la revendication de démocratisation du travail, voir A. Cukier, *Le travail démocratique*, Paris, P.U.F., 2018.

elle pourrait être justifiée dans le gouvernement de l'État »[1].
C'est chez Carole Pateman que la première justification a
trouvé sa version la plus significative. Cette philosophe a
souligné, en s'appuyant sur différentes études empiriques,
que la démocratisation des entreprises s'accompagne d'un
sentiment accru d'« efficacité politique », c'est-à-dire d'une
croyance plus affirmée en la possibilité de changer le
cours des choses par une participation à des processus
démocratiques institutionnalisés. La démocratisation de
l'entreprise produit donc des effets éducatifs qui
« rejaillissent » sur la démocratisation du reste de la société,
et notamment du gouvernement étatique. Il en résulte que
si la démocratie doit être promue en dehors de l'entreprise,
elle doit également l'être dans l'entreprise[2]. Dans les deux
cas, on se contente donc de partir du constat que la
démocratisation de l'État est généralement considérée
comme une bonne chose, sans chercher à montrer qu'elle
doit effectivement être considérée comme telle, et on
montre ensuite qu'on devrait en déduire que la démocratisation des lieux de travail serait une bonne chose
également, ou bien parce que l'exercice du pouvoir d'État
et l'exercice du pouvoir sur les lieux de travail sont
analogues, ou bien parce que la démocratisation de l'État
dépend de l'existence d'habitudes démocratiques contractées
notamment dans des lieux de travail démocratisé.

Lorsqu'Adina Schwartz insiste sur le fait que l'absence
d'autonomie au travail rejaillit sur les possibilités de
conduire sa vie de manière autonome, elle défend une
version particulière de l'argument du rejaillissement. La

1. R. A. Dahl, *A Preface to Economic Democracy*, Berkeley, University
of California Press, 1985, p. 134-135.

2. C. Pateman, *Participation and Democratic Theory*, Cambridge,
Cambridge University Press, 1970, chap. 3 et 4.

spécificité de sa version de l'argument du rejaillissement tient au fait qu'elle part non pas du constat que la démocratisation de l'État est une bonne chose, mais qu'une société juste est une société dans laquelle les individus peuvent conduire leur vie de façon autonome. Elizabeth Anderson, dans l'article qui est reproduit ci-dessous (« Égalité et liberté sur le lieu de travail : retour aux idées républicaines »), ainsi que dans un livre ultérieurement publié sur le même sujet, développe quant à elle une version possible de « la thèse des situations parallèles »[1]. Elle part du constat que dans l'ensemble des sphères de la vie sociale, excepté dans le travail, on considère généralement que le respect égal de l'autonomie des individus est incompatible avec l'exercice d'un pouvoir arbitraire des uns sur les autres, et qu'il n'y a aucune raison pour que les rapports de pouvoir qui sont propres aux lieux de travail fassent exception à la règle. Tout comme Adina Schwartz, elle confère une importance cruciale à la question du respect égal de l'autonomie individuelle, mais elle la reformule sous une forme « républicaine », ou « néo-républicaine »[2], en soulignant la nécessité d'un *contrôle du pouvoir* qui le

1. E. Anderson, « Equality and Freedom in the Workplace. Recovering Republican Insights », *Social Philosophy and Policy*, vol. 31, n° 2, 2015, p. 48-69 ; *Private Government. How Employers Rule our Lives (and Why We Don't Talk about It)*, Princeton, Princeton University Press, 2017.

2. P. Pettit, *Républicanisme. Une théorie de la liberté et du gouvernement*, Paris, Gallimard, 2004. Dans les discussions philosophiques contemporaines, on considère souvent, que le libéralisme, qui fait de l'autonomie individuelle la norme fondamentale, et le républicanisme, qui fait de la liberté politique la norme fondamentale, sont deux orientations différentes, qui conduisent à deux arguments différents en faveur de la démocratie. Pour une présentation générale du « néo-républicanisme », *cf.* l'introduction d'Anne Le Goff au dossier, « Le néo-républicanisme : enjeux éthiques, sociaux et politiques » : http://www.implications-philosophiques.org/actualite/une/le-neo-republicanisme-enjeux-ethiques-sociaux-et-politiques/ (consulté le 17/04/2022).

contraigne à s'exercer en vue du bien commun plutôt que de manière arbitraire ou en vue de l'intérêt particulier de ceux qui l'exercent.

Elizabeth Anderson compte parmi les figures les plus importantes de la philosophie contemporaine[1]. S'inscrivant elle aussi dans l'horizon d'un libéralisme égalitaire inspiré de Rawls, elle en propose une reformulation qu'il est aujourd'hui convenu de désigner sous le concept d'» égalitarisme relationnel ». Ses principes furent énoncés dans un article, déjà classique, de la fin des années 1990 : « Qu'est-ce qui importe dans l'égalité ? »[2]. Elle y critique la réduction de la problématique de la justice à celle de l'égalité des chances : assurer à chacun les conditions sociales de sa liberté ne signifie pas tant garantir à chacun une même chance de vivre conformément à sa conception de la vie bonne qu'à permettre à chacun une « participation en tant qu'égal dans un système coopératif de production »[3]. Elle y soutient également que l'« égalitarisme relationnel », qu'elle oppose à l'« égalitarisme des chances » (*luck egalitarism*), est davantage conforme aux principes de la théorie de la justice rawlsienne que l'« égalitarisme des chances » qui prétend pourtant être fondé sur Rawls. L'égalitarisme relationnel souligne donc que ce qui importe dans l'exigence d'égalité est que les individus se comportent les uns à l'égard des autres comme des égaux. En affirmant que l'égalitarisme doit donner toute son importance au principe de l'égal respect dans les relations inter-individuelles, et en soulignant que cet égalitarisme relationnel est incompatible avec l'existence de hiérarchies

1. *Cf.* l'article « Journeys of a Feminist Pragmatist » : https://www.academia.edu/19622925.

2. E. Anderson, « What Is the Point of Equality ? », *Ethics*, vol. 109, n° 2, 1999, p. 287-337.

3. *Ibid.* p. 321.

sociales[1], elle propose une forme de synthèse entre le libéralisme politique, qui affirme la valeur inconditionnelle de l'autonomie individuelle, et le néo-républicanisme, qui exige quant à lui que les sociétés soient organisées de telle sorte que les individus soient protégés de l'usage arbitraire du pouvoir. Cette inflexion néo-républicaine apparaît très clairement lorsqu'elle prend les hiérarchies de travail pour objet de ses analyses, plus encore que dans ses réflexions antérieures sur l'intégration sociale des populations victimes de ségrégation raciale[2].

Dans l'article « Égalité et liberté sur le lieu de travail : retour aux idées républicaines », elle oppose au libéralisme économique qu'il ne suffit pas de protéger le droit de propriété et les libertés d'échanger sur le marché pour protéger les salariés d'un usage arbitraire du pouvoir sur le lieu de travail. Elle plaide donc pour des dispositifs législatifs encadrant l'exercice du pouvoir dans l'entreprise et offrant un droit de recours aux salariés[3]. Bien qu'elle définisse son égalitarisme comme une défense de l'« égalité démocratique »[4], on remarquera que le « républicanisme d'entreprise »[5] d'Elizabeth Anderson est solidaire d'un rejet de toute tentative de « démocratie d'entreprise

---

1. *Ibid.*, p. 289, 312.

2. E. Anderson, *The Imperative of Integration*, Princeton, Princeton University Press, 2010. Voir, sur un thème proche, « Biais moraux et pratiques correctrices. Une approche pragmatiste de la philosophie morale », *Pragmata*, n° 2, 2019, p. 176-213.

3. P. Petitt souligne lui-aussi la nécessité d'un droit de sortie des salariés dans *On the People's Terms : A Republican Theory and Model of Democracy*, Cambridge, Cambridge University Press, 2012.

4. E. Anderson, « What Is the Point of Equality ? », art. cit., p. 289.

5. Pour une mise en débat des différentes formes de « workplace republicanism », voir K. Breen, J.-P. Deranty (dir.), *The Politics and Ethics of Contemporary Work. Whither Work?*, New York, Routledge, 2021.

complète » (de « *full workplace democracy* ») des lieux de travail, et qu'elle défend ici une forme de « démocratie représentative » qu'elle oppose à une « démocratie participative ». Dans notre article, aussi bien que dans *Private Government*, elle considère que le droit de propriété confère aux actionnaires un privilège dans la prise de décision que les salariés ne doivent pas contester. Elle ajoute que l'exigence légitime d'une organisation efficace de la production justifie également des hiérarchies fondées sur la compétence[1]. C'est donc en définitive une double hiérarchie, fondée sur la propriété et la compétence, qu'elle soustrait à l'exigence d'égalité dans les relations sociales.

Appliquer un modèle de « démocratie représentative » aux lieux de travail revient à souligner, dans la logique du « *parallel case argument* », que de même qu'on exige communément que l'exercice des pouvoirs judiciaire, législatif et exécutif soit contrôlé par des assemblées et un gouvernement représentatif, de même, on devrait exiger que les décisions stratégiques, concernant la production, la rémunération, l'organisation du travail et les conditions de travail, ne soient plus du seul ressort de conseils d'administration où siègent uniquement les possesseurs de capitaux, mais d'assemblées où siègent des travailleurs. Deux options sont alors envisageables. La première est celle d'une représentation des détenteurs de capitaux et des travailleurs au conseil d'administration, pouvant prendre la forme du système allemand de la *Mitbestimmung* (cogestion) – Elizabeth Anderson s'y réfère favorablement dans notre texte. La seconde est celle d'un modèle bicamériste dans lequel les décisions les plus importantes relèveraient de deux comités, l'un représentant les

---

1. E. Anderson, *Private Government, op. cit.*, p. 130-131.

possesseurs de capitaux, l'autre les travailleurs[1]. C'est cette dernière option qui a été défendue récemment dans un « manifeste travail » signé par de nombreux chercheurs, dont Elizabeth Anderson[2], au plus fort de la crise sanitaire, avant de prendre la forme d'un livre[3].

L'analogie entre la démocratisation de l'État et celle du gouvernement d'entreprise fait la force politique du projet démocratique représentatif, mais aussi sa limite. En effet, y compris dans la logique du « *parallel case argument* », on peut penser que l'exigence de démocratisation des lieux de travail devrait concerner l'ensemble des formes de l'exercice du pouvoir, aux différents échelons de la hiérarchie d'entreprise (tout comme de la hiérarchie administrative), et non pas seulement les prises de décisions les plus générales. À tous les niveaux de la hiérarchie, en effet, et y compris dans la définition et l'attribution des tâches à l'échelle d'un collectif de travail, l'usage du pouvoir est susceptible d'être arbitraire ou subordonné à des intérêts privés. À tous les niveaux de la hiérarchie, un contrôle des différentes modalités de l'exercice du pouvoir est donc requis dont on voit mal quelle forme il pourrait prendre, sinon celle d'une démocratie participative[4].

---

1. Comme chez I. Ferreras, *Gouverner le capitalisme*, Paris, P.U.F., 2012.

2. https://recherche.uco.fr/sites/default/files/fichiers/126-1809.pdf

3. I. Ferreras, J. Battilana, D. Méda, *Le Manifeste Travail. Démocratiser, démarchandiser, dépolluer*, Paris, Seuil, 2020.

4. Sur les spécificités de la démocratie participative, entendu comme modèle alternatif aux théories de la démocratie représentative aussi bien qu'à celles de la démocratie délibérative, voir C. Pateman, « Participatory Democracy Revisited », *Perspective on Politics*, vol. 10, n° 1, 2012, p. 7-19.

Une deuxième limite de la position défendue par Elizabeth Anderson relève de la logique de la « *spillover thesis* ». Si nous voulons que l'entreprise capitaliste (et l'administration) deviennent des lieux d'apprentissage d'habitudes démocratiques de délibération collective et de critique de la domination et de l'injustice, ce qui semble exigé par l'idée même de démocratie dès qu'elle est entendue en un sens plus fort qu'un simple régime institutionnel[1], il convient de nouveau que l'exercice du pouvoir, aux différents échelons de la hiérarchie d'entreprise et de la hiérarchie administrative, soit profondément démocratisé ; de nouveau, on voit mal quelle forme pourrait prendre cette démocratisation, sinon celle d'une démocratie participative. C'est précisément ce qui fait l'intérêt du texte d'Adina Schwartz qui, on l'a vu, insistait sur la nécessité d'une « juste division du travail » conçue à l'échelle de la division technique des tâches et de l'organisation des collectifs de travail.

---

1. C'est le sens de la définition de la démocratie comme une « manière de vivre » chez J. Dewey (voir notamment « La démocratie créative : une tâche qui nous attend », *Écrits politiques*, Paris, Gallimard, 2018, p. 417-423), dont Elizabeth Anderson s'inspire par ailleurs.

ADINA SCHWARTZ

UN TRAVAIL ÉPANOUISSANT[*]

Dans les premières pages de *La Richesse des nations*, Adam Smith décrit comment les épingles sont fabriquées dans une usine : « Un homme tire le fil à la bobille, un autre le dresse, un troisième le coupe, un quatrième l'empointe[1] », et ainsi de suite, jusqu'à dix-huit opérations distinctes. Si certains travailleurs peuvent accomplir deux ou trois de ces tâches, la plupart n'en exécutent qu'une seule de façon répétitive. Dans les sociétés industrielles contemporaines, de nombreuses personnes ont des emplois similaires à ceux décrits par Smith : des emplois dans lesquels des personnes sont embauchées pour effectuer une série d'actions définies telles que le travail à la chaîne, le perforage de cartes ou la tenue de caisses automatiques[2]. Ces emplois répétitifs

* A. Schwartz, « Meaningful Work », *Ethics*, vol. 92, n° 4, 1982, p. 634-646. Traduit de l'anglais par Camille Ternier.
    1. A. Smith, *Enquête sur la nature et les causes de la richesse des nations*, Livre I-II, trad. fr. P. Taieb, Paris, P.U.F., 1995, p. 6.
    2. L'ouvrage d'H. Braverman, *Travail et capitalisme monopoliste, op. cit.*, est extrêmement précis sur la « routinisation » du travail dans les sociétés industrielles contemporaines. Pour d'autres travaux empiriques utiles sur le sujet, voir E. S. Buffa, *Modern Production Management : Managing the Operations Function*, 5ᵉ éd., New York, Wiley, 1977, p. 207-236 ; L. E. Davis, J. C. Taylor (eds.), *Design of Jobs : Selected Readings*, Harmondsworth, Penguin Books, 1972 ; *Work in America : Report of a Special Task Force to the Secretary of Health, Education, and Welfare*, Cambridge, MIT Press, 1973 ; S. Terkel, *Working*, New York, Avon Books, 1975.

ne donnent aux personnes presque aucune possibilité de formuler leurs buts, de décider des moyens d'atteindre leurs fins, ou d'ajuster leurs objectifs et leurs méthodes à la lumière de leurs observations. Les travailleurs décrits par Smith et leurs homologues contemporains ne décident pas des objectifs des usines, des bureaux ou des services dans lesquels ils sont employés. Plus grave encore : pris individuellement, aucun des travailleurs ne peut décider de la manière dont il va réaliser le travail dont il a la charge. Au lieu d'être embauchés pour atteindre certains objectifs et laissés libres de déterminer les moyens adéquats pour y parvenir, les salariés sont embauchés pour effectuer des actions bien précises. L'ordre de leurs opérations, le rythme auquel ils travaillent et même les mouvements de leurs corps sont en grande partie déterminées par les décisions des autres. Lorsque le travail consiste intégralement en une activité technique, les salariés sont payés dans les faits pour poursuivre aveuglément des buts que d'autres ont choisis, par des moyens que d'autres jugent adéquats.

Le fait que de tels emplois puissent exister préoccupe peu les chercheurs en philosophie sociale et politique[1]. Cet article défend l'idée qu'une telle indifférence est fondamentalement contradictoire avec l'opinion largement répandue voulant qu'une société juste respecte tous ses membres comme des agents autonomes. Dans ce qui suit, je voudrais montrer que si nous nous préoccupons du libre développement de l'ensemble des membres de la société,

---

1. Il n'est fait allusion à leur existence que dans un vague paragraphe de John Rawls, *A Theory of Justice*, Cambridge, Mass., Harvard University Press, 1971, p. 529. L'une des principales implications de la brève discussion que l'on trouve dans l'ouvrage de R. Nozick, *Anarchie, État et utopie* (Paris, P.U.F., 1988, p. 211-213) est que les philosophes politiques ne devraient guère se soucier de ce que les personnes vivent sur leur lieu de travail.

nous devons exiger que personne n'exerce d'emplois tels que ceux que nous venons de décrire. Nous devons également plaider en faveur d'un changement de la forme actuelle de l'emploi industriel et réclamer que des mesures gouvernementales soient prises pour qu'il soit instauré.

I

Il peut être utile que je commence par brièvement clarifier ce que j'entends par le concept d'« autonomie ». Il correspond ici à la notion centrale que les philosophes mobilisent lorsqu'ils défendent l'idée qu'une société doit accorder des libertés étendues à ses membres afin de les respecter en tant qu'agents autonomes. Selon cette conception, être autonome n'est pas seulement une question de capacité. Les individus ne sont libres ou autonomes que dans la mesure où ils élaborent une conception générale de ce qu'ils veulent dans la vie et agissent rationnellement selon cette conception. Ils doivent également pouvoir modifier cette conception au gré des circonstances et des erreurs qu'ils perçoivent dans les objectifs qu'ils s'étaient originellement fixés. Cette notion peut être définie plus précisément en montrant qu'elle s'écarte de certaines idées sur la manière dont les personnes autonomes se comportent. Un individu peut décider d'un ensemble d'objectifs globaux sans pour autant mener une vie autonome. Vivre de façon autonome implique de prévoir d'atteindre effectivement les objectifs que l'on s'est fixé au lieu de simplement réagir aux circonstances auxquelles on est confronté. Ainsi, un individu autonome assume la responsabilité de ses décisions et choisit rationnellement les actions adaptées à ses objectifs. Cela consiste essentiellement pour lui à redéfinir ses objectifs et ses méthodes à la lumière de ce qu'il a pu observer des conséquences de ses choix. Il lui importe aussi de tirer les leçons des différences entre ses décisions et celles des autres et de comprendre comment ces différences résultent de diverses croyances factuelles et engagements normatifs. Il tente ensuite à la lumière de tout cela de décider rationnellement s'il révise ou conserve ses croyances, ses méthodes et ses objectifs.

On peut donc dire que les gens atteignent l'autonomie dans la mesure où ils mènent une vie faite d'intelligence et d'initiative. Cependant, ce serait une erreur d'établir une corrélation directe entre le degré d'autonomie des personnes et le nombre de décisions qu'elles prennent. Un agent autonome prend en fait certains *types* de décisions spécifiques, qui sont des choix rationnels éclairés par la connaissance des alternatives possibles. De plus, les actions des agents autonomes ne sont pas guidées par une suite de choix sans lien les uns avec les autres, mais par des choix eux-mêmes guidés par la conception qu'ils ont de leurs objectifs dans la vie.

Cette définition posée, nous pouvons à présent montrer que les personnes qui estiment qu'une société doit respecter tous ses membres en tant qu'agents autonomes devraient s'inquiéter de la corrélation qu'il y a entre le processus d'industrialisation et l'augmentation du type d'emplois décrits dans le premier paragraphe de cet article[1]. Comme nous l'avons vu, lorsque des personnes sont employées à de telles tâches, elles sont embauchées pour poursuivre sans réfléchir des fins que d'autres ont choisies, selon des moyens que d'autres jugent adéquats. Cette définition de l'autonomie nous permet de soutenir que de tels emplois

---

1. Sur la question démontrant l'existence d'une telle corrélation, voir H. Braverman, *Travail et capitalisme monopoliste, op. cit.*

sont dégradants au sens où les individus ne peuvent pas les occuper en tant qu'acteurs autonomes.

On pourrait toutefois rétorquer que le travail ne représente pas l'intégralité de la vie d'un individu. Il ne faut pas tellement se préoccuper, pourrait-on dire, de savoir si les individus ont la possibilité de définir, d'ajuster et de poursuivre leurs propres fins pendant leurs heures de travail ou à tout autre moment particulier car ce qui est important est qu'une société aide ses membres à mener une vie autonome dans son ensemble. Il n'y a rien de mal à vivre dans une société où la plupart des gens consacrent beaucoup de temps à des emplois rémunérés, et où certains ont des emplois qui consistent en majeure partie à effectuer des tâches répétitives mécaniquement. Un tel arrangement serait acceptable, selon ce point de vue, dans la mesure où ces personnes auraient la possibilité de formuler en dehors du cadre de travail des objectifs et de choisir rationnellement les moyens de les atteindre.

Des arguments analogues ne sont pourtant jamais utilisés afin de justifier de restrictions aux libertés garanties par la loi. Personne ne prétend qu'il est légitime que des personnes soient légalement empêchées d'élaborer et de poursuivre leurs fins sur de très longues périodes tant qu'elles sont légalement libres de consacrer le reste de leur vie à agir de façon autonome. Il est au contraire largement admis que si une société restreignait ainsi les libertés, elle traiterait ses membres de façon dégradante en les empêchant d'agir de façon autonome. De manière générale, elle ne favoriserait pas leur développement autonome.

Puisque des justifications similaires ne sont pas avancées pour restreindre les libertés garanties par la loi, on est en droit de se demander si la justification de l'organisation actuelle du monde du travail industriel mentionnée ci-dessus est acceptable dès lors que l'on souhaite respecter les personnes comme êtres autonomes. Pour répondre à cette question, on peut considérer que la solidité de cette justification dépend de la validité de la prémisse suivante : en général, une personne ne mène pas une vie globalement moins autonome lorsqu'elle consacre beaucoup de temps à un emploi rémunéré au sein duquel elle est empêchée d'agir de manière autonome. Nous pouvons invalider cette prémisse pour des raisons à la fois empiriques et conceptuelles.

Sur le plan empirique, on sait qu'une thèse opposée a pu être défendue par des psychologues et des sociologues contemporains, mais aussi par d'éminents spécialistes des sciences sociales comme Adam Smith et Émile Durkheim. Lorsque des individus exercent longtemps des métiers impliquant principalement des tâches mécaniques, leur capacité et l'intérêt qu'ils ont à mettre en place, à poursuivre et à adapter leurs projets personnels de manière rationnelle diminuent. Ils sont ainsi conduits à mener une vie moins autonome dans l'ensemble. Durkheim se montrait certes enthousiaste face aux développements de l'industrie moderne, mais cela ne l'empêchait pas de se gausser de l'idée selon laquelle le travail machinal n'allait pas rendre les personnes moins autonomes tant qu'on les encourageait à consacrer du temps en parallèle à des activités intellectuelles et culturelles. « Qui ne peut voir, s'exclamait-il, que ces deux types d'existences sont trop opposées pour être réconciliables et qu'elles ne sauraient être menées de front par un même homme[1] ! » De même, alors que Smith décrivait de façon élogieuse l'organisation des usines dans

1. E. Durkheim, *De la division du travail social*, Paris, P.U.F., 1994, p. 364.

les premières pages de *La Richesse des nations*, il n'en niait pas pour autant les effets déshumanisants. « L'intelligence de la plus grande partie des hommes, affirmait-il, est nécessairement façonnée par leurs emplois ordinaires. L'homme qui passe toute sa vie à accomplir un petit nombre d'opérations simples (...) n'a point d'occasion d'employer son intelligence, ou d'exercer ses capacités inventives à trouver des expédients pour surmonter des difficultés qui ne se produisent pas. Il perd donc naturellement l'habitude d'un tel effort (...). Sa dextérité dans le métier particulier qui lui est propre semble de la sorte acquise aux dépens de ses vertus intellectuelles »[1].

De récentes enquêtes statistiques viennent appuyer les affirmations de Smith et Durkheim. Dans une étude longitudinale portant sur un groupe représentatif des hommes ayant un emploi civil aux États-Unis, Melvin L. Kohn et Carmi Schooler soutiennent qu'il existe un lien entre ce qu'ils appellent la complexité substantielle du travail et l'habileté intellectuelle, ou, dit autrement, entre le degré de réflexion et d'indépendance de jugement dont les salariés doivent faire preuve dans l'exercice de leur travail et, d'autre part, le degré d'habileté intellectuelle dont ils sont capables lorsqu'ils sont face à des situations complexes et exigeantes intellectuellement. Leurs résultats soulignent d'abord que « les exigences professionnelles actuelles affectent les facultés de réflexion [...]. Si deux hommes aux aptitudes intellectuelles équivalentes venaient à commencer leur carrière dans des emplois de complexité fondamentalement différente, le développement intellectuel de l'homme au travail le plus complexe serait susceptible

1. A. Smith, *Enquête sur la richesse des nations*, Livre V, *op. cit.*, p. 877-878.

de dépasser celui du premier[1]. » Selon l'étude de Kohn et Schooler, cet effet serait probablement accentué par le fait que l'agilité intellectuelle dont on jouit à un certain moment a une incidence considérable sur la suite de notre carrière. La flexibilité intellectuelle des individus diffère selon la complexité de leurs premiers emplois, et la complexité de leurs seconds emplois est bien souvent fonction des différences intellectuelles ainsi créées. À nouveau, ce phénomène tend à agrandir l'écart entre les capacités intellectuelles de ces individus, ce qui risque d'accroître les différences de complexité de leurs troisièmes emplois, etc.

Une des implications de l'étude de Kohn et Schooler est que les emplois décrits dans le premier paragraphe de cet article n'empêchent pas les individus d'agir de façon autonome uniquement au travail. Ils les empêchent également de développer les capacités intellectuelles dont ils doivent disposer s'ils veulent rationnellement formuler, ajuster et poursuivre leurs propres buts en dehors du travail. D'autres travaux quantitatifs démontrent de surcroît que ces emplois routiniers incitent moins les personnes à poursuivre leurs efforts sur le long terme dans tous les aspects de leur vie, ainsi que le font les personnes autonomes. Par exemple, l'étude classique menée par Arthur Kornhauser sur les travailleurs de l'industrie automobile de Détroit conclut ainsi : « On constate que le travail en usine – en particulier les tâches routinières – étouffe l'ambition et l'esprit d'initiative des travailleurs et leur détermination à poursuivre leurs objectifs de vie. [...] L'état de santé préoccupant des travailleurs tient en grande partie à

---

1. M. L. Kohn, C. Schooler, « The Reciprocal Effects of the Substantive Complexity of Work and Intellectual Flexibility : A Longitudinal Study », *American Journal of Sociology,* n° 84, 1978, p. 43, 48.

l'amoindrissement de leurs désirs, de leur esprit d'initiative, de leurs buts propres et de leurs efforts au point que leur vie est relativement vide et à moitié dépourvue de sens[1]. » Selon Kornhauser, « Dans les usines, la santé mentale des travailleurs s'aggrave au fur et à mesure que l'on passe des travaux qualifiés, variés et dotés de responsabilités aux emplois qui le sont moins[2]. » « De loin, le critère le plus influent [sur la santé mentale des groupes professionnels] est la possibilité que le salarié a de faire usage ou non de ses capacités dans son travail[3]. »

Les études empiriques ont ainsi invariablement montré que lorsque le travail n'offrait quasiment aucune possibilité aux travailleurs de formuler, d'ajuster et de poursuivre rationnellement leurs propres buts, il représentait un obstacle à la possibilité de vivre une vie autonome. Il me semble cependant qu'il existe un argument *a priori* encore plus convainquant sur ce point. Devenir autonome ne revient pas à exercer son intelligence et son esprit d'initiative dans différentes sphères de son existence séparées les unes des autres. Il s'agit plutôt d'un processus de construction de notre personnalité qui consiste à parvenir à percevoir toutes nos activités comme étant dépendantes de nos projets et toutes nos expériences comme un fondement pour évaluer et revoir nos croyances, nos méthodes et nos objectifs. Par

1. A. Kornhauser, *Mental Health of the Industrial Worker : A Detroit Study*, New York, Wiley, 1964, p. 252, 270.

2. *Ibid.*, p. 75-76.

3. *Ibid.*, p. 263. Pour une discussion des travaux de Kornhauser et d'autres études qui confirment ses résultats et les étendent aux travailleurs d'autres industries, se référer aux pages 81 à 92 de *Work in America*, *op. cit.*, ainsi qu'à C. Hampden-Turner, « The Factory as an Oppressive and Non-emancipatory Environment », *in* G. Hunnius, G. D. Garson, J. Case (dir.), *Workers'Control : A Reader on Labour and Social Change*, New York, Random House, 1973, p. 30-45.

conséquent, le souci du développement autonome de tous les membres de la société nous engage à contester les dispositifs institutionnels qui empêchent les individus d'agir de manière autonome au travail, et ce, même s'ils les encouragent à agir ainsi durant leur temps libre. De tels dispositifs relèvent de la schizophrénie. Selon l'analyse de l'autonomie que je propose, il faut au contraire affirmer qu'une société doit encourager tous ses membres à vivre des vies unifiées si elle veut aider chacun d'entre eux à atteindre l'autonomie.

II

Nous pouvons dès lors conclure que le développement de l'autonomie des individus est retardé lorsque leurs emplois restreignent sévèrement leurs possibilités de formuler, poursuivre et ajuster rationnellement leurs propres buts. Si nous nous soucions du libre développement de chacun des membres de la société, nous devons réfléchir à une réorganisation du travail industriel afin que chacun des postes permette à celui qui l'occupe d'agir en tant que personne autonome. Afin d'aller plus loin dans notre examen, il faut à présent mettre en lumière la corrélation entre le processus d'industrialisation et l'émergence d'un type particulier de division du travail. Nous pourrons ensuite proposer une nouvelle organisation du travail industriel compatible avec l'autonomie des travailleurs, qui soit à la fois possible et souhaitable.

La division sociale du travail existe dans toutes les sociétés organisant la production en vue de l'échange. En d'autres termes, la production de différentes spécialités (par exemple la chasse, la pêche, la médecine, la physique) est assurée par différents membres de la société, et les produits qui en résultent sont échangés au sein de cette société. Cependant, seules les sociétés industrielles ont mis en place ce que Karl Marx appelle la division complexe du travail (*detailed division of labor*), division que l'on peut aussi appeler à juste titre division hiérarchique du travail[1].

Cette division complexe (ou hiérarchique) du travail est obtenue lorsque l'on divise un type de production spécifique en plusieurs tâches et que des individus se spécialisent dans la réalisation de l'une ou de plusieurs de ces tâches. Des individus coopèrent entre eux pour créer des produits qui sont ensuite échangés dans la société dans son ensemble. Ce système de coopération est essentiellement hiérarchique. Seule une partie de ces individus spécialisés qui coopèrent dans le cadre de cette division complexe du travail a un statut de cadre. Ces experts coordonnent et planifient les activités des autres personnes, décident du contenu de leur travail et de la façon dont elles vont l'exécuter. Le revers de la médaille est que la division complexe ou hiérarchique du travail entraîne l'existence d'ouvriers spécialisés. Le travail de ces personnes consiste presque exclusivement à réaliser des actions que d'autres leur indiquent avec précision, les privant par là de toute action autonome.

L'instauration de la division complexe ou hiérarchique du travail n'a été possible que parce que différentes personnes se sont rassemblées en un lieu commun pour travailler au service d'un même capitaliste. Cette division du travail est apparue bien avant le développement de l'industrialisation, comme en témoigne la description de

1. K. Marx propose et approfondit le concept de division complexe du travail dans le Livre I du *Capital*, chap. 13, section 4.

la manufacture chez Adam Smith. Le processus de fabrication des épingles était réparti entre dix-huit ouvriers spécialisés. Chacun de ces travailleurs spécialisés exécute de façon répétée une seule opération. Tandis que les ouvriers des usines réalisent le travail physique de l'artisan, les capitalistes et les cadres s'occupent des fonctions intellectuelles de coordination et de planification des tâches. Cette division du travail s'est amplifiée au fur et à mesure des progrès technologiques. Au lieu d'exécuter une seule opération manuelle de façon répétée, il devient courant qu'un travailleur spécialisé assiste une machine dans sa série d'opérations et doive pour cela répéter des actions précises et spécifiques. De plus, les travailleurs spécialisés d'aujourd'hui sont également employés dans les bureaux et les métiers de service tandis que la division hiérarchique du travail ne touchait que les usines à l'époque de Smith. Enfin, les travailleurs ont tendance à être bien plus subordonnés aux experts que ceux décrits par Smith. Des évolutions telles que l'organisation scientifique du travail et l'étude des temps et mouvements ont permis aux cadres du XXᵉ de dicter, à un degré et à un niveau de précision inconnu de Smith, le moment où les travailleurs effectueront telle ou telle opération et quelles procédures ils utiliseront[1].

Il ressort de cette description qu'une alternative à la division complexe ou hiérarchique du travail est nécessaire si l'on souhaite que le travail industriel soit organisé pour permettre l'épanouissement de tous ou, en d'autres termes,

---

1. Je renvoie à H. Braverman (*Travail et capitalisme monopoliste, op. cit.*) pour une vue d'ensemble des différentes évolutions de la division complexe du travail depuis l'époque de Marx ainsi que pour un développement de la thèse selon laquelle il y eu corrélation entre le développement industriel et le renforcement et l'extension de la division du travail à d'autres activités.

pour qu'il permette à toutes les personnes d'agir en tant qu'agents autonomes dans l'exercice de leurs fonctions. Ce n'est pas parce que la division complexe du travail implique une coopération entre spécialistes qu'il faut la rejeter, mais parce qu'elle est une organisation où certaines personnes sont chargées de définir des projets et la meilleure façon de les exécuter tandis que d'autres sont chargées de les exécuter aveuglément. En gardant ce critère en tête, nous pouvons à présent évaluer quelques propositions contemporaines de réorganisation du travail. Nous obtiendrons ainsi une image relativement claire de ce à quoi pourrait ressembler une organisation du travail industriel épanouissante.

Souvent, les travaux routiniers au bureau ou à l'usine s'accroîssent selon un processus d'intégration horizontale : au lieu d'accomplir une seule tâche mécanique, un ouvrier exécute plusieurs opérations standardisées. Par exemple, les ouvriers travaillant à la chaîne fonctionnent souvent selon une rotation des tâches qui permet à chacun de suivre le produit à travers toutes les étapes de sa production[1]. Quant aux employés de banque travaillant au guichet, ils peuvent décider par exemple d'attendre qu'il y ait peu de monde à leur guichet pour classer les chèques qui leur sont retournés[2]. Étant donné ce que nous avons dit plus haut, il est clair que de telles formes de réorganisations horizontales ne sont pas des alternatives épanouissantes à l'organisation actuelle du travail. Même si les tâches des

1. Cet exemple et une présentation générale de ce phénomène d'intégration horizontale se trouvent dans S. Buffa, *Modern Production Management : Managing the Operations Function*, *op. cit.*, p. 230.

2. Exemple tiré de H. Braverman, *Travail et capitalisme monopoliste*, *op. cit.*, chap. 1.

employés sont plus variées, leur travail consiste, exactement comme avant, à effectuer ce qui leur est scrupuleusement indiqué par d'autres. Leur travail les empêche ainsi toujours d'agir de façon autonome, c'est-à-dire de formuler, de poursuivre et d'ajuster rationnellement leurs propres buts.

Les propositions de réforme qui suggèrent que tous les employés participent au processus de décision démocratique tout en maintenant les uns à des postes d'ouvriers spécialisés et les autres à des postes de cadres dotés d'une expertise[1] tombent sous la même critique. En effet, même si les employés élisent les administrateurs, votent les fusions, les embauches, les politiques financières, et ainsi de suite, les relations entre les cadres et les travailleurs spécialisés sont toujours hiérarchiques. D'un côté, les cadres considérés comme des experts sont employés pour décider de la façon dont les politiques vont être mises en œuvre ; de l'autre, les travailleurs spécialisés sont embauchés pour appliquer ces décisions en répétant les actions que les experts leur ont précisément indiquées. Cette différenciation quotidienne entre ceux qui décident et ceux qui exécutent les décisions des autres semble se répercuter sur les rôles que détiennent

1. Ce type de réforme du monde du travail connaît des versions plus conservatrices et des versions plus radicales. La démocratie sur le lieu de travail peut consister, comme c'est le cas dans la codétermination ouest-allemande, à consulter des travailleurs désignés à propos des politiques mises en œuvre par la direction. Elle peut encore consister à permettre à tous les employés de voter sur les politiques de l'entreprise, comme c'est le cas dans le cadre de l'autogestion yougoslave. De même, la démocratie sur le lieu de travail peut se résumer, comme dans de nombreuses expériences américaines, à permettre aux travailleurs de décider de questions relativement insignifiantes telles que les couleurs de leurs bureaux, le rythme des chaînes de montage sur lesquelles ils travaillent, etc. Inversement, cela peut consister, comme dans l'expérience yougoslave, à ce que tous les employés soient décisionnaires sur toutes les politiques majeures de l'entreprise.

les travailleurs et les cadres lorsqu'ils participent à la prise de décision démocratique. Dans le cas de l'autogestion yougoslave au moins, le fait que les cadres aient contrôlé les informations pertinentes et qu'ils aient eu plus d'expérience dans la prise de décision leur a manifestement donné un avantage certain pour convaincre les autres travailleurs d'accepter leurs propositions[1].

Dès lors, si l'on veut que le travail industriel soit redéfini afin que chacun puisse agir de façon autonome, on ne peut accepter que davantage de tâches routinières soient données aux ouvriers spécialisés et qu'une simple démocratie formelle soit instaurée dans des entreprises où par ailleurs la division du travail resterait hiérarchique. Au contraire, les emplois doivent être redéfinis démocratiquement, les tâches doivent être réparties de manière à abolir la distinction entre ceux qui décident et ceux qui exécutent. Un pas significatif en cette direction a été franchi dans une usine d'alimentation pour chiens créé par la General Foods Corporation en 1971 à Topeka au Kansas[2]. Là-bas, chaque travailleur était embauché au sein d'un petit groupe de personnes qui se voyait attribuer la responsabilité de fonctions exigeantes intellectuellement (comme la maintenance et la réparation des machines ou des opérations de contrôle de la qualité) et tous les groupes partageaient le travail standardisé que l'automatisation n'avait pas éliminé. Le travail était réparti de façon démocratique au sein de chaque groupe. Tous les travailleurs pouvaient

1. G. Hunnius, « Workers'Self-Management in Yugoslavia », *in* G. Hunnius, G. D. Garson, J. Case (dir.), *Workers'Control, op. cit.*, p. 297.
2. Pour une description du fonctionnement de cette usine, voir *Work in America, op. cit.*, p. 96-99 ; D. Zwerdling, « Workplace Democracy : A Strategy for Survival », art. cit., p. 17-18 ; et « Stonewalling Plant Democracy », *Business Week*, 28 mars 1977, p. 78-82 (sans nom d'auteur).

apprendre à réaliser l'intégralité des tâches attribuées à son groupe, personne n'étant exclusivement affecté aux travaux standardisés ou à la supervision des opérations ; ils décidaient démocratiquement des affectations de postes, des augmentations de salaires, des pauses, etc.

Partager ainsi les tâches d'encadrement, les tâches standardisées et les tâches plus exigeantes sur le plan intellectuel eu pour conséquence, dans cette usine, que personne n'était embauché pour effectuer majoritairement des actions précisément déterminées par d'autres. Chaque emploi permettait à chacun de formuler, de poursuivre et d'ajuster rationnellement ses projets. Mais étant donné que la direction de General Foods décidait de façon unilatérale de ce qui devait être produit, de la vitesse à laquelle cela devait être produit, de la manière dont les bénéfices devaient être utilisés, des politiques d'embauches, et de l'éventuelle poursuite des réformes démocratiques au sein de l'entreprise, les employés de cette usine n'avaient d'autre choix que d'appliquer les politiques décidées par d'autres. Dès lors, si le travail industriel doit être réorganisé de façon épanouissante afin d'abolir la distinction entre ceux qui prennent les décisions et ceux qui les exécutent, il doit être réparti bien plus démocratiquement que ce ne fut le cas à General Foods. Non seulement les postes doivent être répartis de sorte qu'aucun travailleur n'ait que des tâches standardisées à effectuer, mais un partage de l'information doit être instauré et chaque travailleur doit pouvoir participer à la définition des politiques de l'entreprise.

Cette discussion permet d'imaginer à quoi pourrait globalement ressembler l'emploi industriel s'il devait être restructuré de manière épanouissante ou, pour le dire autrement, restructuré de sorte qu'il permette à chacun d'agir en tant qu'individu autonome et qu'il encourage son développement autonome au lieu de le freiner. Aussi désirables ces arrangements soient-ils, leur faisabilité dans le cadre d'une société hautement industrialisée peut susciter d'importantes objections, auxquelles il nous faut répondre tour à tour.

On pourrait tout d'abord avancer que l'émergence d'une alternative épanouissante à la division complexe du travail n'est pas réalisable dans le cadre d'une société industrielle parce que cette division complexe du travail découle de l'existence même des machines. Les faits viennent réfuter cette objection. D'une part, l'organisation des usines à l'époque d'Adam Smith et la tendance actuelle à transformer le travail de bureau en un travail routinier montrent que la division détaillée du travail peut être instaurée là où il n'y a pas ou peu de machines[1]. D'autre part, les systèmes mécaniques automatisés peuvent fonctionner sans l'existence de division détaillée du travail. Les machines en elles-mêmes n'imposent pas de division entre les employés qui effectuent les tâches routinières d'assistance technique et ceux qui décident de la manière dont les machines doivent être utilisées[2].

On pourrait néanmoins objecter que l'alternative que je propose à la division détaillée du travail ne devrait pas être mise en place car il serait inefficace de s'en écarter.

1. Pour une description de la façon dont le travail de bureau a progressivement été gagné par la standardisation et la division détaillée du travail, voir H. Braverman, *Travail et capitalisme monopoliste, op. cit.*, chap. 15.

2. *Ibid.*, chap. 9. Voir également N. Jordan, « Allocation of Functions between Man and Machines in Automated Systems », p. 91-99 et J. G. Scoville, « A Theory of Jobs and Training », p. 225-244 *in* L. E. Davis, J. C. Taylor (eds.), *Design of Jobs, op. cit.*

L'organisation actuelle de l'emploi dans les sociétés industrielles est Pareto-optimale au sens où il existe au moins quelques personnes qui préfèrent cette organisation à toute autre solution. Si une société industrielle cherchait à éliminer la division détaillée ou hiérarchique du travail, elle poursuivrait par conséquent une politique Pareto-inefficace au sens où elle irait à l'encontre des préférences de certaines personnes.

Mais si nous estimons que tous les membres de la société doivent être respectés en tant qu'individus autonomes, notre seul critère pour juger des propositions de réformes ne peut être celui de savoir si elles iraient à l'encontre des préférences de certains individus. Personne n'oserait sérieusement prétendre se soucier du développement autonome de tous les individus et affirmer en même temps que les restrictions à la liberté d'expression sont légitimes sous une dictature parce que les éliminer irait à l'encontre des préférences des dirigeants. Tout le monde s'accorderait à dire, au contraire, que ces préférences ne devraient pas être respectées parce qu'elles visent à priver les autres des libertés dont ils ont besoin pour choisir et mener des vies rationnelles d'individus autonomes. Pour simplifier : le respect du libre développement de chacun exige que nous répondions aux objections parétiennes formulées à l'encontre des réformes proposées en demandant quelles préférences une réforme donnée satisferait ou violerait et si, ce faisant, elle favoriserait le développement autonome de tous les membres de la société. Dans le cas étudié, nous devons dès lors examiner pour quelles raisons ma proposition de s'éloigner de la division hiérarchique du travail serait Pareto-inefficace. *Quelles* préférences en faveur de *quoi* cette réforme serait-elle susceptible de violer ? On voit donc que l'importance que nous accordons à l'autonomie invalide de telles objections individuelles.

On pourrait soutenir que les propriétaires préfèreraient que l'alternative que je propose à la division du travail ne soit pas instaurée car elle entraînerait une chute de leurs profits. Si tous les travailleurs étaient qualifiés (comme ce serait le cas sous une telle réorganisation), aucun d'entre eux ne pourrait être payé aussi peu que le travailleur spécialisé dont le travail peut être appris en quelques semaines[1]. Mais puisque l'emploi de chacun nécessiterait une formation importante, les propriétaires devront supporter le coût de cette formation. Ces éléments factuels ne prouvent pas que mon alternative à la division détaillée du travail ferait chuter les profits, et, quand bien même ce serait le cas, cela ne justifierait pas de maintenir l'organisation hiérarchique de l'emploi. Si nous considérons que les institutions sociales doivent être organisées de manière à respecter l'autonomie de chacun, nous ne pouvons pas estimer légitime que les individus puissent s'enrichir au détriment du développement des autres comme sujets autonomes.

On pourrait néanmoins soutenir que l'emploi industriel ne devrait pas être restructuré de manière épanouissante parce que cela entraînerait une baisse du niveau de

---

1. L'économiste du XIXᵉ siècle Charles Babbage, « notait que : (1) le niveau des salaires dépendait de la rareté des compétences requises ou du niveau de difficulté des emplois ; (2) la division du travail facilitait l'homogénéisation des compétences au sein des emplois ; et (3) pour chaque emploi, on pouvait trouver la quantité exacte de compétences nécessaires. Ceci aurait pour résultat d'abaisser le coût total du travail » (S. Buffa, *Modern Production Management, op. cit.*, p. 208). Deux des évolutions les plus importantes ayant contribué au renforcement de la division complexe du travail, « l'organisation scientifique du travail sous F. W. Taylor et l'étude des mouvements sous Frank Gilbreth, vers 1910, peuvent être considérés comme une extension du travail de Babbage » (L. E. Davis, J. C. Taylor (eds.), *Design of Jobs, op. cit.*, p. 16).

production de la société dans son ensemble. De nombreuses personnes, travailleurs ou propriétaires, subiraient ainsi une baisse de leur richesse, ce qui irait vraisemblablement à l'encontre de leurs préférences. Nous devons cependant reconnaître que l'idée qu'une société devrait favoriser le développement autonome de tous ses membres est incompatible avec un engagement inconditionnel en faveur de la croissance économique. S'il est évidemment souhaitable qu'un certain niveau de développement économique soit atteint, comment peut-on attendre des personnes qu'elles définissent et évaluent rationnellement leurs croyances, leurs méthodes et leurs objectifs lorsqu'elles sont affamées ou lorsque la pauvreté les maintient dans l'analphabétisme? Une fois qu'une société a atteint un niveau de productivité suffisant pour offrir à tous ses membres des loisirs, l'accès à l'éducation et un niveau de confort médical et matériel nécessaires pour atteindre l'autonomie, le respect de l'autonomie n'exige alors plus la poursuite de la croissance économique. Au contraire, l'accroissement de la productivité ne doit pas se faire au détriment des libertés et des conditions de travail dont l'homme a besoin pour mener une vie autonome. Cela signifie par conséquent que le maintien de l'organisation actuelle du travail industriel n'est justifié que s'il est certain que l'alternative que je propose entraîne une baisse de productivité telle que les personnes ne peuvent bénéficier des conditions matérielles et éducatives nécessaires à leur autonomie. Les données empiriques disponibles mènent à la conclusion inverse. Un groupe de travail spécial du ministère de la santé, de l'éducation et de la protection sociale a conclu en 1973 que les entreprises américaines pouvaient accroître leur productivité en supprimant la

division détaillée du travail. « La réorganisation du travail
[...] *peut* réduire des phénomènes tels que l'absentéisme,
les retards, la rotation du personnel, les conflits, le sabotage
et la mauvaise qualité du travail, qui représentent un coût
pour les entreprises. [...] Les faits suggèrent que satisfaire
les besoins les plus importants des travailleurs pourrait
entraîner un gain de productivité de 5 à 40 %, ce dernier
chiffre incluant la productivité « latente » des travailleurs,
actuellement inexploitée[1]. » De tels résultats ont en effet
été obtenus au sein de l'usine de la General Foods
Corporation décrite plus tôt. « Les coûts unitaires, rapportait
en 1977 *Business Week*, sont inférieurs de 5% à ceux d'une
usine traditionnelle. [...] Voilà qui devrait représenter une
économie d'un million de dollars par an[2]. »

En résumé, nous ne pouvons donc pas justifier du
maintien de la division détaillée ou hiérarchique du travail
en prétendant qu'elle est la seule organisation technologi-
quement possible de l'emploi industriel ou la seule qui
soit suffisamment rentable ou productive. Si nous nous
soucions du libre développement de tous les membres de
la société, nous devrions exiger que cette division
hiérarchique du travail soit remplacée par une division
épanouissante, ou démocratique, du travail, qui garantit
que personne ne soit principalement employé à des tâches
routinières, que tous les employés participent à la définition
des politiques de l'entreprise et que par conséquent leurs
emplois leur permettent d'agir en tant qu'individus
autonomes et favorisent leur développement autonome au
lieu de le freiner.

1. *Work in America, op. cit.*, p. 27.
2. « Stonewalling Plant Democracy », art. cit., p. 78.

III

Quelles sont les implications de notre propos sur le plan des politiques publiques ? On pourrait considérer que s'il était possible de restructurer l'emploi de manière à permettre largement à chacun d'élaborer, d'ajuster et de poursuivre rationnellement ses buts dans le cadre de son travail, cela pourrait être mis en place par le seul biais d'efforts volontaires individuels. La mise en place de mesures gouvernementales ne serait nécessaire que dans le cas où les propriétaires, les travailleurs et les consommateurs ne valoriseraient pas suffisamment l'idéal du travail épanouissant pour prendre en charge son institutionnalisation généralisée. Mais alors dans ce cas, l'action de l'État serait moralement injustifiable puisqu'elle consisterait à forcer les personnes à faire ce qu'elles ne veulent pas faire.

Cette objection s'écroule dès lors que l'on distingue le fait de respecter toutes les personnes en tant qu'agents autonomes du fait de laisser les individus libres de satisfaire leurs désirs. Une société ne peut encourager le développement autonome de ses membres tant que ses structures juridiques sont si larges que les individus en viennent à manquer d'opportunités de prendre des décisions par eux-mêmes et d'envisager d'autres croyances et modes de vie que les leurs. Cela étant, le libre développement de chacun requiert que les individus ne soient pas totalement libres de leurs actions. Les personnes ne peuvent bien évidemment pas mener une vie rationnelle et choisie tant que d'autres sont libres de les tuer ou de les blesser. De même, leur libre développement peut être freiné si certaines personnes ont la liberté de les priver de ressources matérielles et scolaires dont quiconque a besoin pour élaborer et poursuivre rationnellement ses projets. Or, les individus sont empêchés de mener une vie autonome lorsqu'ils ne sont pas en mesure d'agir de manière autonome dans leur travail. Si une telle structure professionnelle est le résultat d'actions individuelles, les pouvoirs publics devraient donc sans doute favoriser une autre organisation sociale eu égard à l'importance de l'autonomie.

On pourrait objecter toutefois que si des mesures légales en viennent à être prises, elles pourraient être rejetées en raison de leur inefficacité. Si les travailleurs se préoccupent si peu de faire usage de la liberté que leur laisse la loi d'occuper ces emplois qui leur permettent d'agir en tant qu'individus autonomes, il est peu probable qu'ils soient soudainement motivés et capables de répondre aux exigences de ces emplois le jour où ces derniers auront été créés par les efforts du gouvernement. Cet argument ne tient cependant pas compte du fait que dans l'état actuel de l'emploi industriel, les individus n'ont en général pas la possibilité d'obtenir des emplois qui leur permettent de choisir rationnellement leurs buts et méthodes. Tant que la division hiérarchique du travail existe, certaines personnes ne peuvent gagner leur vie qu'avec des emplois qui exigent qu'elles poursuivent aveuglément des buts que d'autres ont choisis, par des moyens que d'autres jugent adéquats. L'organisation actuelle de l'emploi industriel les empêche non seulement de réaliser leur désir d'agir de façon autonome au travail, mais elle les décourage également de lutter pour qu'une réorganisation épanouissante du travail soit mise en place.

D'une part, ainsi que nous l'avons vu plus haut, les emplois subalternes et routiniers produits par la division hiérarchique du travail tendent à « [étouffer] l'ambition et l'initiative des travailleurs et leur détermination à poursuivre leurs objectifs de vie »[1]. Tandis que « les travailleurs effectuant des travaux répétitifs se sentent défavorisés et abrutis par leur routine ennuyeuse et interminable […] [et qu'ils] souhaitent ardemment un travail plus intéressant et plus stimulant dans lequel ils puissent utiliser leurs capacités et en tirer un sentiment de valeur et de respect de soi[2] », leur travail tend par lui-même à affaiblir les capacités d'organisation rationnelle qui sont nécessaires afin qu'ils concrétisent leurs désirs tacites de réorganisation épanouissante de l'emploi.

D'autre part, les personnes occupant les postes de direction créés par la division hiérarchique du travail ont semble-t-il intérêt à conserver leurs responsabilités, c'est pourquoi elles ont tendance à s'opposer aux réformes qui donnent aux travailleurs un contrôle important sur les décisions. Ainsi, bien que l'usine de General Foods décrite ci-dessus se soit avérée plus productive que les usines traditionnelles, *Business Week* nous apprenait en 1977 que la répartition démocratique du travail s'y était « progressivement érodée » en raison de « l'indifférence et de l'hostilité pure et simple de certains dirigeants de GF ». « Le problème, soulignait *Business Week*, n'a pas tant été que les travailleurs

---

1. A. Kornhauser, *Mental Health of the Industrial Worker, op. cit.*, p. 252.

2. *Ibid.*, p. 285. Les entretiens de Studs Terkel avec des travailleurs américains confirment une telle affirmation. Les personnes employées dans le cadre de travaux routiniers refusent systématiquement d'être traitées comme des « machines », des « robots » ou des « singes ». De même, les auteurs de *Work in America* (*op. cit.*, p. 94-95) ont constaté que « les travailleurs de toutes les professions accordent à l'autodétermination la note la plus élevée parmi les éléments qui définissent un emploi idéal. Le contenu du travail est généralement considéré comme étant plus important que le fait d'être promu ».

n'étaient pas en mesure de gérer leurs propres affaires que le fait que certains membres de la direction et du personnel voyaient leur propre poste menacé parce que les performances des travailleurs étaient presque trop bonnes. [...] Les responsables du personnel s'y sont opposés parce que les membres de l'équipe prenaient les décisions relatives à l'embauche. Quant aux ingénieurs, ils n'appréciaient pas que les travailleurs effectuent des travaux d'ingénierie[1]. » De même, dans les années 1960, le directeur de la formation de Polaroid expliqua qu'un projet rentable de participation des travailleurs avait dû être arrêté parce qu'il « rencontrait trop de succès. Qu'allions-nous faire des cadres, des directeurs ? Nous n'avions plus besoin d'eux. La direction a décidé qu'elle ne voulait tout simplement pas de techniciens aussi qualifiés[2]. »

Il est dès lors trompeur de formuler les choses en demandant si un gouvernement devrait intervenir pour remplacer l'organisation actuelle de l'emploi industriel par une alternative épanouissante alors que les travailleurs ne tiennent pas assez à cette alternative pour la mettre en place. La question est plutôt celle de savoir si un gouvernement devrait cautionner que la division hiérarchique du travail empêche le libre développement de nombreuses personnes et en décourage encore plus de s'engager pour changer l'état des choses. Dès que nous posons la question de cette façon, et si nous respectons toutes les personnes en tant qu'agents autonomes, nous sommes tenus, au vu de la discussion précédente, de réclamer la mise en place d'actions gouvernementales. Comment un gouvernement pourrait-il ne pas intervenir pour briser le cercle vicieux

1. « Stonewalling Plant Democracy », art. cit., p. 78.
2. Cette citation ainsi qu'un compte rendu du projet « Polaroid » se trouvent dans R. Edwards, *Contested Terrain*, *op. cit.*, p. 156.

que nous venons de décrire, alors qu'il est effectivement possible de restructurer l'emploi industriel de manière à ce que les emplois de tous les individus favorisent leur développement autonome au lieu de le freiner?

ELIZABETH ANDERSON

ÉGALITÉ ET LIBERTÉ
SUR LE LIEU DE TRAVAIL :
RETOUR AUX IDÉES RÉPUBLICAINES *

I. ÉGALITÉ ET LIBERTÉ SUR LE LIEU DE TRAVAIL :
LE DISCOURS CONTEMPORAIN

Dans cet article, je m'intéresse à un domaine dans lequel la liberté et l'égalité rentrent en conflit : le monde du travail. Les lois américaines actuelles imposent de nombreuses restrictions à la liberté négative des employeurs vis-à-vis de leurs employés. Ces derniers n'ont pas le droit de les discriminer en fonction de la race, du sexe, de la religion ou de l'âge. Ils doivent verser un salaire minimum à la plupart des employés et payer des heures supplémentaires à ceux qui travaillent plus de quarante heures par semaine. Ils doivent payer les salaires en espèces, et non en titre de capital. Ils doivent négocier de bonne foi avec tous les syndicats choisis par les salariés pour les représenter, et n'ont pas le droit de licencier un salarié pour s'y être affilié ou pour avoir incité les autres à le faire. Ils sont soumis

* E. Anderson, « Equality and Freedom in the Workplace : Recovering Republican Insights », *Social Philosophy and Policy,* vol. 31, n° 2, 2015, p. 48-69. Traduit de l'anglais (USA) par Camille Ternier.

aux normes de sécurité sur le lieu de travail définis par l'*Occupational Safety and Health Administration* (OSHA). De telles normes juridiques sont justifiées, en partie au moins, en termes d'égalité : en matière de discrimination, elles visent directement à garantir l'égalité entre les travailleurs ; en matière de syndicalisation, elles visent à égaliser le pouvoir de négociation des travailleurs avec les employeurs ; d'autres encore visent à corriger l'inégalité du pouvoir de négociation.

Ceux qui s'opposent à ces lois objectent non seulement qu'elles interfèrent avec la liberté des employeurs, mais aussi qu'elles interfèrent avec la liberté des travailleurs. La législation du « *Right to work* », qui interdit aux employeurs et aux syndicats de passer des accords afin d'imposer à tous les employés de payer des cotisations à un syndicat en échange du mandat légalement confié à ce dernier de négocier au nom de tous, sont présentées comme des lois favorables à la liberté des travailleurs. Les libertariens et les théoriciens du marché libre défendent une telle description des enjeux normatifs des lois portant sur l'emploi. John Tomasi se plaint par exemple de ce que les lois sur le salaire minimum et sur la durée maximum du travail interfèrent avec la « liberté des individus de négocier personnellement les conditions de leur emploi » et dénigre les syndicats pour avoir réduit la capacité d'action individuelle en ce domaine[1].

Ce discours continue de structurer les débats sur le droit du travail, comme on a pu le voir dans l'affaire *Lochner v. New York*, la célèbre affaire portée devant la Cour suprême qui a invalidé une loi limitant le temps de travail des boulangers. *Lochner* avait déclaré que la loi

1. J. Tomasi, *Free Market Fairness*, Princeton, Princeton University Press, 2012, p. 23-24, 60.

constituait « une ingérence déraisonnable […] dans le droit qu'a l'individu […] de conclure les contrats de travail qui lui semblent appropriés ou nécessaires pour subvenir à ses besoins et à ceux de sa famille ». Les boulangers « sont en mesure de faire valoir leurs droits et de prendre soin d'eux-mêmes sans le bras protecteur de l'État » et « ne sont en aucun cas les pupilles » de celui-ci[1].

Cette manière de voir les choses part du principe qu'une liberté négative parfaite pour tous est garantie par ce que j'appellerai la « norme par défaut du laisser-faire » (« *laissez-faire baseline* ») dans le marché du travail. Ce standard est défini par référence à un pur régime d'emploi de gré à gré. Dans l'emploi de gré à gré, les employeurs peuvent embaucher et licencier des employés pour une raison quelconque ou sans raison, et les employés peuvent accepter une offre d'emploi et démissionner pour une raison quelconque ou sans raison. Travailleurs et employeurs sont supposés négocier les conditions d'emploi en référence à cette norme. On suppose que le travailleur obtient une certaine compensation pour chaque condition que l'employeur souhaite lui faire accepter (une tâche particulière à effectuer, des heures tardives, le fait de tolérer certaines conditions de travail désagréables, etc.), soit à la suite d'une négociation, soit de par la concurrence qui existe entre les employeurs. L'ordre du marché est obtenu indépendamment de l'action de l'État. Le seul rôle légitime de l'État est de faire respecter les accords contractuels qui ont été conclus de façon indépendante entre les parties.

L'idée que l'État puisse modifier la norme par défaut du laisser-faire rencontre cinq objections fondées sur ce paradigme : (1) Si l'État décide de réserver certains droits

1. 198 U.S., p. 45, 1905.

aux travailleurs, tels qu'une durée maximale du temps de travail, des conditions de travail sûres ou le paiement en espèces, cela porte atteinte à la liberté contractuelle des deux parties. (2) Le fait de s'écarter de cette norme viole les droits de propriété des employeurs en limitant leur liberté de gérer leur entreprise comme bon leur semble, et (3) elle viole la propriété des employés en limitant les droits qu'ils peuvent aliéner. (4) Cela constitue une nouvelle norme qui, en faisant pencher la balance en faveur des travailleurs, favorise une classe sociale spécifique par rapport à celle des employeurs. (5) Cela équivaut sinon à une malencontreuse interférence paternaliste dans la liberté des travailleurs en leur refusant ce qu'ils jugent être les meilleurs dédommagements qu'ils pourraient obtenir s'ils pouvaient vendre davantage de leurs droits à leurs employeurs.

En réponse à cette argumentation, les égalitaristes libéraux soulignent souvent que l'inégalité du pouvoir de négociation entre les travailleurs et les employeurs fait que le contrat de travail n'est pas vraiment volontaire[1]. Les travailleurs vulnérables ne peuvent pas faire autrement que d'accepter des conditions de travail épuisantes, dangereuses ou humiliantes. Par conséquent, un certain niveau d'égalité est nécessaire pour garantir que les contrats soient librement contractés.

Il est ainsi commun de mettre en scène ce différend comme une controverse sur les rapports entre la liberté et

---

1. Le juge Harlan, dissident dans l'affaire Lochner, a défendu la loi sur la durée maximale du temps de travail en soulignant que « les employeurs et les employés de ces établissements n'étaient pas sur un pied d'égalité, et que les besoins vitaux de ces derniers les obligeaient souvent à se soumettre à des exactions qui mettaient excessivement leurs forces à l'épreuve ». 198 U.S., p. 69.

l'égalité. Les partisans du laisser-faire considèrent que les tentatives visant à garantir l'égalité du pouvoir de négociation sont une menace pour la liberté individuelle. Les égalitaristes libéraux considèrent quant à eux qu'un certain niveau d'égalité est une condition nécessaire à la liberté individuelle.

Dans cet article, je défendrai l'idée que le raisonnement du libre marché pas plus que la réponse libérale n'offre de représentation adéquate sur le plan institutionnel des enjeux de ce débat. Ils acceptent tous deux la perspective selon laquelle les éléments du contrat de travail posant problème sont débattus dans le cadre d'une négociation. Aucune des deux parties ne semble remarquer que la plupart des contrats de travail ne font guère l'objet de négociations. Le travailleur-type n'a pas la possibilité de négocier lorsqu'il est embauché[1]. On ne lui fournit pas non plus de contrat détaillant les termes de l'accord. On lui remet un uniforme, une serpillière ou la clé de son bureau et on lui donne l'heure à laquelle se présenter. Ce qui peut proposer problème ne tient pas à ce qui est dit mais à ce qui est non-dit. *Les termes du contrat n'ont pas à être formulés, parce qu'ils n'ont pas été fixés par une rencontre de la volonté des parties, mais par un standard par défaut que forment le droit des sociétés, le droit de la propriété et le droit du travail qui instaurent les paramètres juridiques touchant à la structure* (constitution) *des entreprises capitalistes.* Les contrats de travail qui sont négociés n'apportent généralement que des modifications mineures à une relation dont les caractéristiques normatives

1. Seuls les travailleurs des classes supérieures, tels que ceux occupant les plus hautes positions managériales et professionnelles, les athlètes célèbres, les artistes, les universitaires et les travailleurs représentés par les syndicats, bénéficient de réelles possibilités de négocier leur contrat.

essentielles ont déjà été fixées par la loi indépendamment de la volonté des deux parties, tout comme les accords prénuptiaux apportent des modifications mineures au « contrat » de mariage dont les termes fondamentaux sont fixés par la loi.

Les libertariens et les égalitaristes libéraux ont négligé ce point, car ils ont en commun une représentation erronée de la structure institutionnelle du capitalisme : ils confondent le capitalisme avec le marché, et imaginent donc que le contrat de travail est le résultat d'ordres du marché générés indépendamment de l'État. La régulation par l'État des contrats de travail est donc considérée par les libertariens et les égalitaristes libéraux comme une « interférence » dans l'ordre du marché. Ils ne sont en désaccord que sur la question de savoir si cette interférence est justifiée.

Les entreprises capitalistes et le rôle essentiel de l'État dans la définition de leurs formes sont les grands absents de cette représentation. Les marchés ne sont pas propres au capitalisme ; ils existent dans tous les systèmes économiques dès lors qu'ils sont plus sophistiqués qu'une économie de chasseurs-cueilleurs. Le capitalisme se distingue des autres systèmes économiques par son mode de production. *Le contrat de travail n'est pas considéré à proprement parler comme un échange de marchandises sur le marché, mais comme le moyen d'incorporer les travailleurs à la gouvernance d'entreprises productives.* Les employés sont gouvernés par leurs patrons. La forme générale de ce gouvernement est déterminée non par un contrat, mais par le droit de la propriété, les statuts juridiques et le droit du travail.

Ainsi, les problèmes normatifs fondamentaux quant à la relation entre la liberté et l'égalité dans le cadre du monde du travail *ne sont pas* relatifs à des disputes sur le caractère volontaire ou non du contrat de travail. Ils sont relatifs à des controverses sur ce que serait une forme légitime de gouvernement des entreprises. Puisque l'État est nécessaire pour définir cette forme, la définir en attribuant des droits spécifiques aux travailleurs dans le cadre du contrat de travail n'équivaut pas à une « ingérence » de sa part au sein de libres marchés du travail. Cela consiste à établir les paramètres de la structure de la gouvernance du travail dans l'entreprise, en limitant l'étendue des pouvoirs que les employeurs peuvent exercer légitimement sur les travailleurs. Lorsque l'État agit de la sorte, il est comparable au commissaire du baseball qui précise les règles définissant la zone de prises, et non à un spectateur qui interfère avec la tentative d'un joueur de champ d'attraper la balle[1].

Une fois que nous reconnaissons que les travailleurs sont placés sous une sorte de gouvernement au sein des entreprises, nous pouvons nous demander : quelle est la forme légitime d'un gouvernement d'une entreprise de production ? Comment assurer la liberté des travailleurs au sein d'un tel gouvernement ? Cette liberté requiert-elle une forme d'égalité ? Pour tenter de répondre à ces questions, je tâcherai de réactualiser le républicanisme en tant que théorie de la liberté au sein d'un gouvernement, en particulier la forme égalitariste du républicanisme qui a vu le jour au milieu du XVIIe siècle et qui s'est poursuivie pendant deux cents ans. Les républicains ont proposé une

---

1. B. R. Scott, *The Concept of Capitalism*, New York, Springer, 2009, p. 291. La représentation institutionnelle du capitalisme que propose Scott, en mettant en évidence l'importance des entreprises, leur différence par rapport aux marchés, ainsi que le rôle de l'État dans l'organisation des règles qui constituent les entreprises et les marchés, dévoile les insuffisances sur le plan empirique de la façon traditionnelle de présenter les débats portant sur notre système économique.

critique sévère (et parfaitement non-marxiste) du gouvernement des travailleurs par leur patron. Leur critique a été largement oubliée parce qu'ils ne sont pas parvenus à offrir de solution concrète aux problèmes qu'ils avaient identifiés dans le système du travail salarié. Cependant, les principes républicains en matière d'organisation constitutionnelle nous donnent un aperçu de ce à quoi pourrait ressembler une constitution conforme à la liberté (*constitution of liberty*) sur le lieu de travail.

Dans les sections suivantes, je présente rapidement certains des principes fondant la conception constitutionnelle républicaine (section II) et j'analyse les liens entre les régimes de propriété et les types de constitutions en ce qui concerne les entreprises et les États (section III). Je soutiens que l'argument en faveur de la norme par défaut du laisser-faire ne peut être fondé sur des prémisses ayant trait à la propriété privée. Je questionne ensuite la théorie économique de la firme, qui met en évidence la distinction entre marchés et entreprises et qui explique pourquoi les entreprises capitalistes sont organisées de manière hiérarchique (section IV). Si la théorie économique explique pourquoi une hiérarchie des postes est nécessaire à l'efficacité des entreprises, je soutiens que cela ne détermine en rien les normes juridiques des entreprises et que cela ne justifie pas qu'elles soient organisées comme des dictatures. J'évoque ensuite la façon dont l'État joue un rôle déterminant dans la constitution de l'entreprise aux moyens du droit de propriété, du droit des sociétés et du droit du travail. Je soutiens que ces lois sont une sorte de bien public et que nous sommes en droit de les soumettre à un contrôle démocratique conformément à l'intérêt public (section V). Dès lors, la norme par défaut du laisser-faire ne peut être justifiée étant donné qu'elle fait de la dictature la forme par défaut du gouvernement d'entreprise. Aucun des principes crédibles de liberté, de propriété, d'efficacité ou de justice ne sont à même de la justifier. Pour conclure, je formule quelques hypothèses sur la manière dont les principes républicains pourraient nous aider à ériger une nouvelle constitution pour les entreprises, qui soit enfin conforme à la liberté et à l'égalité (section VI).

II. LA LIBERTÉ ET L'ÉGALITÉ RÉPUBLICAINE

Le républicanisme « radical » est un type d'égalitarisme qui a influencé la pensée politique des niveleurs, des hommes du Commonwealth, de John Locke, de Jean-Jacques Rousseau, de Thomas Paine, d'Emmanuel Joseph Sieyès, des chartistes et du parti républicain avant la guerre civile. Il est issu du républicanisme classique, qui est, lui, inégalitaire. Les théoriciens républicains définissent tous la liberté comme une absence de domination (*non domination*). Selon la formule consacrée, « La liberté consiste uniquement à ne pas dépendre de la volonté d'un autre, et par le nom d'Esclave nous entendons un homme qui ne peut disposer ni de sa personne ni de ses biens, et qui n'en jouit que sous le bon plaisir de son maître[1] ». Cette formule trouve son origine dans des sociétés hiérarchisées composées de classes distinctes de personnes, libres pour les unes, esclaves pour les autres (où la catégorie des « esclaves » était formée par les esclaves, les serfs, les domestiques (employés), les apprentis, les épouses et les enfants). La liberté désigne le statut social d'une personne qui n'est pas soumise à la volonté arbitraire d'une personne non-tenue de lui rendre des comptes (qui peut agir sans

1. A. Sidney, *Discourses Concerning Government*, éd. T. West, Indianapolis, Liberty Fund, 1698, chap. 1, section 5.

avoir à demander la permission à quelqu'un d'autre). Une personne n'est pas libre dès lors qu'elle est soumise à la domination d'une autre : quelqu'un qui doit obéir aux ordres arbitraires d'une autre, qui ne peut jouir de sa liberté qu'au bon vouloir d'un maître qui peut la lui retirer sans préavis, sans justification, sans procédure ou sans qu'elle puisse en faire appel.

Une société est libre, selon les républicains classiques, lorsqu'une classe importante de citoyens libres se gouverne elle-même, comme dans les cités-États de la Grèce antique et de la Renaissance italienne. La monarchie absolue, ou tout autre type de gouvernement par décret, est incompatible avec la liberté car le chef de l'État peut retirer les libertés de quiconque avec ou sans raison. Estimant l'État nécessaire mais conscients des dangers que son pouvoir fait courir aux citoyens libres, les républicains concentrent leurs efforts sur des questions de conception constitutionnelle : Comment instituer un État stable qui favorise le bien public tout en protégeant la liberté des citoyens contre la domination des chefs ? Les républicains s'appuient pour cela sur trois institutions : l'État de droit, la propriété privée et les élections.

L'État de droit impose des contraintes procédurales au gouvernement : le gouvernement ne peut agir qu'en conformité avec les lois, et non selon ses caprices personnels ; les lois doivent être adoptées selon des procédures constitutionnelles ; leur mise en application doit suivre une procédure officielle, les jugements restant susceptibles de faire l'objet de recours. Les républicains ne considèrent pas que la loi, en tant que telle, restreigne la liberté. La distinction qu'ils établissent se situe entre la liberté et la non-liberté : non entre la licence et la loi, mais entre l'État de droit et l'arbitraire. Comme Locke le souligne, la liberté des hommes sous le gouvernement est d'avoir une règle permanente à suivre, commune à chacun de cette société et établie par le pouvoir législatif qui y est érigé ; une liberté de suivre ma propre volonté en toutes les choses, là où cette règle ne s'y oppose pas ; et de ne pas être soumis à la volonté inconstante, incertaine, inconnue, arbitraire d'un autre homme[1].

Dans la théorie républicaine, une des fonctions premières du droit est de garantir la liberté des citoyens en protégeant leur propriété. Contrairement aux théoriciens de la liberté négative, les citoyens républicains *n'estimaient pas* que la propriété privée était fondamentalement importante en raison des choses qu'elle rendait possible. Si elle était importante, c'était afin de leur garantir le statut d'individus libres, en leur procurant un revenu suffisant pour subvenir à leurs besoins et à ceux de leur famille sans avoir à travailler pour quelqu'un d'autre. Travailler pour un autre revenait pour eux à perdre leur liberté car ils étaient alors soumis aux ordres arbitraires de leurs employeurs, sans que ces derniers ne soient tenus de leur rendre des comptes. Ainsi, la propriété privée, si importante pour les sociétés libres, était avant tout la propriété d'individus fortunés et à l'abri du besoin. Selon le républicanisme classique, les citoyens libres ne devaient pas avoir à travailler (même pour eux-mêmes), parce que le travail indépendant marchand focalisait leur attention sur leurs petits intérêts privés et les rendait soi-disant incapables de se soucier de l'intérêt public. Par conséquent, il fallait que les membres de la classe des citoyens libres subviennent à leurs besoins à

---

1. J. Locke, *Second traité du gouvernement*, dans *Deux traités du gouvernement*, Paris, Vrin, 1997, section 22.

l'aide des revenus locatifs tirés de leur propriété et à l'aide du travail de leurs esclaves et serviteurs[1].

Les élections visent à tenir les fonctionnaires de l'État pour responsables devant des citoyens libres, et à faire de l'État une chose publique orientée vers le bien commun. La restriction républicaine traditionnelle du droit de vote aux propriétaires masculins était justifiée par le fait que les travailleurs étaient soumis à la volonté de leurs employeurs, et les épouses à celles de leurs maris. Avant que le vote à bulletin secret ne soit instauré, les épouses et les travailleurs n'étaient pas libres de voter indépendamment de leurs maris et de leurs employeurs car ils ne devaient leurs conditions d'existence qu'au respect des ordres de leurs supérieurs. Leur donner le droit de vote reviendrait dans les faits à accorder des voix supplémentaires aux plus riches et transformerait le gouvernement en oligarchie. Voilà qui irait à l'encontre du principe républicain voulant que la liberté ne soit garantie que lorsqu'aucune classe particulière d'électeurs ne peut déterminer à elle seule les résultats d'un vote.

Par conséquent, dans la théorie républicaine, l'État de droit protège les citoyens de l'arbitraire de l'État ; la propriété privée protège les individus libres de l'arbitraire des personnes privées ; et les élections placent les dirigeants politiques en situation de devoir rendre des comptes aux citoyens et font ainsi des affaires de l'État non pas une simple préoccupation de fonctionnaires, mais une question d'intérêt public. Le républicanisme classique supposait la hiérarchie sociale, les privilèges de classe, l'esclavage et l'assujettissement. Il ne se souciait de l'égalité que dans la mesure où elle était réservée aux individus libres, qui

---

1. E. MacGilvray, *The Invention of Market Freedom*, New York, Cambridge University Press, 2011, p. 28-29.

protégeaient jalousement leur indépendance face aux menaces de domination d'autres individus libres.

Au XVIIe siècle, les changements économiques en Angleterre rendirent possible l'appropriation de la théorie républicaine par la classe émergente à des fins égalitaires, ce qui, par là même, la rendit radicale. L'essor des villes et du commerce ainsi que les *enclosures*, qui ont conduit à l'expulsion des paysans féodaux des terres qu'ils louaient, ont eu pour résultat la création d'une classe hétéroclite d'» hommes sans maîtres » (des individus qui ne devaient obéissance à aucun autre, mais qui n'étaient pas pour autant des maîtres[1]). Les membres les plus désavantagés de cette classe étaient les travailleurs journaliers, les colporteurs itinérants, les artistes, les personnes habitant illégalement les bois, les landes et les déserts, les habitants de cottages et les vagabonds. Les plus avantagés de cette classe étaient les travailleurs indépendants qui avaient un revenu régulier lié à un établissement stable : les fermiers et les locataires permanents, les artisans, les commerçants, les imprimeurs. Ces individus étaient sans maîtres dans les affaires économiques. Nombre d'entre eux l'étaient aussi dans les affaires spirituelles, rejoignant des sectes protestantes, dont certaines, comme les baptistes et les quakers, adoptèrent une forme d'autogestion démocratique et un ministère laïc, se soustrayant ainsi à l'autorité cléricale[2]. Ils demandèrent

---

1. C. Hill, *The World Turned Upside Down. Radical Ideas During the English Revolution*, New York, Penguin Books, 1991, chap. 3.

2. A. Bradstock, *Radical Religion in Cromwell's England*, New York, I. B. Tauris, 2011. On comprend donc aisément pourquoi Margaret Fell, l'une des fondatrices de la secte des Quakers, ait pu affirmer sa volonté d'émancipation à l'égard de son mari et même du roi Charles II, comme le montre Sarah E. Skwire, « "Without Respect of Persons" : Gender Equality, Theology, and the Law in the Writings of Margaret Fell », *Social Philosophy and Policy*, vol. 31, n° 2, 2015, p. 137-157.

à prendre part au gouvernement. Si la privation de droits civiques était justifiée chez les républicains par la situation de dépendance vis-à-vis de la volonté d'une personne d'un meilleur rang, l'ascension d'hommes sans maîtres vint remettre en cause la condition de propriété pour l'accès au vote. Il existait une classe qui, alors qu'elle n'exerçait pas de domination sur d'autres (excepté leurs femmes), était cependant libre de toute subordination. Leurs porte-paroles, les niveleurs (*Levellers*), réclamèrent l'instauration du suffrage (presque) universel pour les hommes[1]. Ils exigèrent également l'égalité devant la loi - une seule loi, adoptée par la Chambre des communes, pour les seigneurs comme pour les roturiers, les accusés étant jugés par des tribunaux de droit commun. Cette loi abolissait les privilèges des lords, puisque ces derniers étaient exemptés d'arrestation pour la plupart des crimes et ne pouvaient être jugés qu'à la Chambre des lords. La version égalitaire proposée par Locke de la formule républicaine traditionnelle exprime la même requête – « d'avoir une règle stable d'après laquelle vivre, *commune à chaque membre de la société* » (je souligne).

---

1. Ils excluaient du droit vote les « domestiques » et les chômeurs, signe de la persistance des postulats républicains. New Model Army, « Putney Debates », dans *Puritanism and Liberty, Being the Army Debates (1647–1649) from the Clarke Manuscripts with Supplementary Documents*, éd. A. S. P. Woodhouse, Chicago, University of Chicago Press, 1957, p. 53, 82-83. Jacqueline Stevens soutient qu'au milieu du xvııe siècle, les domestiques étaient surtout des adolescents et de jeunes adultes. Ainsi, les revendications des niveleurs, partagées par Locke, équivalaient à un droit de vote masculin presque universel où l'on accédait qu'à un âge élevé. « The Reasonableness of Locke's Majority : Property Rights, Consent, and Resistance in the *Second Treatise* », *Political Theory*, vol. 24, n° 3, 1996, p. 423-463.

Les fondements idéologiques du républicanisme radical sont issus de la rencontre du raisonnement républicain portant sur le droit naturel (qui affirme l'égalité de toutes les personnes porteuses d'un ensemble solide de droits naturels) et de celui concernant la souveraineté populaire (qui concerne les règles fondamentales de tout gouvernement dont elles sont les sujets). Locke a joué un rôle clé en réunissant les traditions du droit républicain et du droit naturel[1]. Cette tradition accordait une attention particulière aux liens entre la propriété, la production et la liberté sous un gouvernement. C'est pourquoi un examen plus approfondi des différents régimes de propriété est nécessaire.

III. Propriété et gouvernance

Les régimes de propriété peuvent être classés relativement à la forme de gouvernement des individus. L'État n'est qu'un seul type de gouvernement. Un gouvernement existe partout où certains ont le pouvoir de donner des ordres (accompagnés de sanctions) à d'autres. Ainsi, les maîtres gouvernent leurs esclaves ; les seigneurs féodaux gouvernent leurs serfs, leurs locataires de parcelles et leurs serviteurs ; les maris gouvernent leurs femmes dans les mariages patriarcaux ; les employeurs gouvernent leurs employés ; le clergé gouverne ses paroissiens ; les parents gouvernent leurs enfants. En élaborant une classification des différents régimes de propriété, il nous faudra être vigilants à la relation entre les droits de propriété et chacune des formes de gouvernement, en particulier celui du travail. Cette grille d'analyse nous permettra d'esquisser les idéaux-types des régimes de propriété

---

1. E. MacGilvray, *The Invention of Market Freedom*, *op. cit.*, p. 75.

suivants : féodal, commercial (*mercantile*), républicain, capitaliste et socialiste.

Le principe fondamental du féodalisme est que la propriété privée du sol confère le droit d'en gouverner les habitants. Le féodalisme est un système complexe de souveraineté fragmentée et déléguée, fondé sur la loyauté personnelle entre souverain et sujet, seigneur et paysan locataire. En principe, tout le territoire de l'État est propriété privée du monarque. L'État garantit son pouvoir en accordant aux seigneurs la propriété foncière et les pouvoirs qui l'accompagnent, en échange de leur loyauté et de leur service auprès du roi. Les seigneurs assujettissent leurs habitants en leur accordant des droits d'occupation et d'utilisation, en échange de devoirs de service personnel envers eux. Le gouvernement, que ce soit celui du monarque sur ses sujets ou celui des seigneurs sur leurs paysans, est privé, arbitraire, opaque, et n'est pas tenu de répondre de ses actes. Chaque habitant peut être soumis à des droits et des obligations qui diffèrent en fonction des particularités des conditions de son bail.

Alors que, dans le féodalisme, l'État assure son pouvoir par l'octroi aux propriétaires de terres et de privilèges, il le fait dans un système de propriété commercial par l'octroi de monopoles, de protections tarifaires, de subventions, de chartes constitutives et d'autres privilèges aux commerçants et aux fabricants, y compris le droit de gouverner et de contrôler le commerce au sein de colonies privées à l'étranger. L'État s'assure de la loyauté des riches en leur faisant bénéficier de ses privilèges et de ses protections contre la concurrence. Le gouvernement, qu'il s'agisse du monarque sur ses sujets ou de la société commerciale sur ses colonies, est privé, arbitraire et n'est pas tenu de rendre de comptes à ses sujets. Comme sous le féodalisme, différentes lois s'appliquent à différents sujets en fonction des accords *ad hoc* conclus entre le souverain et le sujet, mais seuls les plus riches peuvent conclure de tels accords. Les sujets des échelons inférieurs ne peuvent qu'accepter la forme de gouvernement qui leur est imposée.

Un régime de propriété propre au républicanisme radical a pour objectif d'abolir toute forme de gouvernement privé (1) en supprimant le lien entre la propriété privée et le droit de gouverner d'autres personnes, et (2) en garantissant à tous les citoyens (masculins) une propriété suffisante afin que chacun puisse exercer une activité indépendante et ainsi échapper à la domination d'un propriétaire ou d'un employeur[1]. Les républicains radicaux s'opposent donc à la propriété féodale, aux monopoles[2], au servage et à l'esclavage. Locke a conçu sa théorie de l'acquisition de

---

1. Les propriétaires fonciers gouvernent leurs possessions en délivrant des ordres, assortis de sanctions, à d'autres personnes, les excluant ou les limitant dans l'utilisation qu'ils peuvent en faire. Ils n'exercent cependant pas de domination privée (personnelle, arbitraire) sur les autres, car les ordres qu'ils donnent (1) renvoient majoritairement à des rapports d'exclusion, plutôt qu'à des injonctions (ne pas pénétrer illégalement dans la propriété privée); (2) sont brefs et dispersés, plutôt que concentrés comme c'est le cas dans la domination continuelle d'individus spécifiques dans un domaine entier de la vie comme le travail, la pratique religieuse, ou la vie familiale; et (3) sont encadrés par des sanctions administrées par des tribunaux plutôt que par le propriétaire.

2. C'est pourquoi les niveleurs étaient des libre-échangistes. Voir par exemple W. Walwyn, « For a Free Trade », in *Works of William Walwyn*, vol. 2; J. R. Otteson, *The Levellers : Overton, Walwyn and Lilburne*, Bristol, Thoemmes Press, 2003, p. 399-405. Leur position n'implique pas un soutien aux entreprises capitalistes. Elle porte sur les marchés, pas la production. Elle prend pour cible les privilèges accordés par l'État au sein de systèmes commerciaux, qui sont incompatibles avec le principe d'égalité devant la loi et les espoirs des hommes de maintenir leur indépendance.

la propriété par le travail pour contrer les prétentions au transfert de propriété féodale par simple décision du souverain et celles voulant que l'on puisse gouverner les autres en vertu du droit de propriété privée. Les républicains radicaux cherchent également à minimiser le recours au travail salarié, car cela sape l'indépendance dont les citoyens ont besoin pour participer aux affaires publiques sur un pied d'égalité. Leur régime de propriété vise donc une large distribution de la propriété et limite sa concentration, de sorte que personne n'est consigné au travail salarié et que les riches ne monopolisent pas le processus politique[1]. C'est dans le Nord des États-Unis, avant la guerre de Sécession, que cet idéal fut le plus proche de se réaliser. Le Parti républicain avait dans l'idée que le travail salarié ne devait être qu'une étape temporaire dans la vie d'un jeune adulte, offrant des revenus suffisamment élevés pour permettre d'épargner afin d'accéder à un travail indépendant en tant que fermier, artisan, commerçant ou professionnel indépendant. Plus longtemps qu'ailleurs, la promesse d'une propriété fermière (*homesteading*) sur le sol vierge de la Frontière (*frontier*) fit perdurer l'espoir républicain aux États-Unis[2].

Le républicanisme commercial offre une variante modérée, plus optimiste que Rousseau sur la compatibilité des sociétés commerciales avec les valeurs républicaines[3].

1. J.-J. Rousseau, *Du contrat social,* Livre 2, chapitre 11 : « À l'égard de l'égalité, il faut entendre, (…) quant à la richesse, que nul citoyen ne soit assez opulent pour en pouvoir acheter un autre, et nul assez pauvre pour être contraint de se vendre ».

2. E. Foner, *Free Soil, Free Labor, Free Men : The Ideology of the Republican Party Before the Civil War*, Oxford-New York, Oxford University Press, 1995, *cf.* texte d'introduction.

3. Voir E. MacGilvray, *The Invention of Market Freedom, op. cit.*, chap. 3 et 4, et A. Hirschman, *Les passions et les intérêts*, Paris, P.U.F., 2014.

Moins préoccupé par l'élargissement du droit de vote et par la participation populaire que le républicanisme radical, ce type de républicanisme fait l'éloge de la promesse d'indépendance que représente le commerce vis-à-vis de tout gouvernement arbitraire, qu'il s'agisse d'un État ou d'individus privés. Adam Smith en fut le principal défenseur. Smith s'opposait à toutes les formes de servitude involontaire, y compris l'esclavage, le servage et l'apprentissage[1]. Son argument principal en faveur des sociétés commerciales était que ces dernières favorisaient de bons gouvernements et l'indépendance personnelle en libérant les travailleurs du joug arbitraire des seigneurs. Avant l'essor de la société commerciale, les seigneurs n'avaient d'autre moyen de dépenser leurs revenus que d'entretenir directement leurs serfs, paysans, serviteurs et domestiques. En retour, ils pouvaient jouir des plaisirs liés à l'exercice de la domination. À mesure que la société commerciale rendit les biens de consommation plus disponibles, les seigneurs orientèrent leurs dépenses vers le luxe et on commença à délaisser les domaines seigneuriaux pour devenir commerçant ou artisan, gagnant par là en indépendance personnelle. Puisque les travailleurs passaient des champs aux villes, les paysans qui restèrent se mirent à travailler sur de plus grandes parcelles, et les seigneurs à en augmenter le prix de la location. Cela ne fut accepté par les premiers qu'en échange de baux plus longs et d'une décharge de leurs obligations de services personnels. Les paysans se libérèrent ainsi également de la domination seigneuriale. La libération des travailleurs de la « dépendance servile à l'égard de leurs supérieurs », est, aux côtés d'un

---

1. A. Smith, *Enquête sur la nature et les causes de la richesse des nations, op. cit.*, Livre I-II, p. 143-144.

bon gouvernement, « de tous l'effet de loin le plus important » des sociétés commerciales[1].

Le républicanisme commercial assure que l'indépendance personnelle soit accessible à tous grâce à un régime de propriété soutenant le travail indépendant. Cela implique l'existence de libres marchés pour les biens de consommation et les terres, car l'organisation par l'État des monopoles, des privilèges et des règles encadrant la propriété (telles que la substitution héréditaire et le droit d'ainesse[2]) concentrent les moyens de production entre les mains de quelques-uns, et, par-là, condamnent le reste de la population à la dépendance. La vision de Smith est différente du capitalisme du laisser-faire sous quatre aspects. (1) Les économies d'échelle sont rarement significatives. Le grand mérite du libre-marché – l'abolition des monopoles, des droits de douane et d'autres protections que l'État supervisait – n'est pas tant qu'il alloue les ressources de façon plus efficace, mais qu'il dissout les concentrations de richesses et permet ainsi l'émergence de nouveaux travailleurs indépendants. (2) La forme des entreprises, et par conséquent l'importance des marchés boursiers pour la mobilisation de capitaux, est strictement limitée. Smith critiqua les sociétés par actions sur le plan de la gestion du capital des actionnaires (accusée d'être négligente et mauvaise) de leurs complots pour restreindre le commerce, de leur attrait pour les rentes et de leur tendance à provoquer des guerres à l'étranger. Il pensait que les sociétés par actions n'avaient de sens que pour quatre types d'affaires courantes qui ne nécessitaient guère d'esprit d'entreprise : la banque,

1. A. Smith, *Enquête sur la nature et les causes de la richesse des nations, op. cit.*, Livre III-IV, p. 467.

2. Ce à quoi Smith s'est également opposé (*ibid*, p. 475-476).

l'assurance, les canaux et les services d'eau. Seuls ces quatre domaines réclamaient d'énormes concentrations de capitaux que seules les sociétés par actions permettaient de lever[1]. (3) Les marchés du travail sont restreints. Bien que Smith ne fût pas aussi hostile que les républicains radicaux au travail salarié, son argument principal en faveur de la valeur de la liberté des marchés dans les sociétés commerciales dépend du soutien que représentent ses derniers pour le travail indépendant. En outre, sa critique des effets abrutissants qu'aurait une division très détaillée du travail[2] permet de douter de l'intérêt qu'il y aurait à pousser la production à son maximum. La célèbre manufacture d'épingles, dont Smith faisait l'éloge à cause du gain de productivité qu'y engendrait la division du travail, ne comptait en fait que dix travailleurs[3]. De petites entreprises comme celle-ci n'étaient pas incompatibles avec le maintien d'une solide culture républicaine d'indépendance des travailleurs, puisqu'elles pouvaient être gérées sur une base collaborative[4]. (4) Smith soutenait une régulation par l'État favorable au travail : lorsqu'une réglementation qui statue sur « des différences entre les maîtres et leurs ouvriers [...] s'avère en faveur des ouvriers, elle est toujours juste et équitable[5] ». L'exemple qu'il mentionne au sujet de la réglementation du travail juste – exigeant que les employeurs paient les travailleurs en espèces plutôt qu'en nature – rend compte de l'importance

1. *Ibid.*, Livre V, p. 852.

2. *Ibid.*, p. 877-878.

3. *Ibid.*, Livre I-II, p. 6-7.

4. S. Wilentz, *Chants Democratic : New York City and the Rise of the American Working Class, 1788-1850*, Oxford, Oxford University Press, 2004.

5. A. Smith, *Enquête sur la nature et les causes de la richesse des nations, op. cit.*, Livre I-II, p. 166.

de réglementer les contrats de travail afin de garantir l'indépendance des travailleurs. Le paiement en nature choisi par l'employeur reviendrait à se soumettre à la réglementation de ce dernier sur sa vie privée.

Ce qui distingue le capitalisme et le socialisme de ces anciens régimes de propriété est que les entreprises y sont plus grandes, ce qui requiert une division plus détaillée du travail *au sein* des entreprises. Ces régimes de propriété facilitent la concentration de capitaux et l'intégration verticale et horizontale. Chacun de ces deux systèmes vise à tirer profit des avantages de la révolution industrielle, qui permit d'immenses gains de productivité grâce aux économies d'échelle. La distinction entre le capitalisme et le républicanisme commercial ne se trouve donc pas dans le principe de libre marché, mais dans la taille et la structure de la production. Le capitalisme est caractérisé par l'omniprésence des sociétés (et des formes similaires de conglomérats de capitaux, comme les trusts), de marchés de capitaux et de marchés du travail. Le capitalisme a phagocyté les idéaux du républicanisme radical et commercial en détruisant son infrastructure composée de travailleurs indépendants. Il réduit drastiquement les possibilités qu'avaient les individus d'obtenir leur indépendance en fondant leur propre entreprise. L'écrasante majorité des travailleurs est soumise à la gouvernance de leur employeur.

Le socialisme d'État remplace les informations qu'envoient les marchés aux facteurs de production et aux types de marchandises qui sont produites par la propriété étatique et le contrôle de grandes entreprises, et la planification centralisée de la production et de la distribution. Les autres variantes de socialisme et de capitalisme misent sur les marchés pour guider les décisions des entreprises (essentiellement privées et à but lucratif). On peut distinguer plusieurs variantes de socialisme de marché et de capitalisme en fonction des règles fondamentales selon lesquelles s'organise la gouvernance de leurs entreprises. Le gouvernement des travailleurs est démocratique lorsque les travailleurs possèdent et contrôlent l'entreprise. C'est ce qu'on appelle le socialisme de marché.

Le gouvernement des travailleurs est despotique lorsque les travailleurs sont esclaves ou prolétaires, qu'ils constituent la propriété légale ou virtuelle des maîtres, et que leurs droits sont réduits au minimum. Marx supposait que l'esclavage était incompatible avec le capitalisme parce que sa théorie des phases historiques du mode de production attribuait le travail aliéné aux modes de production préindustriels. Il avait tort. La première marchandise créée par les méthodes de production industrielle de masse était le sucre, produit par les esclaves. Les plantations d'esclaves du Sud des États-Unis, des Caraïbes et du Brésil n'étaient pas un retour à une époque quasi féodale. Il s'agissait d'entreprises commerciales à grande échelle, produisant des cultures commerciales à destination d'un marché mondial, et se pressant d'implanter de nouvelles technologies afin d'augmenter la productivité et maximiser les profits. Le capitalisme a besoin de marchés des facteurs de production, y compris de marchés du travail. Mais il n'a pas besoin que les personnes qui vendent ce facteur travail soient les travailleurs eux-mêmes. Dans la forme capitaliste de l'esclavagisme, des marchés du travail compétitifs existent, mais le travail est capitalisé et n'appartient pas aux travailleurs.

Le gouvernement des travailleurs est dictatorial sous le capitalisme du laisser-faire. Son principe fondamental est que la propriété privée du capital donne le droit de gouverner des employés de façon autoritaire (*by fiat*). Les salariés non-cadres n'ont pas voix au chapitre dans la gouvernance de l'entreprise, ils doivent suivre les ordres de leurs patrons sous peine de rétrogradation ou de licenciement. Étant donné que l'emploi de gré à gré permet aux patrons de licencier ou rétrograder les employés avec ou sans justification, la gouvernance de l'entreprise est privée, arbitraire, et n'est en rien redevable aux salariés (*unaccountable*). Comme dans les systèmes féodaux et commerciaux, des règles différentes s'appliquent en fonction des personnes. Alors que les salariés qui font partie de l'élite peuvent conclure des accords *ad hoc* avec leurs employeurs (comme les chevaliers le faisaient avec les seigneurs), les autres sont soumis à une dictature (à moins qu'ils ne soient représentés par un syndicat). Les salariés sont cependant libres sur le plan formel. Ils consentent à intégrer l'entreprise et peuvent librement en partir. Les salariés peuvent choisir leur Léviathan, mais il n'y a que des Léviathans dans la gamme de possibilités qu'ont la plupart des gens. D'autres variétés de capitalisme peuvent aussi être définies selon le mode de gouvernance des travailleurs qui y prédomine. Dans les formes de capitalisme différentes du capitalisme du laisser-faire, la loi peut réserver aux travailleurs des droits à des conditions de travail spécifiques, à des avantages, à une égalité de traitement et elle leur garantit une représentation syndicale ou à défaut un droit d'expression en ce qui concerne la gestion de l'entreprise.

Lorsque les défenseurs de chaque mode de production débattent entre eux (hormis les socialistes d'État), ils en appellent au droit de propriété pour défendre leur système. Étant donné la variété des régimes de propriété privée, il n'y a pas grand sens à mobiliser dans ses prémisses le droit à la propriété privée pour justifier d'un quelconque mode de gouvernance d'entreprise. Les défenseurs de la liberté des marchés se trompent en supposant que le principe de propriété privée avancé par Locke ou Smith puisse être en mesure de soutenir des modes capitalistes de gouvernement. Leurs principes étaient républicains, pas capitalistes, et ces auteurs étaient sceptiques à l'idée de faire dériver des droits de gouverner les individus de la propriété privée de la terre ou du capital[1].

IV. Marchés et hiérarchies

La plupart des discussions portant sur la liberté au travail, en situant les principaux enjeux normatifs de cette question sur le plan de la contractualisation marchande et non sur celui de l'entreprise, négligent les questions relatives à la gouvernance d'entreprise. Les travailleurs ont-ils conclu le contrat sous la contrainte ou la tromperie? Peuvent-ils en sortir librement? Ce cadre de pensée assimile à tort l'employé à un entrepreneur indépendant, et efface ainsi les relations de pouvoir impliqués dans tout emploi. Les travailleurs indépendants possèdent leurs propres outils de travail, fixent eux-mêmes leurs horaires, décident de leurs propres clients et organisent leur travail sans être soumis aux ordres de leurs clients. Il n'y a pas ici de relation de gouvernance. Lorsque les employés acceptent un emploi, ils quittent le marché pour intégrer une hiérarchie au sein de l'entreprise, où ils sont subordonnés à leur patron. Il y a ici relation de gouvernance.

---

1. Voir J. Tully, *A Discourse on Property : John Locke and His Adversaries*, Cambridge, Cambridge University Press, 1980. Tully soutient qu'il est anachronique de voir en Locke un soutien aux relations de travail capitalistes.

Quelle est la raison pour laquelle ce type de relation existe dans la production ? Il faut tout d'abord comprendre pourquoi les entreprises existent. Pourquoi la production n'est-elle pas assurée par des travailleurs indépendants contractant entre eux ? Pourquoi chaque travailleur, à chaque étape de la production, ne contracte-t-il pas avec les autres afin d'acheter les matières premières avant de vendre le fruit de sa production au travailleur se situant à l'étape suivante du processus de production ? Un tel système est irréaliste en raison du caractère indivisible des biens d'équipement. La production moderne implique l'utilisation d'équipements et d'infrastructures à grande échelle, tels que les chaînes de montage, les aéroports et les banques, qui ne peuvent être divisés et exploités de manière indépendante par des travailleurs individuels, et qui ne peuvent fonctionner que par une étroite coopération de personnes travaillant en équipes. Aucun ensemble de contrats, aussi détaillés soient-ils, ne peut coordonner avec succès toutes les étapes de la production[1]. D'innombrables situations imprévues peuvent arriver dans tout processus de production organisé selon une division complexe du travail et exigent des travailleurs qu'ils adaptent leurs procédures habituelles. Qui est responsable de quoi si la machine tombe en panne, si un collègue ne se présente pas, si trop de clients attendent dans de longues files d'attente ? Il est non seulement coûteux mais surtout impossible de préciser toutes les éventualités possibles au sein de contrats de travail détaillés. Les entreprises apparaissent ainsi lorsque la production nécessite une coopération étroitement coordonnée et ouverte, et lorsqu'il est impossible de rédiger des contrats exhaustifs.

1. R. H. Coase, « La nature de la firme », trad. fr. C. Thiébault, *Revue française d'économie*, n° 1-2, 1987, p. 133-157.

Ces analyses nous aident à expliquer la différence entre le marché et l'entreprise, entre le contrat et la gouvernance. Elles n'expliquent cependant pas pourquoi cette gouvernance est hiérarchique. Pourquoi les entreprises ne sont-elles pas dirigées à la façon d'une démocratie participative égalitaire, où nul n'a autorité sur d'autres, et où toutes les décisions de travail sont prises de façon collaborative ? Les groupes sans hiérarchie sont confrontés à d'énormes coûts de transaction lorsqu'il faut attribuer des tâches qui ne sont pas spécifiées dans les contrats à des travailleurs spécifiques et s'assurer ensuite qu'elles sont effectuées. Sans relations d'autorité, la responsabilité de gérer les imprévus reste diffuse. Dès lors que plusieurs problèmes appellent de multiples dérivations aux procédures habituelles, qui doit se charger de quoi ? On peut certes parvenir à un arrangement d'un commun accord lorsque chacun a en tête l'intérêt collectif mais les coûts pour y parvenir peuvent être élevés. De plus, le travail d'équipe implique des problèmes liés à des stratégies d'évitement du travail qui nécessitent une surveillance et des sanctions, deux choses difficiles et coûteuses à mettre en place au sein de groupes égalitaires. Les relations d'autorité peuvent aider à surmonter ces problèmes. Confions alors à des cadres la responsabilité de déterminer les modalités de la répartition du travail entre salariés ainsi que la responsabilité d'orchestrer leur coopération, de repérer les problèmes et de délivrer les différents ordres pour les résoudre, et enfin, de détecter et de sanctionner le manque de travail[1]. Afin que cela puisse

---

1. Voir A. Alchian, H. Demsetz, « Production, Information Costs, and Economic Organization », *American Economic Review*, vol. 62, n° 5, 1972, p. 777-795 et O. E. Williamson, *Markets and Hierarchies : Analysis and Antitrust Implications*, New York, Free Press, 1975, chap. 3 et 4. […]

fonctionner, il faut que le contrat soit à durée indéterminée, et laisse une certaine marge d'interprétation. *Dans sa forme la plus simple, il consiste en un accord pour obéir aux ordres de la direction, quels qu'ils soient.*

Au vu de ces considérations en termes d'efficacité, on pourrait imaginer que l'émergence de l'entreprise gérée hiérarchiquement peut être expliquée comme étant le simple résultat de la libre compétition des marchés entre eux, sans nécessiter d'interventions de la part de l'État. Laissez les travailleurs et les capitalistes négocier librement les conditions de l'emploi, et vous aboutirez, comme mode de gouvernance le plus efficace, à une entreprise de type dictatorial. Les choses ne fonctionnent pas ainsi. Tandis que des considérations d'efficacité peuvent rendre nécessaires des formes de hiérarchies, elles n'impliquent pas que ceux qui sont en position d'autorité n'exercent de pouvoir arbitraire sur leurs collègues, libres d'ordonner ce qu'ils souhaitent (hormis de commettre des crimes) sous peine de licenciement. S'il est probable que la démocratie participative ne soit pas un modèle assez efficace, il ne s'ensuit pas que le lieu de travail ne puisse être gouverné comme une démocratie représentative, les travailleurs élisant les directeurs et les directeurs étant limités par les contraintes de l'État de droit en ce qui concerne les ordres qu'ils donnent aux travailleurs. Les considérations d'efficacité ne suffisent pas à déterminer la constitution de la gouvernance d'entreprise.

Dès lors, pourquoi les salariés des entreprises capitalistes travaillent-ils sous une dictature plutôt que sous une forme de gouvernement démocratique ou, en tous cas, moins autoritaire? Dans la partie suivante, la réponse que je défends est que *ce n'est pas* parce qu'ils y obtiennent de meilleurs salaires et avantages que les travailleurs acceptent de travailler dans de telles entreprises, mais parce que la législation de l'État l'exige.

V. LE CAPITALISME, L'ÉTAT ET LA NORME PAR DÉFAUT DU LAISSER-FAIRE

Les gens peuvent créer des conventions autour de la propriété et faire fonctionner des marchés sans s'appuyer sur un État. Cependant, le capitalisme n'a pas uniquement besoin de l'État pour faire respecter les conventions et les contrats de propriété que les gens élaborent en dehors du cadre étatique. Si les marchés et la propriété peuvent exister sans l'intervention de l'État, ça n'est pas le cas de la propriété et des marchés *capitalistes*.

Cela est évident si l'on regarde la forme que prennent les conventions et les marchés portant sur la propriété lorsqu'ils apparaissent spontanément, c'est-à-dire sans intervention de l'État. Dans les pays en développement, des millions de pauvres se logent dans des lotissements qui sont hors du cadre légal, se procurent leurs biens de première nécessité sur des marchés hors du cadre légal, exploitent des services hors du cadre légal (du dentiste au transport), et mènent la majeure partie de leur vie économique hors du cadre légal. L'emploi indépendant est fréquent, les entrepreneurs innovent constamment, et pourtant tout le monde ou presque vit dans la pauvreté. Cela est lié en partie au fait que les conventions informelles concernant la propriété et les contrats n'ont de valeur que localement ; ils ne permettent pas de mettre en place des stratégies d'économies d'échelle ou de tirer profit du commerce avec des étrangers éloignés. Hernando de Soto établit des liens entre propriété formelle (garantie par l'État), capitalisme et formalisation en affirmant que les gens ont besoin que l'État formalise leurs droits de propriété[1] afin que leur propriété fonctionne comme un *capital*, comme un actif qui peut être utilisé pour créer des richesses.

Cette formalisation tient à deux opérations : (i) une trace écrite de ce que les gens possèdent, et (ii) une standardisation des droits de propriété afin qu'ils s'insèrent dans un cadre de conventions juridiques national et forment ainsi un système de propriété unifié. Les deux sont nécessaires afin de permettre aux personnes de conduire des affaires mutuellement avantageuses avec des personnes en dehors de leurs communautés de voisinage[2]. Les documents écrits renforcent la certitude des personnes extérieures que les personnes avec lesquelles elles échangent ont effectivement droit à ce qu'elles disent posséder. Ils placent la propriété au sein d'un schéma de représentations qui facilitent les transactions avec les étrangers – au moyen d'adresses légales, par exemple. Les adresses permettent de pouvoir facturer les personnes, de pouvoir les retrouver et les tenir pour responsables de leurs contrats passés, et de rendre ainsi les personnes plus dignes de confiance. Les registres permettent de transférer des biens à distance, sans avoir à en prendre possession physiquement ou à rencontrer en personne l'autre partie. Ils permettent des transactions abstraites telles que le prêt hypothécaire et la division de la propriété en parts. La standardisation consiste à dépasser les normes idiosyncrasiques de propriété apparues localement, afin de permettre l'intégration de la propriété au sein d'un système formel plus large. Aux États-Unis, cela a été réalisé par de nombreuses lois de préemption du

---

1. H. de Soto, *The Mystery of Capital : Why Capitalism Triumphs in the West and Fails Everywhere Else*, New York, Basic Books, 2000.
2. *Ibid.*, chap. 3.

gouvernement fédéral, qui remplacèrent les différentes lois locales par une unique loi fédérale[1]. La standardisation rend également possible la comparaison entre différentes propriétés, permettant ainsi de rendre fongible une partie donnée et de lui attribuer plus facilement un prix de marché.

Ces différents avantages de la standardisation sont relatifs à l'échelle géographique. « Le problème des contrats extra-légaux est que leurs représentations de la propriété ne sont pas suffisamment codifiées et fongibles pour avoir un large champ d'application en dehors de leurs propres paramètres géographiques[2] ». La standardisation et le fait d'avoir des registres de propriété unifiés permettent d'élargir considérablement les réseaux de coopération et d'échanges. Les avantages d'un commerce sûr et informé entre personnes éloignées tendent à être plus importants qu'entre voisins, car les étrangers sont plus susceptibles d'avoir accès à des informations, des compétences et des ressources différentes, d'avoir différents goûts et d'être confrontés aux variations de prix des biens.

Le droit des sociétés fourni la clé du développement des entreprises en rendant possible la concentration de capital et une coordination étroite entre différents salariés. En standardisant les paramètres de la gouvernance d'entreprise - les droits et obligations des actionnaires, des conseils d'administration et des dirigeants d'une entreprise - le droit des sociétés permet à de nombreux étrangers d'investir leur argent avec la certitude que leur part sera protégée, sans avoir à payer des coûts de transaction élevés pour négocier des accords de gouvernance *ad hoc* avec d'autres actionnaires, ou à faire appel à des avocats pour

1. *Ibid.*, p. 55.
2. *Ibid.*, p. 181.

défendre leurs intérêts. Cela permet à des acheteurs d'acquérir des parts sociales sans être obligés d'inspecter en amont le fonctionnement de l'entreprise. Le droit du travail spécifie la relation entre les employeurs et les employés. Dès lors, dans un système capitaliste, l'État est indispensable afin de fournir la structure permettant la constitution du gouvernement des employés (*constitution of government for employees*).

Quelle est cette constitution ? Selon le droit des sociétés, il revient aux propriétaires ou aux administrateurs de pouvoir gouverner les membres d'une entreprise. Cependant, étant donné la séparation entre la gouvernance et le contrôle dans les sociétés anonymes – qu'assoit également le droit des sociétés – l'autorité décisionnelle revient au PDG. Sur la plupart des sujets, le directeur est le dictateur de l'entreprise, et délègue aux cadres qui lui sont subordonnés l'autorité qu'il a sur les salariés, un peu comme, sous la féodalité, le monarque délègue aux seigneurs l'autorité qu'il a sur ses habitants. L'autorité des directeurs est limitée en comparaison des seigneurs. Elle l'est *de jure* en raison de l'étendue restreinte des sanctions qu'ils peuvent appliquer et des droits des travailleurs. Elle l'est *de facto* en raison de la possibilité qu'ont les salariés de quitter l'entreprise, des négociations et de la concurrence entre les salariés (qui varient considérablement selon les salariés). Cela étant, les systèmes féodaux aussi bien que capitalistes fondent la gouvernance des personnes sur la propriété privée et ne laissent pas voix au chapitre à leurs gouvernés.

Dans le cadre de la norme par défaut du laisser-faire pour la gouvernance des salariés, l'emploi de gré à gré place les cadres en situation de pouvoir licencier les salariés sans avoir à s'en justifier. L'autorité que cela donne aux employeurs est considérable. À moins qu'un droit n'en soit spécifiquement réservé aux travailleurs dans la loi ou dans le cadre d'un contrat qui aurait été négocié, les employeurs jouissent du pouvoir légal de gouverner la vie de leurs employés, aussi bien dans le cadre du travail qu'*en dehors*. Les salariés peuvent être licenciés, et l'ont été, pour avoir un partenaire homosexuel, pour parler une langue autre que l'anglais, pour avoir (potentiellement) exercé leur droit de poursuivre en justice le violeur de leur fille[1]. Confirmant les inquiétudes républicaines sur le fait que les relations de domination corrompent les élections, les patrons peuvent et ont ordonné à leurs salariés d'assister à des réunions de soutien pour des candidats politiques auxquels les salariés étaient opposés (au prix d'une journée de travail[2]), et les ont licenciés pour avoir apporté leur soutien à des candidats politiques qu'ils réprouvaient[3]. Ils peuvent licencier des salariés qui refusent de raconter leur vie sexuelle ou leurs projets de procréation avec tiers donneur, et qui ne suivent pas le régime alimentaire ou l'activité physique recommandés par les programmes de bien-être en entreprise[4]. Jusque récemment, les patrons pouvaient et ont ordonné à leurs salariés d'avoir des relations sexuelles avec eux, et pouvaient leur refuser l'autorisation

---

1. D. Arnett, « Nightmare in Maryville : Teens'Sexual Encounter Ignites a Firestorm Against Family », *Kansas City Star*, 12 Octobre 2013.

2. N. Banerjee, « Ohio Miners Say They Were Forced to Attend Romney Rally », *Los Angeles Times*, 29 Août 2012.

3. Dans « Private Employees'Speech and Political Activity : Statutory Protection Against Employer Retaliation » (*Texas Review of Law & Politics*, vol. 16, n° 2, 2012, p. 296-336), E. Volokh indique qu'environ la moitié des Américains manquent de protections légales contre les représailles des employeurs pour leur discours politique.

4. N. Singer, « Health Plan Penalty Ends at Penn State », *New York Times*, 19 septembre 2013, B1.

d'aller uriner durant leurs heures de travail[1]. Tandis que la sanction maximale que les employeurs peuvent imposer est la perte d'emploi, cette dernière est d'un coût très élevé pour les salariés.

Le droit du travail américain actuel introduit de nombreux écarts par rapport à la norme par défaut du laisser-faire. Malgré cela, ces écarts n'entament pas le pouvoir dictatorial illimité dont jouissent les employeurs et qui est instauré par cette norme dans le silence des lois.

VI. LA NORME PAR DÉFAUT DU LAISSEZ-FAIRE ET SES ALTERNATIVES

Selon la façon de voir le droit du travail propre à la norme par défaut du laissez-faire, chaque fois que l'État confère un droit précontractuel aux travailleurs en ce qui concerne la gestion, cela porte atteinte à la liberté contractuelle des travailleurs autant qu'à celle des employeurs. La liberté contractuelle nécessite ainsi la norme par défaut du laisser-faire. J'ai défendu l'idée que cette façon de voir les choses était trop loin des réalités institutionnelles. La norme par défaut du laissez-faire n'est pas le résultat de la négociation entre l'employeur et l'employé. Elle est la norme fixée par la loi de l'État contre laquelle toute négociation a lieu. Cette norme existe donc à égalité avec les autres constitutions du lieu de travail légalement déterminées. Le droit des sociétés et le droit du travail fournissent une infrastructure au capitalisme. Il s'agit d'un bien public administré par l'État. À ce titre, cette structure est bel et bien sujette à une évaluation et à un contrôle par des processus démocratiques.

---

1. M. Linder et I. Nygaard, *Void Where Prohibited : Rest Breaks and the Right to Urinate on Company Time*, Ithaca, ILR Press, 1998.

La norme par défaut du laissez-faire fait de la dictature la constitution par défaut de la gouvernance d'entreprise. Légalement, l'employeur est libre de demander à l'employé de faire *ce que bon lui semble* (excepté des crimes), et peut laisser le patron imposer n'importe quelles conditions de travail à ses employés. L'accord le plus crucial sur lequel repose le contrat de travail n'est donc en fait *ni* spécifiée, *ni* négociée mais est tacite d'un point de vue légal : il s'agit d'un accord illimité à suivre des ordres. Voilà la raison pour laquelle la plupart des travailleurs sont embauchés sans négociation ni contrat écrit : la loi indique déjà ses conditions par défaut. Dès lors que les salariés se placent sous le gouvernement d'un employeur et la norme par défaut du laisser-faire, *ils aliènent toutes leurs libertés*, exceptées celles qui auraient fait l'objet de négociation au sein du contrat et celle de démissionner.

Prenons l'analogie suivante. Sous la doctrine juridique de la *couverture*, qui jusqu'à la fin du xixᵉ siècle fixait les termes du contrat de mariage, les hommes jouissaient d'un contrôle dictatorial sur leurs femmes. Les maris avaient le droit de contrôler leurs faits et gestes, de leur interdire d'avoir un travail rémunéré, de leur prendre le salaire qu'elles avaient gagné, et de les violer. Les mariages étaient déclarés nuls si les femmes n'y consentaient pas, le divorce était presque impossible, et les termes du contrat de mariages ne pouvaient être modifiés. Imaginons une variante de ce régime de gouvernance où, d'une part, l'un ou l'autre des conjoints pourrait divorcer comme bon lui semble, et où, d'une part, un accord prénuptial pourrait venir modifier le contrat de mariage. Ce régime est tout à fait semblable à la norme par défaut du laissez-faire. Imaginons alors que des féministes demandent que l'on modifie cette norme légale par défaut pour garantir aux femmes mariées la liberté d'exercer un emploi rémunéré, de conserver leur salaire, de se déplacer librement, et pour les aider dans la défense de leur droit contre le viol conjugal. Il ne viendrait à l'esprit de personne de dire que cette nouvelle modification viole la liberté contractuelle des femmes.

Il n'y aurait également aucun sens à dire que ces transformations du droit interfèrent de façon paternaliste avec la liberté qu'ont les femmes de se marier, qu'elles y seraient globalement perdantes. Ces changements sont nécessaires afin de préserver la liberté des femmes des interférences paternalistes ou arbitraires de leurs maris, et leur permettent de conserver leur statut d'individu libre. Il serait par ailleurs absurde de considérer que l'État, en modifiant ainsi la loi, témoigne d'un biais en faveur d'un genre particulier (les femmes) plutôt que d'un autre. Étant donné que la loi par défaut laisse aux hommes presque tous les droits sur leurs épouses et ne réserve aux femmes que les droits spécifiés par la loi, les modifications imaginées de la loi sur le mariage traditionnel laissent toujours un immense pouvoir aux mains des hommes. Les modifications que nous avons imaginées au contrat de mariage traditionnel laissent aux hommes un immense pouvoir sur leurs femmes, étant donné que la forme par défaut de la loi leur laisse presque l'intégralité des droits sur leurs compagnes, et n'attribue aux femmes que certains droits spécifiques définis par la loi. De même, lorsque le droit du travail attribue aux salariés des droits spécifiques, ce n'est pas un traitement de faveur. Cela porte à peine un coup au contrôle dictatorial que la norme par défaut réserve aux employeurs.

Les républicains radicaux ont critiqué le travail salarié parce qu'il soumettait les salariés à la domination des employeurs. Le républicanisme a été supplanté par le libéralisme notamment parce qu'en valorisant le travail indépendant ou les coopératives de production égalitaires, il ne fut pas à même de générer les immenses économies d'échelles de la révolution industrielle. Pour cela, la hiérarchie sur le lieu de travail était nécessaire. Par ailleurs, il fallait que les contrats de travail ne soient pas détaillés afin de permettre l'efficacité de l'entreprise, mais qu'ils impliquent une forme d'accord sans bornes à obéir aux ordres. Voilà qui crée un danger inhérent à toute entreprise capitaliste : celui de voir l'autorité managériale faire fi de toute considération en termes d'intérêt général pour opprimer ou humilier les salariés, et pour satisfaire les désirs de domination des patrons sur leurs subordonnés.

Il y a là un danger sur lequel les libertariens et les égalitaires devraient s'entendre. Je soutiens depuis longtemps qu'une des préoccupations fondamentales des égalitaristes est d'abolir les relations de domination et de sujétion[1]. Les libertariens trouvent eux aussi ces relations suspectes. Gerald Gaus soutient de manière convaincante que l'animosité que nous ressentons face au mépris de tyrans, afin de défendre notre indépendance, est le sentiment moral fondamental qui anime l'égalitarisme[2]. Les républicains radicaux auraient salué avec respect les sentiments des chasseurs-cueilleurs que décrit Gaus. Les interactions sur lesquelles Deirdre McCloskey attire l'attention, au sein desquelles chacune des parties reconnaît la dignité personnelle de l'autre, s'inscrivent aussi dans

1. E. Anderson, « What is the Point of Equality ? », *Ethics,* vol. 109, n° 2, 1999, p. 287-337.
2. G. Gaus, « The Egalitarian Species », *Social Philosophy and Policy*, vol. 31, n° 2, 2015, p. 1-27.

ce contexte[1]. Elle souligne avec raison que le marché est un domaine majeur et indispensable dans lequel les individus peuvent réaliser leur dignité. Les républicains commerciaux, et beaucoup de républicains radicaux, étaient des libre-échangistes pour cette raison.

Cependant les républicains se sont aperçus d'une chose que la plupart des libertariens traditionnels ont perdue de vue : que les entreprises hiérarchiques sont distinctes des marchés, et menacent bien souvent la dignité et l'indépendance personnelle des salariés. La représentation courante de la structure institutionnelle du capitalisme, qui confond hiérarchie et marchés, discrédite les marchés auprès des égalitariens, qui sont sensibles aux humiliations et aux abus dont souffrent beaucoup de salariés au travail. Elle incite également de nombreux libertariens à ne pas y faire attention, étant entendu que tout cela est le produit d'accords consensuels et négociés entre les parties, l'expression de droits de propriété inviolables ou le résultat efficace de la concurrence du marché. En mettant en lumière la façon dont la main coercitive de l'État façonne la hiérarchie sur le lieu de travail, j'espère encourager les libertariens traditionnels à regarder le monde du travail d'un œil plus critique, et à se montrer plus ouverts à l'idée d'une réforme de sa gouvernance.

Tous les libertariens n'ont pas négligé ce problème. Kevin Carson, qui fait partie de la tendance anarchiste du libertarisme, propose une critique de la hiérarchie dans l'entreprise dont les origines se situent dans la pensée

1. D. McCloskey, « Market-Tested Innovation and Supply is Ethical, and has Been Good for Equality », manuscrit non-publié. Je traite de sujets semblables dans « Ethical Assumptions of Economic Theory : Some Lessons from the History of Credit and Bankruptcy », *Ethical Theory and Moral Practice*, n° 7, 2004, p. 347-360.

républicaine radicale, et met aussi l'accent sur le rôle de l'État dans son maintien[1]. Je ne partage cependant pas le scepticisme dont il fait preuve quant aux gains en termes d'efficacité de la grande production organisée hiérarchiquement. Bien que beaucoup d'abus de pouvoir de la part de la hiérarchie sont l'expression de l'amour du pouvoir des patrons, et peuvent même être un frein à l'efficacité, toutes les hiérarchies n'y conduisent pas. C'est pourquoi je n'appelle pas à abolir la hiérarchie mais à pouvoir la maîtriser. Bien que la solution proposée par les républicains à la hiérarchie sur le lieu de travail ne soit pas viable, les idées républicaines concernant l'élaboration de la constitution peuvent nous aider à distinguer une autorité managériale légitime d'une domination illégitime. Trois grandes stratégies sont possibles : la défection, la prise de parole et l'intervention étatique[2].

Commençons par envisager une régulation étatique des conditions substantielles de la relation d'emploi, via une réforme de la structure juridique des entreprises. Une réforme républicaine serait guidée par la définition de Locke de la liberté sous le gouvernement : « 1) avoir une règle permanente à suivre, 2) commune à chacun de cette société, et 3) établie par le pouvoir législatif qui y est érigé ; 4) la liberté de suivre ma propre volonté en toutes choses, là où la règle ne s'y oppose pas ; et 5) de ne pas être soumis à la volonté inconstante, incertaine, inconnue, arbitraire d'un autre homme » (la numérotation est la mienne). La condition (4) n'est pas compatible avec le fonctionnement

1. K. Carson, *Organization Theory : A Libertarian Perspective*, Charleston, BookSurge Publishing, 2008. Je remercie Steven Horwitz pour avoir porté les travaux de Carson à mon attention.
2. Je remercie Govind Persad pour cette typologie. Voir aussi A. Hirschman, *Défection et prise de parole*, Paris, Fayard, 1995.

d'une entreprise, puisque les travailleurs doivent coordonner leurs activités en vue d'un objectif commun et ne sont généralement pas libres de déterminer leurs propres buts au travail. Néanmoins, des progrès peuvent être réalisés en soumettant l'autorité des dirigeants à des contraintes de droit afin de protéger les travailleurs contre l'arbitraire (5). Les lois contre les discriminations font office de principe d'égalité devant la loi (2). Tout comme la déclaration des droits a été mise en place pour contrer le pouvoir monarchique, on peut par ailleurs envisager la création de droits supplémentaires pour les employés, que les employeurs ne pourraient baffouer. Cet ensemble minimal de droits inclurait la liberté des travailleurs d'organiser leur vie en dehors du travail comme ils l'entendent, sans courir le risque d'être sanctionnés par leur employeur. Cela est lié au fait que la seule chose justifiant la hiérarchie sur le lieu de travail est l'efficacité productive[1]. L'importance de l'efficacité productive ne justifie pas de mettre son nez ou de réguler leur vie en dehors des heures de travail, puisque la productivité des salariés peut être observée sur le lieu de travail. Il n'est pas non plus d'intérêt public d'autoriser les patrons à soumettre les travailleurs à des conditions de travail humiliantes et dégradantes, telles que le harcèlement sexuel ou l'interdiction des fonctions physiologiques les plus élémentaires comme le besoin d'uriner.

Pour les libertariens, le meilleur moyen de protéger les intérêts des salariés n'est pas la régulation étatique mais

1. La section III de cet article a estimé que le recours aux droits de propriété n'était pas légitime, et la section V a exclu de recourir à la liberté de contrat pour justifier de la hiérarchie existante sur le lieu de travail. La section IV a concédé que l'on pouvait justifier cette hiérarchie pour des raisons d'efficacité, sans tolérer pour autant que sa forme soit dictatoriale.

leur possibilité réelle de quitter l'entreprise (*exit*). Étant donné que la constitution légale de l'entreprise est un bien public fourni par l'État, la défection n'est pas tant un substitut qu'un complément d'une déclaration des droits du travailleur (*a bill of worker rights*). Supposons que nous acceptions une réforme de la déclaration des droits comme solution par défaut, mais que nous permettions aux deux parties de sortir de cet arrangement par un accord explicite. Cela pourrait être justifié dans le cadre où une déclaration des droits inaliénables du travailleur empêchait de manière inefficace les gains qui pourraient être obtenus si les travailleurs pouvaient échanger leurs droits. Les droits des travailleurs à quitter leurs entreprises auraient vocation à assurer qu'ils soient pleinement indemnisés pour toute violation de leurs droits.

Je suis moins convaincue que les libertariens de l'intérêt qu'il y a à placer tant d'espoirs dans la défection, parce que les coûts de recherche, d'acceptation et de perte d'emploi sont importants pour les salariés, et que ces derniers sont souvent mal informés des options disponibles. Ces frictions sur le marché du travail ont pour conséquence que les employeurs détiennent un pouvoir de marché sur les travailleurs, comme en témoigne une courbe relativement inélastique de l'offre de travail. Ainsi, c'est parce qu'elles jouissent d'un pouvoir de monopsone, que les entreprises peuvent imposer des conditions de travail défavorables sans compenser cela auprès des salariés[1]. Les travailleurs

---

1. A. Manning, *Monopsony in Motion : Imperfect Competition in Labor Markets*, Princeton, Princeton University Press, 2003. Manning développe des modèles appuyés par un vaste ensemble d'éléments prouvant que les employeurs détiennent un pouvoir de marché sur les travailleurs. Cela signifie que les soi-disant « différences de salaire compensatoires » pour de mauvaises conditions de travail compensent toujours moins qu'elles ne le prétendent. Le chapitre 8 démontre que les

les moins favorisés, qui n'ont qu'un pouvoir très faible de négociation, se verront tout simplement proposer un contrat d'adhésion où l'offre de travail sera conditionnée au fait de renoncer à leurs droits. Un régime de droits entièrement aliénables nous ferait retomber dans un système féodal : un gouvernement privé, arbitraire, avec des lois différentes selon les personnes auxquelles elles s'appliquent à partir de contrats de travail différents selon les individus, à qui l'on offre des avantages en échange de leur soumission personnelle[1]. Si ça n'est pas un gouvernement souhaitable pour l'État, ça n'est pas non plus un gouvernement souhaitable pour l'entreprise. Tandis qu'un État démocratique fait courir un danger plus grand que le gouvernement d'une entreprise en ce qui concerne la sévérité des sanctions qu'il peut imposer, le gouvernement d'entreprise fait courir un danger plus grand que l'État en ce qui concerne la portée et le niveau de détail de la régulation qu'il exerce sur la vie des salariés au travail (et parfois au-dehors). Il faut ainsi une déclaration des droits inaliénables afin que chacun de ces deux types de gouvernements soit contraint.

Une troisième possibilité serait de renforcer la voix des travailleurs au sein de ce qui constitue le pouvoir législatif de l'entreprise (la condition 3 de Locke). De nombreuses décisions managériales impliquent des compromis entre l'efficacité productive et les libertés des

bénéfices tirés d'un travail soigneusement choisi, incluant des conditions de travail décentes et un nombre d'heures limité, peut augmenter le bien-être des travailleurs dans le cas où ces bénéfices sont des biens normaux (c'est-à-dire des biens dont la demande augmente lorsque le revenu augmente).

1. S. Freeman fait une remarque similaire en soulignant l'affinité du libertarisme avec le féodalisme dans « Illiberal Libertarians : Why Libertarianism is Not a Liberal View », *Philosophy and Public Affairs*, vol. 30, n° 2, 2001, p. 105-151.

travailleurs. Elles ne peuvent être réglées par une déclaration des droits. Étant donné que les employeurs exercent un pouvoir de marché sur les salariés, le fait de confier toute l'autorité à l'encadrement d'une entreprise reviendrait à ne pas accorder suffisamment de poids aux intérêts des salariés. Inversement, faire des salariés les seuls détenteurs de l'autorité reviendrait à ne pas accorder suffisamment de poids à l'intérêt des propriétaires de l'entreprise. Les penseurs républicains estimaient que dans une société composée de différentes classes, la meilleure forme de gouvernement était un gouvernement mixte – c'est-à-dire, qui accorde à chaque classe une autorité distincte. (Ainsi, l'Angleterre a mélangé des formes de gouvernement monarchiques, aristocratiques et démocratiques dans sa constitution qui implique le Roi, la Chambre des Lords et la Chambre des Communes. La Constitution américaine offre, avec son président indépendant et son pouvoir législatif bicaméral, un autre exemple de gouvernement mixte[1].) Le système allemand de codétermination, au sein duquel les travailleurs élisent des représentants à des postes de direction ainsi qu'au conseil d'administration, peut fournir une approximation de ce modèle[2]. Je ne propose pas ici de défendre spécifiquement ce modèle, mais plutôt

1. B. Bailyn, *The Ideological Origins of the American Revolution*, Cambridge Mass., Belknap Press, 1967.

2. R. Page, *Co-Determination in Germany : A Beginners'Guide*, Düsseldorf, Hans-Böckler-Stiftung, 2009, explique le fonctionnement du modèle allemand. Ce modèle n'a que peu de chances d'être essayé aux États-Unis, parce que le *Wagner Act* impose une séparation stricte entre les syndicats et les cadres. Le modèle allemand ressemble au modèle de gouvernance municipale proposé par Tom Bell, où investisseurs en capital et résidents ont des modes de représentation différents. Voir T. W. Bell, « What Can Corporations Teach Governments About Democratic Equality ? », *Social Philosophy and Policy*, vol. 31, n° 2, 2015, p. 230-251.

de défendre la possibilité d'expérimenter des alternatives, si tant est que la démocratie d'entreprise complète doive être rejetée. En tant que pragmatiste, je ne pense pas que l'on puisse déterminer sur la seule base d'une discussion théorique quelles sont les conceptions constitutionnelles optimales. L'expérimentation est nécessaire pour savoir ce qui fonctionne.

Limiter l'autorité des employeurs sur les salariés, de sorte qu'elle s'exerce conformément à l'intérêt public et ne soumette pas les salariés à la volonté arbitraire de leurs employeurs est un des plus grands problèmes d'économie politique jamais résolu. La norme par défaut du laisser-faire, pas plus que la combinaison actuelle de régulation étatique, d'expression minimale des salariés et de recours massif à la défection, ne protège les salariés de la domination. J'ai voulu montrer que le discours dominant sur la liberté et l'égalité dans le monde du travail se méprenait sur les données du problème, parce qu'il confond les marchés et la production, les contrats et la gouvernance. Ni la doctrine de la liberté contractuelle, ni les théories *a priori* du droit de propriété, n'offrent de bons moyens de concilier autorité managériale et liberté des travailleurs. L'enjeu est celui de la conception constitutionnelle d'un gouvernement d'entreprise légitime. J'ai suggéré que les théories républicaines ayant traité de conception constitutionnelle et s'étant attelé à la limitation de l'autorité afin de garantir la liberté comme non-domination pourraient nous aider à concevoir des solutions au problème de la gouvernance sur le lieu de travail malgré leur incapacité à composer avec la nécessité d'une hiérarchie dans la gouvernance des grandes entreprises productives. Si tel est le cas, alors des limites à l'inégalité sociale sont des conditions nécessaires à la liberté.

BIBLIOGRAPHIE SÉLECTIVE

ANDERSON E., *Private Government. How Employers Rule our Lives (and Why We Don't Talk about It)*, Princeton, Princeton University Press, 2017.

BREEN K., DERANTY J.-P. (dir.), *The Politics and Ethics of Contemporary Work. Whither Work?*, New York, Routledge, 2021.

CUKIER A.,*Qu'est-ce que le travail ?*, Paris, Vrin, 2018.

DEJOURS C., DERANTY J.-P., RENAULT E., SMITH N., *The Return of Work*, New York, Columbia University Press, 2018.

DONAGGIO E., CAIRO M., ROSE J. (dir.), *Travail e(s)t liberté ?*, Toulouse, érès, 2022.

FISCHBACH F., *Après la production. Travail, nature et capital*, Paris, Vrin, 2019.

HONNETH A., *Der arbeitende Souverän. Eine demokratische Theorie der Arbeitsteilung*, https://www.youtube.com/watch?v=424sWOYiyV8 ; https://www.youtube.com/watch?v=gN5WdDxhg_k ; https://www.youtube.com/watch?v=kJFxZrGKlXs.

https://onwork.edu.au/

Revue internationale de philosophie, n° 278, 2016 : « Philosophy of Work/Philosophie du travail ».

SCHWARTZ Y., *Expérience et connaissance du travail*, Paris, Éditions sociales, 2012.

SMITH N., DERANTY J.-P. (dir.), *New Philosophies of Labour: Work and the Social Bond*, Leiden, Brill, 2011.

Travailler, n° 30, 2013 : « Philosophie et travail ».

VELTMAN A., *Meaningful Work*, Oxford, Oxford University Press, 2016.

YEOMAN R., *Meaningful Work and Workplace Democracy: A Philosophy of Work and a Politics of Meaningfulness*, Dordrecht, Springer, 2014.

INDEX DES NOMS

TABLE DES MATIÈRES

TRAVAIL *ET* INTERACTION

JUSTICE ET DÉMOCRATIE

Achevé d'imprimer en juillet 2022 par *La Manufacture - Imprimeur* – 52200 Langres
Imprimé en France – N° d'imprimeur : 220599 – Dépôt légal : juillet 2022